农户数字支付使用、信贷可得性与金融市场参与

Digital Payment Usage, Credit Availability and Financial Market Participation of Farmer Households

陈宝珍　任金政◎著

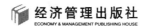

经济管理出版社
ECONOMY & MANAGEMENT PUBLISHING HOUSE

图书在版编目（CIP）数据

农户数字支付使用、信贷可得性与金融市场参与/陈宝珍，任金政著 . —北京：经济管理出版社，2022. 8
ISBN 978-7-5096-8666-9

Ⅰ. ①农…　Ⅱ. ①陈…②任…　Ⅲ. ①数字技术—应用—农村金融—研究—中国
Ⅳ. ①F832. 35-39

中国版本图书馆 CIP 数据核字（2022）第 145479 号

组稿编辑：赵亚荣
责任编辑：赵亚荣
责任印制：黄章平
责任校对：蔡晓臻

出版发行：经济管理出版社
　　　　　（北京市海淀区北蜂窝 8 号中雅大厦 A 座 11 层　100038）
网　　　址：www. E-mp. com. cn
电　　　话：（010）51915602
印　　　刷：唐山玺诚印务有限公司
经　　　销：新华书店
开　　　本：720mm×1000mm/16
印　　　张：14.25
字　　　数：239 千字
版　　　次：2022 年 10 月第 1 版　　2022 年 10 月第 1 次印刷
书　　　号：978-7-5096-8666-9
定　　　价：68.00 元

前　言

　　农村金融是现代农村经济的血液，在乡村振兴中发挥着极为重要的作用。然而，当前我国农户普遍存在信贷可得性不高、金融市场参与率低以及家庭资产配置不合理等问题，严重制约了农户创业、消费行为以及收入的增长，并在一定程度上阻碍了农村经济发展和乡村振兴的实现。数字金融凭借其广覆盖、高速度和低成本等优势，为农村金融问题提供了天然的解决方案。已有研究表明，数字金融能够降低交易成本，减少信息不对称，有助于提高家庭信贷可得性并促进家庭金融市场参与。数字支付作为数字金融的"排头兵"，已在农村地区得到较为广泛的应用。那么，数字支付的使用是否解决了农户信贷可得性低和金融市场参与不足的问题？本书围绕这一问题展开研究，研究结论有助于发挥数字金融在农村金融普惠中的作用，为解决农村金融难题、缩小城乡贫富差距、增加农户消费和家庭福利、促进农村经济发展以及实现乡村振兴战略提供了实证参考与决策依据。本书的主要内容如下：

　　首先，基于金融功能理论、长尾理论、交易成本理论等，借鉴家庭资产配置模型，构建了数字支付使用、信贷可得性和金融市场参与相互作用的理论框架；其次，基于 2017~2019 年 4178 份来自山东、河南、贵州等省份的农户调研数据，阐述了农户数字支付使用、信贷可得性和金融市场参与现状，在此基础上定义和分析了农户所面临的金融排斥问题；再次，实证分析了数字支付使用对农户信贷可得性的影响，包括对正规信贷可得性和非正规信贷可得性的影响，并根据农户的信贷可得性程度和收入特征进行了异质性分析；然后，实证分析了数字支付使用对农户金融市场参与的影响，包括对正规金融市场参与和非正规金融市场参与的影响，并根据农户的收入、年龄、受教育年限以及有无商品房等特征进行了异质性分析；接着，实证分析了信贷可得性对农户金融市场参与的影响及其在数字支付使用影响金融市场参与中的作用，并对数字支付使用影响农户信贷可得性和金融市场参与的作用机制进行了实证检验；最后，利用样条回归模型分析了农户使用数字支付的影响因素以及重要影响因素在不同取值范围内对农户数字支付使用的影响差异，为推动数字支付在农村的应用提供参考。

本书主要得到如下结论：

第一，数字金融在农村的发展主要表现为数字支付使用日益普遍。随着农村金融改革的探索，农户金融状况有所好转，但农户依然面临投资理财金融知识排斥和银行贷款条件排斥。收入太低、无抵押或担保以及缺乏贷款知识是农户无法享受正规信贷服务的重要原因，没有相关知识是农户参与金融市场进行金融产品投资的主要障碍。

第二，数字支付使用对提高农户信贷可得性有积极作用。对正规信贷可得性而言，数字支付使用有助于减少农户银行贷款排斥问题，对农户银行贷款行为、银行贷款金额以及银行授信额度均有积极影响。对非正规信贷可得性而言，数字支付使用有助于提高农户民间信贷能力，对民间借款行为和民间借款金额均有显著的积极影响；数字支付使用对农户信贷可得性的影响表现出"马太效应"，且对不同收入农户的影响存在异质性。

第三，数字支付使用对促进农户金融市场参与有积极作用。对正规金融市场参与而言，数字支付使用有助于农户金融资产投资，对农户持有金融资产种类、金融资产金额以及获取金融资产收益均有积极影响。对非正规金融市场参与而言，数字支付使用对农户民间借出行为和民间借出金额均有显著的积极影响。数字支付使用对农户金融市场参与的影响随着农户收入、有无商品房、年龄和受教育程度等特征变动呈现出异质性。

第四，信贷可得性对农户金融市场参与有积极影响，在数字支付使用和农户金融市场参与的关系中发挥中介作用；数字支付使用通过信息效应、提高银行贷款知识、增加农户获取正规信贷的信心以及促进社会互动提高农户信贷可得性；数字支付使用通过供给效应、信息效应、提高投资理财知识、降低金融市场参与成本以及促进社会互动对农户金融市场参与发挥积极作用。

第五，农户数字支付使用的影响因素来自多个方面，男性、年龄相对较小和受正规教育年限越长的受访者，以及收入高、有大学生的家庭使用数字支付的概率更高。年龄、受教育年限和收入在不同区间内对农户数字支付使用的影响存在差异。

根据以上研究结果，本书提出以下政策建议：重视数字金融在农村的发展和应用，鼓励农户使用数字支付；加强有关正规金融业务的宣传教育，提高农户金融知识；关注特殊群体的金融需求，重视正规教育、收入以及社会网络等因素在改善农户金融状况中的作用；充分发挥多种金融模式的作用，利用多方面力量改善农户金融状况。

目　录

1 绪论

1.1 研究背景与研究意义

1.1.1 研究背景

金融是现代经济的核心，对改善居民福利和促进经济发展至关重要。从金融的公平和效率来看，金融对经济的助推作用体现在其效率方面，但资本的逐利性将最终使金融资源在贫富之间和城乡之间的分布极为不均。随着经济的发展，社会对金融公平的呼声越来越高，而普惠则是金融公平的必然要求。

农村金融作为金融的重要组成部分，在农户生活、农村经济以及乡村振兴中扮演重要角色。已有研究证明，农村金融市场的完善有助于提高农户的收入、改善农户的福利状况、减少贫困人口以及缩小贫富差距（李锐和朱喜，2007）。然而，如何促进农村金融发展却是一个世界难题。就当前中国实际来看，农户生产规模仍然偏小，农业经营仍面临较高的自然风险和市场风险，缺少可抵押资产和完善、长期的财务信息，同时农户金融服务的自我排斥程度仍然较高（何广文等，2018），多种现实问题最终导致金融在城乡地区的不平衡发展。当"普惠金融"已经成为人们耳熟能详的语汇，作为普惠金融服务对象的特殊群体之一的农户，其中还有一大批人没有享受到最基本的金融服务，而贷款、理财、保险和征信等更丰富多样的金融服务显得更加遥不可及。信贷可得性和金融市场参与直接关系到家庭幸福（尹志超等，2019），深刻影响个体福利以及宏观经济运行（李俊青等，2020）。中国家庭金融调查统计数据显示，2013年全国农村家庭风险金融市场的参与率仅为1.12%，2017年提升至3.07%，农户参与金融市场的比例较低但增长明显（葛永波等，2021）。

农村作为普惠金融发展中最为薄弱的一环，如何推动和实现农村金融普惠直接关系普惠金融的发展全局，对于乡村振兴以及整个国家的经济发展尤为重要。数字金融（也称"互联网金融"）在促进金融普惠方面具有先天优势，能够降低交易成本、增加信贷可得性、减少信息不对称以及拓展交易可能性集合（谢平和邹传伟，2012）。2014 年，数字金融开始进入最高决策层的视野。同年，政府工作报告中首次提出"促进互联网金融健康发展，完善金融监管协调机制"。随后，《国务院关于印发推进普惠金融发展规划（2016—2020 年）的通知》中明确指出了发挥互联网促进普惠金融发展的有益作用。为推动数字金融在农村的发展，近些年中央一号文件均就数字金融发展做出部署和要求，如：2016 年指出"引导互联网金融、移动金融在农村规范发展"；2017 年提到"鼓励金融机构积极利用互联网技术，为农业经营主体提供小额存贷款、支付结算和保险等金融服务"；2020 年强调"鼓励地方政府开展县域农户、中小企业信用等级评价，加快构建线上线下相结合、'银保担'风险共担的普惠金融服务体系"；2021 年明确提出"发展农村数字普惠金融"。为激活数字金融在服务乡村振兴中的作用，2019 年人民银行等五部门联合发布《关于金融服务乡村振兴的指导意见》，提出"推动新技术在农村金融领域的应用推广"和"鼓励金融机构开发针对农村电商的专属贷款产品和小额支付结算功能，打通农村电商资金链条"，将数字金融作为满足乡村振兴多样化融资需求的有效途径。中央一系列文件肯定了数字金融对于农村金融普惠和乡村振兴的作用。

数字支付是数字金融的重要内容和有力支撑，也是发展数字普惠金融的重要通道。2017～2019 年，农村地区使用数字支付的成年人比例分别为 66.51%、72.15% 和 76.21%[①]，数字支付已成为数字金融在农村应用最为广泛的功能。数字支付在农村快速发展的形势以及人们对于数字普惠金融的广泛认可使研究农户数字支付使用对农村金融普惠，尤其是对农户信贷可得性和金融市场参与的影响十分必要。农户金融行为是普惠金融在农村的微观体现，普惠金融的效应最终要落实到提高农户信贷可得性和金融市场参与等方面。为此，本书重点研究数字支付使用对农户信贷可得性和金融市场参与的影响以及内在相互关系，为数字金融

---

① 资料来源：中国人民银行金融消费权益保护局 2020 年发布的《中国普惠金融指标分析报告（2019 年）》。

在农村的普惠实践提供参考。

1.1.2 研究意义

数字金融是金融理论的创新点和金融学科的增长点。随着信息技术的推广和普及，新兴的数字金融是未来中国金融可能实现弯道超车的领域，研究如何提升我国数字金融效率和促进金融普惠化更具有现实社会意义（李原，2018）。数字支付是数字金融的"排头兵"，在农村得到较为广泛的应用。重点研究数字支付使用能否提高以及如何提高农户信贷可得性，改善农户金融市场参与状况，了解农户数字支付使用、信贷可得性和金融市场参与之间的内在关系，对发挥数字金融的普惠作用具有重要的理论和实践意义。

理论意义：相较于以往研究主要从宏观区域视角出发，定性分析数字金融对农村金融抑制、二元金融结构的影响，本书从农户这一微观主体出发，具体研究数字支付使用对农户信贷可得性和金融市场参与的影响，有利于丰富农户金融行为这一微观层面的研究内容；遵循金融功能理论，将数字支付作为金融实现的方式，将信贷活动和资产配置作为金融实现的目的，为分析数字支付使用对农户家庭金融的影响提供参考；依据数字鸿沟理论、长尾理论、交易成本理论和农村金融发展理论等，搭建了数字支付使用影响农户信贷可得性和金融市场参与的理论基础，并从经济学视角分析和解释了影响机制，为揭示数字支付使用与农户金融行为之间的经济学原理进行了新的尝试；通过实证分析验证了数字支付使用对农户信贷可得性和金融市场参与的影响和内在机制，形成理论和实证的相互印证，为分析数字支付使用对农户金融行为的影响提供完整的研究思路；根据农户特征，研究过程涉及多方面异质性分析，有利于增加研究结论的适用性和一般性。

实践意义：本书立足于我国农村金融和数字金融发展的现实背景，研究结果有利于了解数字金融在促进农村普惠金融发展中的作用，为利用数字技术延伸金融服务半径，扩大金融服务覆盖，以及降低服务门槛和服务成本提供参考；对农户而言，通过分析农户数字支付使用、信贷可得性与金融市场参与之间的关系，有助于对农户金融行为进行有益的引导，帮助农户合理配置资产负债结构，必然有助于促进家庭的资产结构优化和资产财富积累，进而提升家庭效用水平和家庭福利，实现农民持续增收和城乡收入差距的进一步缩小；对金融机构而言，研究结果有助于提升对农户金融行为和金融需求的认识，明确数字金融在农村金融中的定位，构建完善的普惠金融产品服务体系，提高金融机构借助数字化手段服务农户的意识和能力；对农村金融而言，由于农村家庭是农村地区的基本单位，在社会经济中有着重要而特殊的地位，在数字金融发展的大背景下，探讨农村地区家庭金融的问题，尤其是揭示数字支付使用对农户信贷可得性、家庭金融资产配置的影响机理，必然能为农村金融改革提供重要参考。对宏观经济而言，由于信贷可得性、跨期替代弹性以及金融市场中储蓄向投资的转化等因素都与经济增长具有密切的联系，因此研究结果对于促进农村经济发展以及乡村振兴具有重要的现实意义，对中国经济未来的高质量发展具有至关重要的影响。

1.2　国内外文献综述

笔者通过文献收集和整理，发现在数字普惠金融、家庭金融市场参与及资产配置、农村金融抑制和农户信贷约束等研究主题方面已积累了较多研究成果，为本书的研究提供了一定的研究基础和必要的文献支撑。本节通过梳理已有成果，阐述本书与已有文献的异同，突出本书研究的边际贡献，为理解本书的创新之处和研究价值提供依据。

1.2.1　农村金融与农户信贷可得性

1.2.1.1　农村金融抑制和普惠金融研究

农村金融难题由来已久，众多学者对农村金融难题产生的原因展开分析，积累了丰富的研究成果。Mckinnon（1973）和 Shaw（1973）最早论证了金融抑制和金融深化问题。发展中国家的农村金融市场为典型的相互分割、平行发展的二元金融结构（Hoff and Stiglitz，1998），信息不对称提高了正规金融机构向农户贷款的交易成本（Besley and Coate，1995），加大了贷前搜寻、贷中审核和贷后监督的难度（Williamson，1987），造成逆向选择和道德风险（李锐和朱喜，2007；Stiglitz and Weiss，1981），而信息不对称下的利率管控（Park et al.，2003）加剧了农村金融问题。"三农"领域"融资难、融资贵"的核心原因在于金融机构向农村借款人提供信贷服务的高信用交易成本。总体来看，农村金融的核心问题是信息问题（刘海二，2014），可见信息是解决农村金融难题的关键。

金融排斥最初用来描述金融机构撤销影响居民金融服务获得，而带来金融排斥和封闭的问题（Leyshon and Thrift，1993）。随后，金融排斥主要围绕弱势群体的金融可得性展开，金融排斥的概念也从单纯的地理分析扩展到更广泛的金融歧视。除了由于地理因素导致的金融排斥，市场因素和社会因素也可能带来排斥（Kempson and Whyley，1991），包括风险评估程序导致的可及性排斥、金融产品附属的条件导致的条件排斥、金融产品获取价格过高导致的价格排斥、金融机构产品营销目标市场确定可能导致的市场营销排斥以及人们对申请获批可能性的灰心预期导致的自我排斥等。Beck 等（2008）区分了金融产品和服务的可及性和使用性，并将金融排斥区分为主动性排斥和被动性排斥。

中国农村金融问题与其他国家存在相似的症结，但也具有一定的特殊性。农村金融资产严重匮乏。农户在储蓄和信贷两个方面均受到不同程度排斥，信贷排斥尤为严重（王修华等，2013）。也有部分学者认为，中国农村金融发展受信息不对称、风险问题和资金来源匮乏困扰的关键在于其缺乏内生性（李明贤和唐文婷，2017）。农户组织化程度太低，降低了农户金融需求的满足程度（李似鸿，2010）。由于没有获得金融的支持，农村地区的区域经济发展受到了严重的制约（甘宇和徐芳，2018）。中国一直尝试解决农村低收入地区的金融服务缺失问题，致力于通过发展普惠金融缓解城乡收入不均衡问题（宋晓玲，2017）。尽管中国农村金融机构的供给一直都在增加，但并没有缓和农户资金需求的紧张局面。农村金融供给呈现出"有机构、缺服务""有制度、缺执行""有存款、缺贷款"等特点。

普惠金融的测度是了解普惠金融发展状况的有效途径，Beck 和 Demirgüç-Kunt（2007）及 Sarma（2008）为构建综合的普惠金融指标体系开展了开创性的研究工作。国内学者根据我国实际情况，在参照国际货币基金组织和世界银行金融包容指标体系的基础上，设计了我国的金融包容指标评价体系。所设计的指标体系主要包括以下几种情况：从金融服务的可获得性和实际使用两个维度设计（宋汉光等，2014）；从金融服务的可获得性、金融服务的使用情况及金融服务质量三个维度设计（焦瑾璞等，2015；曾省晖等，2014）；借鉴 Sarma 和 Pais（2011）的设计方法，从地理渗透性、产品接触性和使用效用性三个维度设计（田杰和陶建平，2011）；少数学者从金融服务主体入手，按照农户、企业和地区三个维度设计普惠指标评价体系；等等。普惠金融和金融可得性指标体系相关研究成果具体参见表1-1。总体来看，鲜有学者从农户家庭层面进行具体分析。金融可得性的概念与普惠金融相似，通常用来衡量一个地区的微观经济主体以一定成本获得正规金融服务的难易程度（梁平汉和江鸿泽，2020；肖龙铎和张兵，2017）。学者们通常对一个地区或社区的金融可得性进行衡量，如每万人拥有的银行机构数量（Mookerjee and Kalipioni，2010）、每个小区或村庄家庭存款开户银行的数量（尹志超，2015，2018）。

表1-1 普惠金融和金融可得性指标体系相关研究成果梳理

指标维度	层面	学者
地理渗透性、产品接触性、使用效用性	全国和东、中、西部地区	田杰和陶建平（2011）
可获得性、实际使用	国家层面	宋汉光等（2014）
金融服务的可获得性、金融服务的使用情况以及金融服务质量	省级层面	焦瑾璞等（2015）
	国家层面	伍旭川和肖翔（2014）
	—	曾省晖等（2014）
金融服务的可获得性、渗透性和使用效用性	省级面板	肖晶（2016）
居民银行服务包容性指数、居民证券服务包容性指数、居民保险服务包容性指数	省级面板	李建军和卢盼盼（2016）
服务可得性和使用情况	省级面板	杜强和潘怡（2016）
金融服务的实际使用情况和金融服务的地理覆盖情况	跨国数据	李涛等（2016）
渗透性、使用效用性、可负担性	省级面板	王修华（2016）；吕勇斌（2016）；王修华和关键（2014）
金融渗透性、金融可获得性、金融可使用性、金融使用成本	省级面板数据	张彤进（2016）
金融发展规模和金融可得性	县级层面	单德朋和王英（2017）
金融服务的渗透性和金融服务使用的效用性	全国及各省层面	李建伟（2017）
	省份时序指数	辛立秋等（2017）
金融服务广度、深度、使用度和可负担度	市（自治州）层面	李雅宁等（2020）
渗透度和使用度	省级和地级层面	李建军和李俊成（2020）
金融服务的渗透度、使用和满意度	村级层面	张栋浩和尹志超（2018）
账户和负债两个维度	家庭层面	张龙耀等（2018）
家庭是否有正规信贷	家庭层面	杨波等（2020）
家庭未偿债务规模；贷款本息余额	家庭层面	周利等（2021）；项质略和张德元（2019）

资料来源：根据相关文献整理。

1.2.1.2　农户借贷行为

农村金融难题既是世界性话题，也是普惠金融的重点研究领域，而农户信贷可得性直接体现了农村普惠金融发展水平。有关农户融资行为特征的分析是农村金融研究的核心议题之一（陈鹏和刘锡良，2011）。国内学者对农户借贷行为极为重视，从费孝通的《江村经济》到林毅夫的农村经济议题，都把农户借贷行为作为农村经济研究的核心问题之一。

早期关于农户借贷行为的研究主要从借贷发生频率、借贷规模、资金来源和资金用途以及借贷利率、期限、借据、抵押和担保等方面对农户借贷行为做了较多的描述和分析（朱守银等，2003），如史清华和陈凯（2002）、何广文（1999）、李延敏（2008）等。信贷可得性是对农户信贷状况的综合评价，近些年的研究多使用信贷可得性的概念指代农户信贷获取的难易程度，汪昌云等（2014）从以下几个角度对农户信贷获得进行了度量：按"有无"和"多少"分，可分为贷款可得性和贷款数量。贷款可得性用二元虚拟变量表示，获得贷款取1，否则取0。贷款数量是指调查年份获得的贷款金额。按贷款来源分，可分为正规贷款和非正规贷款。正规贷款包括银行贷款和信用社贷款，非正规贷款包括亲友借贷、民间金融机构贷款等。按贷款用途分，可分为生活贷款和生产贷款。

随着市场经济的发展，欠发达地区农民借贷行为开始发生变化，越来越多的学者关注农户借贷行为影响因素，认为利率（李锐和项海容，2006；刘西川等，2014）、耕地面积（熊学萍等，2007；蔡海龙和关佳晨，2018）、社会地位（贺莎莎，2008）、纯收入、家庭经营类型和非农化程度（李延敏，2008）、区域（王磊玲和罗剑朝，2012）和社会网络（胡枫和陈玉宇，2012）、农业人口数量、家庭规模以及户主年龄（谭燕芝和罗午阳，2015）对农户借贷行为有着较大的影响。随着研究的深入，越来越多的学者认识到农户的金融意识、风险偏好和社会信任（谭燕芝和罗午阳，2015）、社会网络（吴玉宇，2010）、社会资本（包括社会网络信任规范等在内的人情关系、声誉、口碑）（谭燕芝和胡万俊，2017）、金融知识（刘营军等，2018；张号栋和尹志超，2016）和金融素养（刘国强，2018）等"软信息"在改变农村信息不对称中发挥重要作用，有助于解决农村地区"硬信息"短缺的问题。

1.2.1.3　正规信贷和非正规信贷

在解决农村金融供给不足问题方面，非正规金融发挥了重要作用。从供给渠道看，在农村存在着民间金融、合作金融、商业性金融和政策性金融等多种金融模式。非正规金融机构可持续发展在一定程度上可以解决信息不对称问题（Allen et al.，2018），对缓和农村金融市场供求矛盾和提高农村金融市场效率具有重要作用（葛永波等，2011）。在农村借贷市场上，各类主体一般缺乏财务报表、抵押担保品及信用评分，特别是小农户（刘西川和程恩江，2013）。与正规信贷机构相比，小额信贷机构在获取借款人信息方面有独特优势，在贷前甄别、贷中审核以及贷后监督等环节通过社会网络等渠道掌握借款人的更多信息，能够有效缓解农户面临的正规信贷配给问题，从而实现将服务对象向弱势群体延伸，从富裕农户扩展到比较富裕的农户（程恩江和刘西川，2010）。2006年以来，村级发展互助资金的一些制度创新能够降低贷款风险，从而有效地避免了逆向选择、道德风险和合约实施的高成本所带来的负面影响。从信贷供给成本的角度来看，它是一种比农村信用社或非政府小额信贷机构更适合边远贫困地区的金融供给模式（刘西川，2012）。

随着农村金融模式的多样化，关于正规金融和非正规金融关系的研究逐渐增多，根据国外已有的相关成果可以归纳出五种不同的经验结论：两者完全独立（Yadav et al.，1992）、两者部分独立（Pal，2002）、两者不完全替代（Mohieldin and Wright，2000）、两者互补（Kaino，2005）和两者既有互补关系又有替代关系（Akoten et al.，2006）。国内学者根据我国的情况进行了研究分析。如陈鹏和刘锡良（2011）认为，民间互助性借贷对正规金融机构贷款具有较强的替代性。殷浩栋等（2018）的研究在支持上述观点的同时，分别研究了互助资金对正规金融和非正规金融替代作用的差异，认为对正规金融借贷的替代作用较小。而刘西川等（2014）则认为，农户信贷市场中正规部门与非正规部门存在互补关系，且正规部门借贷与非正规有息借贷、非正规无息借贷均存在互补关系。刘丹（2017）从农户角度出发，分别讨论了在不同收入群体中非正规金融和正规金融的关系，发现在中、低收入农户群体中两者表现为替代关系，而在高收入群体中表现为互补关系。多种结论的存在说明了农户信贷市场结构的多样性与复杂性。

1.2.2 家庭金融和金融市场参与

1.2.2.1 家庭金融

家庭金融类似于公司金融，是分析家庭如何运用金融工具来实现其目标的学科（Campbell，2006），可以从家庭负债和家庭资产两个角度来对此进行考察

（唐珏和朱启贵，2008）。从家庭金融的理论来源来看，家庭金融资产选择是家庭金融的重要方向，起源于货币需求理论。在这一阶段，Hicks（1935）、Friedman（1957）和 Marschak（1938）等学者主要讨论货币与有价证券的选择问题，为后来资产选择理论的形成和完善打下了基础。自 20 世纪 50 年代起，家庭金融资产选择进入理论发展的重要时期。Markowitz（1952）将家庭金融资产选择行为通过数理方法模型化，利用标准化的数理模型解释理性投资者在完全市场下的金融资产选择问题，形成的均值方差资产选择理论奠定了现代家庭金融的基础。在前人研究的基础上，Sharpe（1964）等形成了著名的资本资产定价模型（CAPM）。

由于理论假设与现实相差较大，如投资者的非理性、市场的不完全等，导致家庭金融资产选择的理论观点与人们的经验证据不一致，因而这些纯理论导向型研究结论没有得到有效的数据和实证支持。如经典投资理论认为，无论资产或收入的多少，大部分家庭都会参与金融市场，通过投资金融风险资产进行资产配置（尹志超等，2014）。但是现实情况却并非如此，参与风险金融市场的家庭比例远远低于经典投资理论的推测（郭学军，2019），现实中家庭金融市场参与率与理论之间的偏差被称为"有限参与之谜"（Vissing Jørgensen，2002）。"有限参与之谜"直接关系到发展中国家的收入分配问题（Campbell，2006）。此外，早期的实证研究大多使用宏观总量数据进行相对简单的描述性分析，如均值比较、方差分析和相关分析等，虽然从总量上对家庭金融资产的数量和结构有所分析，但在解释微观家庭金融资产选择方面却比较乏力，且在收入差距扩大的背景下，宏观数据的平均数和众数相差较大，研究结论可能有偏。随着相关模型和方法的逐渐成熟，有关的实证分析开始增多。储蓄与贷款是家庭金融的重要内容（李心丹等，2011），但研究主要集中在家庭投资决策分析方面，并未讨论家庭储蓄或信用卡贷款等家庭消费问题。

1.2.2.2 农户金融市场参与

农户参与金融市场是农村经济发展和金融条件改善的必然趋势，对改善农户生活和增进农户福利至关重要。农户参与金融市场进行资产配置具有财富效应（张哲，2020），有利于农户增收，缩小城乡收入差距。在情感方面，家庭参与金融市场会显著提高家庭幸福的可能性，尤其是参与低风险金融投资或民间借出款会显著提高家庭幸福度（尹志超等，2019）。

即便参与金融市场对农户有诸多益处，且 90% 的农户家庭都拥有存款，但农户金融市场参与比率仍然较低。根据《中国家庭金融调查报告（2012）》的数据，中国家庭参与风险金融市场的比率为 17.4%，其中城镇家庭参与的比率为 24.3%，农村家庭参与的比率为 2.1%。该报告 2015 年的数据表明，农户参与风险性金融资产的比率不足 5%。数据显示，有股票投资经验的农户也存在资金闲置情况，表现为农户的股票账户现金余额均值显著高于城市家庭（张哲，2020）。以上数据均表明农户在参与金融市场方面存在突出问题，引导农户合理地进行资产配置是相当必要的。

为破解"有限参与之谜"，提高家庭资产配置的合理性，学者们针对影响家庭金融市场参与的因素展开研究。Allen 和 Gale（1994）、Yaron 和 Zhang（2000）以及 Vissing Jørgensen（2002）指出，家庭进行股票投资需要承担一定数额的固定成本，经济人的市场进入成本及其对流动性的需求导致了市场处于有限参与状态。吴卫星和汪勇祥（2004）、吴卫星等（2010）认为，当前的证券价格、投资者的财富状况、住房以及对资产价格分布的判断影响理性的投资者是否参与金融市场的决策，其中住房会挤出风险投资。而陈永伟等（2015）的研究则表明，房产财富对家庭金融市场参与概率和风险资产持有比例有显著的正向影响。王阳和漆雁斌（2013）分析了农户参与金融市场的意愿与影响因素，认为家庭收入、家庭财富、人力资本和风险态度对农户金融市场参与概率有显著影响。

1.2.3　数字金融和数字支付使用

1.2.3.1　数字金融的界定以及在农村的发展

中国金融业的快速发展得益于互联网技术的应用。信息通信技术（ICT）在中国金融背景下的指数扩散产生了新的组织结构和社会政治关系，数字技术、金融和经济增长三者相互促进（Sepehrdoust，2018），有力地改变了中国在世界经济中的地位（Wang，2018）。将互联网技术运用于金融领域始于国外，多见的是"E-finance""E-commerce"和"Network finance"，即电子金融、电子商务和网络金融等（徐小阳和路明慧，2017）。在研究初期，大部分学者只将互联网视为技术手段，将其作为实现金融服务与交易的一种新的方式（Allen et al.，2002），并在此基础上讨论互联网对金融业的影响。随着研究的深入，更多的注意力集中在互联网对传统金融组织和运行方式的冲击，并将互联网金融作为继传统金融中介和资本市场之后的第三种金融模型（Shahrokhi，2008）。国内对数字金融的研究始于 2012 年底，随后学术界对互联网金融的关注度呈"爆炸式"增长。

谢平和邹传伟（2012，2015）首次提出了互联网金融模式的概念，刘英和罗明雄（2013）将互联网金融分为第三方支付、P2P 网贷、大数据金融、众筹、信息化金融机构和互联网金融门户六大模式。以互联网为代表的现代信息科技，特别是移动支付、社交网络、搜索引擎和云计算等，将对人类金融模式产生颠覆性影响。随着互联网应用范围的广泛扩展，固定互联和移动互联技术的发达信息传递速度的加快促进交易达成的作用越来越强（中国人民银行征信中心与金融研究所联合课题组等，2014）。部分学者分别从行业（Gao et al.，2018）和技术层面（Gai et al.，2018；Nakashima，2018；Jagtiani and Lemieux，2018）对互联网金融内涵展开分析。汪炜和郑扬扬（2015）认为，信息经济学和产业经济学能够解释互联网金融发展的特点与相关现象，构成了互联网金融发展的经济学理论基础。与传统金融相比，互联网金融是一种更普惠的大众化金融形式（曹凤岐，2015），但也存在一些弊端，如对风险具有放大效应（李琦，2015）。

数字金融泛指传统金融机构与互联网公司利用数字技术实现融资、支付、投资和其他新型金融业务模式（黄益平和黄卓，2018），与互联网金融[①]和金融科技[②]概念基本类似。除了第三方支付、网络借贷、网络众筹和数字货币，商业银行的数字化转型也是数字金融的重要组成部分。金融科技展现出金融业不断深化、服务触角延伸拓展的趋势（肖远企，2018），具有普惠金融价值（Ozili，2018）。现阶段，已有相当数量的研究集中于互联网金融对传统金融的影响（Hou et al.，2016；Tunay et al.，2015；Stoica et al.，2015），互联网金融与传统金融的相互竞争会推动金融结构变革和金融效率提升，完成从大企业金融、富人金融到普惠型金融的转型（吴晓求，2015）。如移动电话的发展巩固了金融包容性对经济增长的影响，特别是在移动金融服务占据主导地位的国家，而其中的机制就是手机发展促进了金融普惠（Andrianaivo and Kpodar，2011）。数字金融增加边缘群体获得金融服务的机会，为更多的人带去快捷、信赖和效率（巴塞尔委员会监管和实施委员会金融科技课题组，2017）。在传统金融服务不到位的情况下，各界对新兴的数字金融寄予厚望，希望其能发挥普惠金融的功能，服务未被传统金融覆盖的弱势群体和偏远地区（郭峰和王瑶佩，2020）。

---

① 互联网金融（ITFIN）在人民银行等十部门联合发布的《关于促进互联网金融健康发展的指导意见》中被明确定义，是指传统金融机构与互联网企业利用互联网技术和信息通信技术实现资金融通、支付、投资和信息中介服务的新型金融业务模式。
② 金融科技，根据金融稳定理事会（FSB）的定义，主要是指由大数据、区块链、云计算、人工智能等新兴前沿技术带动，对金融市场以及金融服务业务供给产生重大影响的新兴业务模式、新技术应用、新产品服务等。

1.2.3.2 数字支付的普惠性和农户的数字支付使用

普惠金融的发展和金融包容性的提高对于促进创业（Rajan and Zingales，1998；张龙耀和张海宁，2013；李建军和李俊成，2020）、增加收入（辛立秋等，2017）、平衡城乡收入分配（李建伟，2017）、提高家庭消费（隆宗佐和曾福生，2002；张凯和李磊宁，2006；陈东和刘金东，2013；冉光和等，2016；谢家智等，2017；邱黎源和胡小平，2018；涂先进等，2018；齐红倩和李志创，2018；王慧玲和孔荣，2019）、提升居民福利（胡帮勇，2014）、促进贫困减缓（李建军和韩珣，2019；李雅宁等，2020）、女性赋权（Duvendack and Mader，2020）以及经济发展（李建军等，2020；Beck et al.，2000）均有积极作用。互联网技术在促进金融和经济发展方面具有重要作用（Pradhan et al.，2017），支持普惠金融的发展是数字金融的突出特点和最大优势（黄益平和黄卓，2018）。数字支付是实现数字金融普惠功能的通道，使地理限制不再是金融服务覆盖范围扩大的瓶颈（宋晓玲，2017）。互联网的普及大大增加了数字支付的使用机会，给金融服务行业和金融市场带来了冲击和改变，这种改变具有重要的研究价值（Allen et al.，2002）。在实证层面，诸多学者利用北京大学数字金融研究中心课题组编制的中国数字普惠金融指数展开分析（郭峰等，2020），认为数字普惠金融通过降低交易成本、缓解信息不对称和降低抵押品要求等途径提高了农户正规信贷获得可能性（樊文翔，2021）。信息通信技术（ICT）与金融融合，有利于缓解贫困（Suri and Jack，2016；刘锦怡和刘纯阳，2020）、增加消费（Sarma and Pais，2011；崔海燕，2016；张李义和涂奔，2017；易行健和周利，2018；Li et al.，2019）、提升就业（方观富和许嘉怡，2020；）、提高收入（刘丹等，2019）以及改善创业行为（谢绚丽等，2018；张林和温涛，2020；冯大威等，2020；何婧和李庆海，2019），从而促进经济包容性增长（张勋等，2019；Beck et al.，2018）。

我国社会经济发展存在显著的城乡差异，造成城乡金融的非均衡发展，城乡、贫富群体在金融服务可得性方面存在很大差距，数字普惠金融的出现则有可能为这一现状带来革命性的转变（宋晓玲，2017）。数字支付填补了一些传统金融服务领域的空白（郭峰，2017），可以克服居民对物理网点的依赖，具有更广的触达能力。我国农村手机普及率高，城乡二元经济结构下汇款和转账等支付服务需求旺盛，网络购物引发的电子商务市场正在逐步向县域开拓，数字支付在农村具有较大的发展潜力（温信祥等，2014）。在理论方面，学者们一致认为数字金融对于农村金融发展具有重要的普惠价值（吴晓求，2015；黄益平和黄卓，2018；黄益平，2017），但实证分析结果却表明数字金融在农户中普及率不高，农户在使用数字金融时同样面临各种排斥（何婧等，2017）。

在现有文献中，有关农户数字支付行为或数字金融行为的研究成果较少，且主要集中在用户对数字支付的选择行为（de Luna et al.，2018）和支付技术采用（Dahlberg et al.，2015）方面。冷晨昕和陈前恒（2017）的研究成果表明，影响贫困地区农村居民使用数字支付的因素有年龄、性别、受教育年限等个体特征，以及非农就业程度和家庭人均收入。He 和 Li（2020）认为，在线社交互动对农户使用数字金融具有积极影响，活跃的线上社交增加了数字金融使用的深度和广度，而传统社交影响不显著。刘营军等（2018）认为，金融知识会显著影响农户使用数字金融产品。徐小阳和路明慧（2017）认为，在不同的自我效能和社会认知水平下，互联网金融行为存在较大差异。

数字金融所要实现的金融功能并未改变，因此其本质仍是金融，在对金融问题进行研究的过程中，要始终思考 Luigi Zingales（2015）提出的问题：金融能否造福社会？学者们一致认为有关促进金融普惠化的研究更具有现实社会意义（李原，2018）。在数字支付被广泛应用的时代，研究数字支付对农户金融状况的影响，分析数字支付的普惠价值，对社会发展和乡村振兴有重要意义。

1.2.4 数字金融、信贷可得性与金融市场参与

1.2.4.1 数字金融与农户信贷可得性

数字金融所带来的普惠性和包容性更胜以往的传统金融模式（朱晋川，2013）。金融体系的互联网化可以降低农村金融运营成本。信息技术的发展降低了获取信息和处理信息的成本，一方面提高了银行业借贷效率（Petersen and Rajan，2002），另一方面也提高了金融服务覆盖率（巴曙松和湛鹏，2012）。相比传统金融，数字金融具有边际成本递减、边际效益递增和信息优势，可以缓解金融市场的信息不对称，满足农村小微型企业融资需求（方胜和吴义勇，2017）。农村互联网信贷模式的内在逻辑是"互联网+社会网"的技术逻辑和社会逻辑的结合（罗兴等，2018）。数字金融能够借助科技手段汇集和处理农户网络行为产生的大量私人信息，通过高效率信息收集处理手段提高信息质量。在海量数据的基础上获取农户征信，能够最大限度地满足农户小额贷款的需求，从而发挥小额贷款在金融扶贫中的作用（方胜和吴义勇，2017），对缓解贫困、缩小城乡差距

具有重要意义。

关于数字金融是否减轻农村地区金融排斥的相关分析主要集中在理论分析层面，主要存在以下三种观点：第一种观点认为，数字金融颠覆了传统模式（谢平和邹传伟，2012），在数字金融中，信息的不对称性有了更大的、根本性的改进（吴晓求，2015）。随着数字金融特别是基于移动互联网的手机银行的发展，农村金融的困境会得到显著改善（刘海二，2014）。第二种观点认为，数字金融既有传统金融机构的业务创新，也有新兴互联网企业的渗透，数字金融与传统金融之间存在较大的融合空间（朱晋川，2013）。如今的网络借贷模式是传统金融互助模式的一种延续。这种模式通过互联网技术把传统金融互助的社区拓展到网络上的虚拟社区，从而实现了更大范围的金融互助（张海洋，2017）。第三种观点认为，数字金融的内涵毕竟与传统银行业务一致，只不过营销和处理业务的渠道是借助互联网而已（粟芳和方蕾，2016），互联网只是一种技术手段（Allen et al.，2002），而数字金融只是金融渠道创新，它能带来便利但不能解决信任问题（陈志武，2014），在国内征信体系不完善且农村缺乏互联网大数据积累的情况下（中国人民银行征信中心与金融研究所联合课题组等，2014），城乡之间和农村内部均存在严重的"数字鸿沟"，在面临"工具排斥"和"自我排斥"这双重排斥的农村地区，数字金融并不能实现较好的普惠效果（吴本健等，2017）。数字金融服务的对象往往是可以从正规金融渠道享受金融服务的群体，而农户由于缺少上网的条件和工具，更有可能被排斥在数字金融的普惠效果之外（何婧等，2017），反而产生"普惠陷阱"。

上述观点都有一定的代表性，前两种观点肯定了数字金融在降低交易成本和拓展交易可能集等方面的作用，而第三种观点则认识到数字金融在农村发展的现实障碍。本书认为，数字金融在一定程度上发挥普惠效果毋庸置疑，但能否通过数字金融解决农村金融排斥问题，仍需通过深入分析数字金融普惠效果的内在作用机理来解答，并要经得起微观实证的检验。

1.2.4.2　数字金融与农户金融市场参与

互联网理财提高了家庭风险投资的概率。数字金融通过互联网发售证券、基金和理财产品，使农户可以足不出户地实现各类金融需求（慕丽杰和郭昆宇，2020），拓宽了农户的投资渠道，提高了农户参与金融市场的效率，对我国居民的金融市场参与行为产生重要影响（魏昭和宋全云，2016），有助于优化家庭在金融市场的配置，实现了资金的全面融通。已有研究表明，区域数字金融发展确实会影响到农户参与数字金融的决策，区域数字金融的覆盖广度对农户参与数字金融有显著的正向影响（王瑶佩和郭峰，2019），提高了农户参与金融市场的概率，对农户配置风险金融资产的比例有积极影响（周雨晴和何广文，2020）。

当前有关数字金融使用或数字支付使用对居民金融市场参与的影响的研究成果仍相对较少，借鉴互联网使用或数字普惠金融对金融市场参与的影响的研究成果可知，学者们认为数字金融主要通过增进社会互动、降低交易成本以及拓宽信息渠道等方式影响居民金融市场参与。社交活跃的家庭参与金融市场进行资产配置的概率更高（Hong et al.，2004），与线下面对面的社会互动相比，线上社会互动对金融市场参与的影响程度更高大（刘宏和马文瀚，2017）。互联网使用还能通过降低市场摩擦来提高家庭风险金融投资的概率，具体表现为降低交易成本、削弱有限参与和机会限制以及增强社会互动行为（周广肃和梁琪，2018）。

进入成本和信息成本是可能是阻止家庭参与金融市场投资的重要原因（Peress，2005），互联网技术恰好能有效降低交易成本，交易成本下降带来交易频率上升和交易效率提高，有助于改善家庭在资本市场的"有限参与"问题（周光友和罗素梅，2019）。互联网作为重要的信息搜寻渠道，可以实现降低信息搜寻和使用成本（贺娅萍和徐康宁，2019）、促进供需结构平衡、优化社会资源配置等功能。与线上消费相比，家庭在金融投资方面对互联网信息搜寻的依赖度更高（王智茂，2020）。

不同的影响机制之间会相互作用，如郭士祺和梁平汉（2014）证实社会互动是影响居民金融市场参与的重要信息渠道，且具有"乘数效应"，即在股市参与率高的社区中，社会互动会传递更多与股市相关的信息，使家庭更有可能参与股市。除此之外，数字支付平台本身作为金融产品供给平台，所提供的互联网金融产品具有安全性较高、流动性较强和收益率较高的特征，并在一定程度上兼顾流动性、收益性和安全性，从而使公众更愿意投资互联网金融产品，并尽可能地追求多目标投资组合（周光友和罗素梅，2019）。

分析数字支付使用与农户金融市场参与的问题也可以借鉴有关不同支付方式与消费和储蓄关系的研究成果。Hirschman（1979）在较早时期就针对不同支付方式对消费者的影响差异展开了分析，结果发现，信用卡支付方式会明显提高消费者的消费支出。辛馨（2017）认为，便捷化的虚拟支付方式大大降低了支付成本，此外，第三方支付平台使消费场景化，用户体验感和参与感增加，货币幻觉愈加明显，从而促进消费。数字支付使用是农户尝试数字金融的起点，农户的数字支付使用增加了他们参与金融市场的机会和概率。使用数字金融的农户更容易将资产配置于互联网金融产品，从而分享新金融模式产生的红利，进而带动金融扶贫和农村金融的有机发展（方胜和吴义勇，2017）。

1.2.4.3 信贷可得性与农户金融市场参与

数字支付使用提升微观家庭金融市场参与的重要原因在于数字金融与家庭经济活动的深度融合（王智茂，2020），这有利于改善微观家庭的金融可及性，并促进家庭金融行为的有效决策（谢平和邹传伟，2012）。信贷约束可以显著影响未来的收入预期，没有信贷约束的家庭比有信贷约束的家庭消费更多的金融资产（Zeldes，1989）。信贷约束越强的家庭，消费的金融资产更少更单一，在年轻的家庭中这种现象更明显（Hayashi，1985）。家庭即使当前没有信贷约束，信贷约束预期的存在也降低了风险金融资产持有量（Koo，1998）。当家庭不能像期望的那样借款时，便会被迫缩减其股票等资产的持有量（段军山和崔蒙雪，2016）。也有学者对信贷约束的不同类型展开分析，认为需求型信贷约束与供给型信贷约束均会显著降低家庭投资组合有效性，且需求型信贷约束的影响大于供给型信贷约束的影响（臧日宏和王春燕，2020）；相较于受到非正规信贷约束的家庭，正规渠道的信贷约束对于家庭参与风险资产投资的抑制作用更加明显（周弘和史剑涛，2021）。

关于信贷可得性影响金融市场参与的机制或原因，学者们从不同的角度给出解释。主要观点如下：信贷约束主要通过交易成本影响家庭风险资产的持有（Guiso et al.，2002）；信贷约束主要通过提高风险厌恶水平和降低未来预期两个渠道抑制家庭参与风险资产（周弘和史剑涛，2021）。受到金融排斥的家庭，其风险厌恶程度会偏高，从而降低参与金融市场的概率或缩减对高风险资产的持有量（段军山和崔蒙雪，2016）。也有学者认为，金融市场对家庭信用状况具有识别和筛选的功能，存在信贷约束的家庭，更可能存在收入较低、还款能力不足以及信用记录不良等情况。因而，家庭存在信贷约束的根本原因是家庭还款能力和还款意愿不足（何维和王小华，2021）。

1.2.5 文献述评

通过梳理、归纳和总结以往研究文献，不难发现，为解决农村金融难题，学者们从多方面、多角度对农村金融抑制、农户借贷行为以及数字普惠金融展开了分析讨论，已有文献存在以下几个特点：一是有关传统农村金融问题和农户信贷行为的研究成果比较全面。对农村金融问题存在的原因进行多方面分析讨论，尤其是针对农户信贷行为的各个方面，包括影响农户信贷行为的因素，对农户创业、消费和收入的影响，取得一系列研究成果，构成后续研究的重要基础。二是针对农户金融市场参与的研究成果较少。应明确金融的实质其实不只是资金的借贷，而是财产的跨时交易活动（江春，1999），家庭金融研究主要包括家庭资产配置研究和家庭负债行为研究。当前研究主要关注了享有存款账户和银行贷款（Fungáčová and Weill，2015）等基本金融服务。针对农户的金融研究则大部分集中于信贷排斥、金融包容以及普惠金融，较少关注农户资产配置问题，造成农村金融研究片面化。随着经济的发展，农户等弱势金融群体对金融的需求不应仅停留在存款和借贷方面，需要向资产配置等方面扩展。三是数字支付或数字金融的普惠机理未得到应有重视。大部分学者将数字金融直接视同普惠金融，专注于研究数字普惠金融的经济效果，而未深究其普惠效果及影响机制，导致研究结果的适用性存在局限（Duvendack and Mader，2020）。如现有研究多集中于探讨数字金融发展对家庭收入、创业、消费和信贷需求等方面的影响，较少有学者关注数字金融发展对家庭金融资产配置行为的影响（吴雨等，2021）。四是有关数字金融或数字支付使用在改善农户金融状况方面的研究成果较少。当前针对普惠金融或金融包容的研究多针对国家或行政区域层面，而农村作为金融发展的薄弱环节，从整体区域的角度难免弱化农村金融排斥问题，不能反映出农户真实的金融状况。应重点分析金融创新对个体积极影响的内在机制，从而发挥其减贫和促进经济增长的作用（Beck and Demirgüç-Kunt，2008）。数字金融不同于传统的融资模式，农户数字金融行为及其对农户自身金融状况的影响等相关研究有待补充。

1.3 研究目标与主要内容

1.3.1 研究目标

信贷可得性和金融市场参与是家庭金融的重要内容，本书的总目标是分析数字支付使用对农户家庭金融状况的影响，包括数字支付使用对信贷可得性和金融市场参与的影响及三者相互作用的内在机制，为发挥数字金融作用、助力农村金融普惠发展、缩小家庭贫富差距以及乡村振兴提供参考。

分目标1：掌握农户金融活动状况，包括阐述数字支付使用、信贷可得性和金融市场参与现状。

分目标2：构建数字支付使用、信贷可得性和金融市场参与相互作用的理论框架。

分目标3：数字支付使用、信贷可得性和金融市场参与三者关系和作用机制的实证结果。

分目标4：计算农户数字支付使用的影响因素。

1.3.2 主要内容

本书在理论分析基础上，搭建了数字支付使用影响农户信贷可得性和金融市场参与的理论框架，分析了数字支付使用影响农户信贷可得性和金融市场参与的内在机制并进行实证检验。本书主要内容与结构如图1-1所示，具体包含以下几个方面：

（1）构建数字支付使用、信贷可得性和金融市场参与相互作用的理论框架。基于金融市场相关理论、农村金融发展理论、长尾理论、行为金融理论和交易成本理论等，分析数字支付使用影响农户信贷可得性和金融市场参与的内在机制。借鉴家庭资产配置分析框架，推导数字支付使用、信贷可得性和金融市场参与之间的关系，为实证分析提供理论基础。

（2）农户金融现状分析，包括阐述数字支付使用、信贷可得性和金融市场参与现状。在梳理数字金融和农村金融发展历程的基础上，描述当前我国农户数字金融和数字支付使用现状，了解数字金融在农村的发展阶段；描述农户信贷行为和投资理财现状，分析农户在信贷和投资理财方面的排斥问题，把握农村家庭实际需求与存在的问题，为后续研究提供现实基础。

（3）数字支付使用对农户信贷可得性的影响分析。提出数字支付使用影响农户信贷可得性的相关假设，据此展开实证分析；实证分析数字支付使用对农户信贷可得性的影响，包括对正规信贷可得性和非正规信贷可得性以及可得性程度的影响；分析了数字支付使用对农户信贷可得性影响的异质性，包括对不同收入农户和不同信贷可得性程度农户的影响差异。

（4）数字支付使用对农户金融市场参与的影响分析。提出数字支付使用影

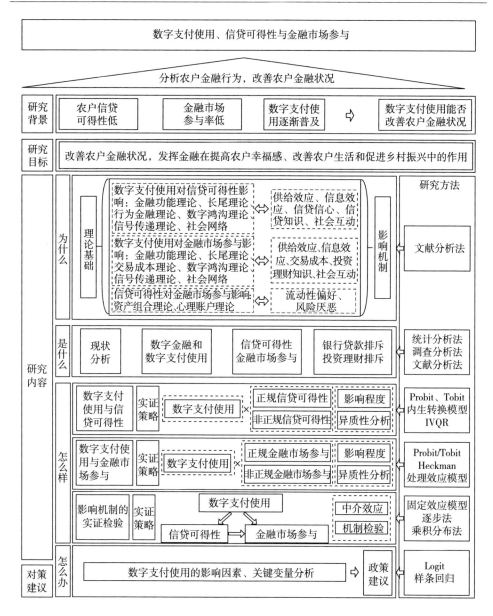

图 1-1 主要内容与结构

响农户金融市场参与的相关假设,据此展开实证分析;实证分析数字支付使用对农户金融市场参与的影响,包括对正规金融市场参与和非正规金融市场参与以及参与程度的影响;分析了数字支付使用对农户金融市场参与影响的异质性,包括对不同收入、是否拥有商品房、不同年龄和受教育程度农户的影响差异。

（5）数字支付使用、信贷可得性和金融市场参与三者之间的关系以及作用机制的实证检验。提出信贷可得性在数字支付使用与金融市场参与中起到中介作用的相关假设，实证分析信贷可得性对农户金融市场参与的影响及其在数字支付使用影响金融市场参与中的作用。验证了数字支付使用通过信息效应、提高银行贷款知识、增加农户获取正规信贷的信心以及促进社会互动提高农户信贷可得性；数字支付使用通过供给效应、信息效应、提高投资理财知识、降低金融市场参与成本以及促进社会互动对农户金融市场参与发挥积极作用。

（6）农户数字支付使用行为分析。为把握农户数字支付使用特点，发挥数字金融在金融普惠中的作用，对农户数字支付的影响因素进行分析；计算受访者个体特征、家庭特征和村庄等因素对农户使用数字支付的影响；着重分析重要影响因素在不同取值范围内对农户数字支付使用的影响差异。

1.4 数据来源与技术路线

1.4.1 数据来源

本书数据来源于 2017~2019 年中国农业大学经济管理学院开展的"中国农村普惠金融调查"数据库。调查采取分层随机抽样的方法，在全国范围内，按照东部、中部和西部三个区域，2017 年分别选择山东省、河南省和广西壮族自治区，2018 年和 2019 年则选择山东省、河南省和贵州省，在各省内以人均 GDP 为代理变量，按照经济发展水平分层，分别选择三个县，每个县按照经济发展水平选择 3 个乡镇，每个乡镇随机选择 2 个自然村，入村访问的数量一般在 30~50户。农户类型以小农户为主。通过入户访谈方式对农户的基本情况、金融需求与金融行为进行普查，共回收问卷 5737 份，其中 2017 年 2029 份，2018 年 1975份，2019 年 1733 份。为提高样本代表性，将受访者年龄小于 16 岁或大于 60 岁的农户样本剔除，剩余问卷共 4445 份，其中 2017 年 1622 份，2018 年 1504 份，2019 年 1319 份。数据清洗后，共使用问卷 4178 份，其中 2017 年 1506 份，2018年 1420 份，2019 年 1252 份（见表 1-2）。

表 1-2　样本来源及分布

		2017 年	2018 年	2019 年	合计
山东省	安丘市	148	153	95	396
	寿光市	180	192	139	511
	高密市	132	145	118	395
河南省	方城县	163	162	124	449
	孟津区	136	137	123	396
	汤阴县	201	152	163	516
广西壮族自治区	大新镇	160	—	—	160
	宁明县	195	—	—	195
	田东县	191	—	—	191
贵州省	福泉市	—	163	157	320
	务川县	—	153	149	302
	大方县	—	163	184	347
合计		1506	1420	1252	4178

1.4.2　技术路线

本书由提出问题、理论分析、文献分析、实地调研和实证检验等部分构成。技术路线如图 1-2 所示。具体过程如下：

第一步，提出问题。在数字金融和普惠金融相互促进而又快速发展的大背景下，农村金融难题依然存在。农户是否能够通过数字支付的使用提高和改善其金融状况成为值得研究和探讨的问题。

第二步，理论分析。数字支付作为金融领域的新概念，与之直接相关的理论相对较少。如何在既有理论基础上，结合农户金融行为的现实表现，分析数字支付影响农户信贷可得性和金融市场参与的内在逻辑和理论框架，并对现有理论进行丰富和发展，成为本书的重点和难点。

第三步，文献分析。农村金融难题由来已久，数字金融在金融普惠中的独特优势吸引了广大学者的目光，积累了大量有关数字金融普惠效果的研究成果。本书在充分学习、借鉴和总结的基础上，找到当前研究的不足与空缺，并不断地思考完善。

第四步，实地调研。在理论分析和文献分析的基础上，设计本书的内容框

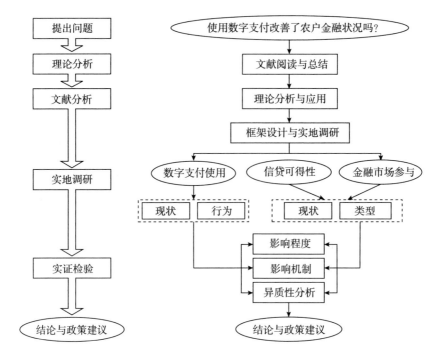

图 1-2　技术路线

架，确定具体的研究变量并设计相应的问卷，借助中国农业大学经济管理学院开展的"中国农村普惠金融调查"，进行实地数据采集和分析。

第五步，实证检验。利用调研数据与相应的计量模型，对所搭建的理论框架进行实证分析和检验，主要包括计算数字支付使用对农户信贷可得性和金融市场参与的影响程度，验证数字支付使用、信贷可得性和金融市场参与相互作用的内在机制，测度农户数字支付使用的影响因素。

第六步，结论与政策建议。对以上研究结论进行总结，并据此提出相应的政策建议。

1.5　创新性说明

通过对文献的梳理总结，笔者认为本书存在的创新点如下：

（1）基于金融功能理论、行为金融理论、交易成本理论和长尾理论等相关理论，结合农村金融市场和农户金融活动特点，构建了数字支付使用、信贷可得性和金融市场参与相互影响的理论分析框架；分别阐述了数字支付使用影响信贷可得性和金融市场参与的理论机制，并将数字支付使用、信贷可得性和金融市场参与同时纳入资产配置分析框架，分析了三者之间的关系，为探索普遍适用的数字金融普惠规律提供学术参考。

（2）在正规和非正规两个维度内通过多个指标测度农户信贷可得性。在分析数字支付使用对信贷可得性的影响方面，兼顾了正规信贷可得性和非正规信贷可得性两个维度；不同于以往衡量信贷可得性的做法，本书将银行贷款排斥作为农户正规信贷可得性的反向观察指标，并通过银行贷款行为、银行贷款金额以及银行授信额度多方面衡量农户正规信贷可得性程度；将民间信贷能力作为非正规信贷可得性的观察指标，并通过民间借贷行为和民间借贷金额指标全面反映非正规信贷可得性的情况。以上做法解决了用区域指标衡量信贷可得性无法客观反映农户信贷状况、用信贷行为指代信贷可得性导致高估农户信贷约束的问题，并同时考虑了信贷的可得性与农户实际信贷获取情况。

（3）在正规和非正规两个维度内利用多个指标衡量农户金融市场参与程度。数字支付使用对农户金融市场参与的影响方面，兼顾了正规金融市场参与和非正规金融市场参与两个维度；将金融资产投资作为农户正规金融市场参与的观察指标，并通过金融资产种类、金融资产金额以及金融资产收益多方面衡量农户正规金融市场参与情况；将民间借出行为作为非正规金融市场参与的观察指标，并通过民间借出金额考察非正规金融市场参与情况；全面考虑了数字支付使用对农户金融市场参与行为和资产配置特征的影响，弥补了使用单一指标分析的不足。

（4）利用连续三年的微观调研数据实证检验了数字支付使用影响信贷可得性和金融市场参与的内在机制。以农户为研究对象，将对普惠金融的研究聚焦到农户信贷可得性和金融市场参与问题上，为了解农村金融现状以及普惠金融发展奠定了微观基础。对内在机制进行实证分析的过程中，采用多种方法控制内生性问题，验证了理论分析的可靠性与科学性。实证结果为理解数字支付使用影响信贷可得性和金融市场参与的作用渠道提供了参考，丰富了数字金融在改善农户金融状况方面的相关研究成果。

（5）运用样条回归模型分析了重要影响因素在不同取值范围内对农户数字支付使用的影响差异，丰富了农户数字金融使用的相关研究成果。

2 概念界定与理论分析

准确的概念界定和扎实的理论基础是研究的重要前提。本章对研究中所涉及的重要概念和相关的理论进行界定和阐述，论证了数字支付使用影响农户信贷可得性和金融市场参与的理论基础，分析了数字支付使用对信贷可得性和金融市场参与的影响机制及三者之间的内在关系，在此基础上搭建全书的理论框架，为后面的实证分析提供扎实的理论依据。

2.1 概念界定

数字支付使用是否改善了农户的金融状况是本书所确定的关键问题，因此需要对"数字支付使用""信贷可得性"和"金融市场参与"这三个概念进行明确界定。"数字支付使用"由"数字支付"衍生而来，数字支付是数字金融所包含的金融服务。为更好地理解"数字支付使用"的概念，本章对"数字金融"的概念一并进行阐述。"资产"和"负债"是家庭金融的两个方面，每个方面又可以分为正规金融和非正规金融两个维度。金融市场参与和信贷可得性对应家庭金融的"资产"和"负债"两个方面，为此分别从"正规"和"非正规"两个维度对农户金融市场参与和信贷可得性进行界定。

2.1.1 数字支付使用

数字支付（Digital Payment）是指使用数字工具进行的任何类型的支付，包括移动支付、移动钱包、加密货币和电子支付（Alkhowaiter，2020）。数字支付具有广泛的业务适应能力，可以有效应对农村地区传统金融服务不足的问题。数字支付是互联网发展到一定阶段，与金融结合的产物，并在移动互联网时代得到爆发式发展。移动互联使数字支付短时间内能触达数量庞大的用户群，显著降低了获得成本和交易成本。数字化的手段能够改善信息不对称、融资效率低下和风险控制困难等问题。

数字支付使用指农户使用数字支付的行为，包括使用微信支付、支付宝、电脑网上银行转账、手机银行转账、各种电子钱包类产品（百度钱包、京东钱包、翼支付等）以及其他移动支付产品。数字金融包含数字支付、互联网理财和网络借贷等多方面的内容。不同类型的数字金融服务发挥作用的机制不同，对农村金融普惠具有不同的意义。数字支付在农户使用数字金融服务中最为常见，具有研究的可行性。本书重点关注农户是否有数字支付使用的行为，而不深究数字金融的其他内容。选取数字支付使用作为关键解释变量的原因有以下三个方面：

第一，符合研究目的。通过分析数字支付使用、信贷可得性和金融市场参与的相互作用，探究数字金融的普惠作用，促进农村普惠金融的发展是本书的最终目的。数字金融的内容很广，包括支付、理财和借贷等多个方面，但均以数字支付为基础。农户使用数字支付，即可在有金融需要时借助科技手段便利地获取数字金融的其他服务，如互联网理财和网络借贷服务。因此，通过分析农户是否有数字支付使用行为与农户信贷可得性和金融市场参与的关系即可达到研究目的。

第二，由数字金融在农村当前的发展阶段决定。调研数据显示，农户中使用网络借贷、互联网理财或互联网保险的比例较低，而使用数字支付的比例相对较高，且经历了从低到高的过程。这一方面是由数字金融在农村的发展阶段决定的，另一方面是由农户金融素养偏低和金融需求本身不足所造成的。农户使用数字支付反映了农户对数字金融这种金融科技手段的理解和接纳。为此，以数字支付使用作为主要解释变量符合数字金融在农村的发展现状。

第三，有助于降低计量分析中的内生性问题。数字金融能实现投资和借贷等功能，而投资和借贷正是农户金融需求的主要内容，直接分析数字金融使用对农户信贷可得性和金融市场参与的影响将不可避免地产生内生性问题，在逻辑上也难以理顺其中的关系。数字支付是数字金融的基础功能，农户的数字金融行为主要体现为对数字支付的使用，数字支付使用即体现了农户对数字金融的接受程度，且支付使用不涉及信贷和理财等金融功能，与农户的信贷可得性和金融市场参与有着明显的界限，能有效避免回归过程中的内生性问题。

2.1.2　信贷可得性

"可得性"常被称为"可及性"或"可获得性"，该概念最早由芝加哥大学学者 Anderson（1968）提出，是指在不考虑家庭或个体内在特征差异的情况下，能够获得平等的金融服务标准，并将可得性表述为"使用服务"。金融可得性指获取正规金融服务的难易程度（梁平汉和江鸿泽，2020；肖龙铎和张兵，2017）。大多数学者认为，金融可得性表示经济主体在客观条件下能够获得的金融服务总量。

在金融可得性的具体测算方面，部分学者采用区域层面的指标衡量当地居民金融可得性水平，如每万人拥有的银行机构数量（Mookerjee et al.，2010）、家庭存款开户银行的家数（肖龙铎和张兵，2017）。根据现有的研究成果，大部分学者采用信贷获取和使用情况指代微观个体或家庭金融可得性，如有无获得银行贷款（何韧等，2012），获得正规金融机构的贷款、民间借贷及贷款总额（卢亚娟等，2014），金融机构贷款量（单德朋和王英，2017），以及银行信贷、家庭金融资产持有量和家庭参与商业保险金额（丁忠民等，2017）。

信贷可得性作为金融可得性在信贷方面的表现，是指家庭或个体获取信贷服务的难易程度。汪昌云等（2014）按"有无"和"多少"对农户信贷获得进行度量；侯建昀和霍学喜（2016）通过"是否借贷"衡量农户信贷可得性；彭克强和刘锡良（2016）选取了"受正规信贷约束"和"正规贷款总额"两个方面的指标衡量信贷可得性；项质略和张德元（2019）将农户从正规、非正规金融渠道获取的信贷存量总额作为衡量信贷可得性的指标；周月书等（2019）考虑了农户贷款的满足程度，利用农户实际获得贷款额与贷款申请额之比作为衡量信贷可得性程度的指标；周利等（2021）则从当前农户的借款行为出发，以家庭未偿债务规模来间接度量信贷可得性。

总结来看，金融可得性不同于金融服务使用（Claessens，2006），信贷可得性也应不同于信贷获得和使用情况。对于没有正规信贷需求的农户而言，不会去申请贷款，因而也不会获得贷款，但不能说明其信贷不可得。仅有一部分农户没获得贷款是由于受到贷款价格、风险等其他因素的制约（Kochar，1997），传统度量信贷可得性的方法将夸大家庭信贷约束的程度（尹志超和张号栋，2018）。而根据区域金融服务供给或使用情况衡量信贷可得性的做法又会忽视农户在金融市场中的弱势地位，夸大农户信贷可得性程度。此外，正规信贷可得性和非正规信贷可得性具有不同的属性，因此正规信贷可得性和非正规信贷可得性应分别界定。

首先，区分正规信贷可得性和非正规信贷可得性。在借鉴汪昌云等（2014）、项质略和张德元（2019）等做法的基础上，按照贷款来源，将信贷可得性分为正规信贷可得性和非正规信贷可得性。故本书中正规信贷包括银行贷款和信用社贷款，非正规信贷包括亲友借贷和民间金融机构贷款等。其次，界定和测算正规信贷可得性。金融排斥最基本的特征是某些群体难以通过适当的渠道获得必需的金融产品和服务（葛永波等，2021）。对农户而言，未被排斥在正规金融服务系统之外则是正规信贷可得的，故采用银行贷款排斥对农户正规信贷可得性进行界定。如果农户面临银行贷款排斥，则正规信贷不可得。银行贷款排斥与正规信贷可得性的对应关系如图 2-1 所示。此外，农户从银行等正规机构获取贷款的金额越高或银行授信评级额度[①]越高，则农户正规信贷可得性程度越高，运用银行贷款行为、银行贷款金额和银行授信额度反映农户的正规信贷可得性程度。最后，界定和测算非正规信贷可得性。Guirkinger（2008）指出，受到正规信贷约束的家庭会尝试通过民间借贷市场获取资金以满足融资需求。采用"民间信贷能力"衡量农民非正规信贷可得性，具体指农户在家里有人生病急需资金的情况下可以求助的人数或家庭数量。通过民间借款行为（除了银行和农村信用社，农户向其他人或机构借过钱）、民间借款金额（除了银行和农村信用社，农户向其他人或机构借钱金额合计数）反映农户非正规信贷可得性程度。

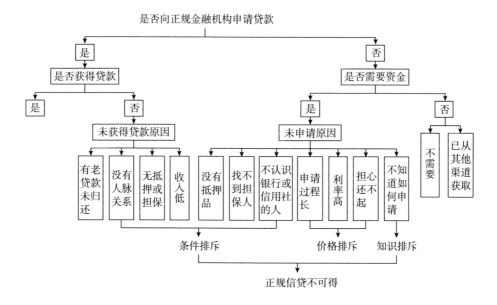

图 2-1 银行贷款排斥与正规信贷可得性对应关系

---

① 银行授信额度指经银行信用评级所确定的授信额度，银行根据农户经济状况确定授予农户一定的信用额度，农户在该额度内无须抵押即可获得信用贷款。

2.1.3 金融市场参与

金融市场参与是指参与金融市场进行资产配置的行为，通过金融市场参与，可以实现资产的跨期配置，有助于家庭现金流始终呈现较为平稳的状态，同时获取一定的收益。在开展家庭金融研究时，家庭金融市场参与研究理所当然地成为家庭金融研究的重中之重（肖作平和张欣哲，2012）。

关于金融市场参与的界定，学者们普遍认为是指家庭持有股票、基金、债券等金融产品的行为（尹志超等，2015）。根据金融资产风险程度和所处的金融市场性质，可以分别将金融资产区分为无风险性资产和风险性资产、正规风险性金融资产和非正规风险性金融资产。基于金融资产的分类，将金融市场参与按照持有金融资产的风险程度区分为无风险金融市场参与和风险性金融市场参与：无风险金融市场参与是指持有活期存款和定期存款的行为；风险性金融市场参与是指持有股票、债券、基金等金融资产和借出款的行为。金融市场参与按照持有金融资产的性质可以区分为正规金融市场参与和非正规金融市场参与：正规金融市场参与是指家庭在正规市场上购买的股票、债券、基金以及其他金融理财产品；非正规金融市场参与是指家庭参与非正规金融市场上的投资，主要表现为在民间借贷市场上的借出行为。

首先，区分正规金融市场参与和非正规金融市场参与。借鉴尹志超等（2015）的做法，对农户金融市场参与进行分类。其次，界定和测算正规金融市场参与。关于金融市场参与是否包括银行存款，学者们的研究存在分歧，李俊青等（2020）认为持有银行存款不属于金融市场参与，而王阳（2019）将持有活期存款和定期存款的行为也视为金融市场参与。考虑到农户对风险资金配置的需求更为迫切，本书中的正规金融市场参与是指农户持有风险性金融资产的行为，包括股票、债券、基金、非人民币资产、黄金、金融衍生品、商业保险、金融理财产品等金融产品。此外，通过金融资产种类、金融资产金额和金融资产收益衡量农户参与正规金融市场程度。其中，金融资产种类是指农户持有风险性金融产品类型的数量；金融资产金额是指农户持有风险性金融资产价值总额；金融资产收益是指农户持有的风险性金融资产在过去一年所获取的收益。最后，界定和测算非正规金融市场参与。非正规金融市场参与是指参与民间借出活动，通过民间借出行为和民间借出金额两个指标衡量。其中，民间借出行为指农户借钱给家庭成员以外的个人或机构；民间借出金额指过去一年农户借给家庭成员以外的个人或机构的金额。

2.2　理论基础

数字金融作为金融发展到一定阶段的产物，既与传统金融方式有着相同的理论基础，又带有鲜明的时代特征。本书在借鉴传统金融理论中适用内容的同时，引入适合数字金融和农户特点的理论来展开研究，最终构建了以金融市场相关理论、农村金融发展理论、长尾理论、数字鸿沟理论、资产组合理论、交易成本理论等为基础的理论体系。

2.2.1　金融市场相关理论

2.2.1.1　金融结构理论

金融结构理论又称为金融发展理论，由美国耶鲁大学经济学家 Goldsmith (1969) 提出，认为金融结构是一国金融工具和金融机构的形式、性质及其相对规模的综合。在解释金融现象的同时，Goldsmith（1969）分析了金融与经济的相互关系及其内在相互作用的机制，认为金融的发展使储蓄和投资分离，并通过储蓄、投资、再储蓄的相互转化，刺激了储蓄的增长并带给投资者收益。在投资者储蓄和投资的过程中，社会完成资金积累，金融也得到一定程度的发展。

数字金融作为一种新的金融实现方式，允许传统金融机构和第三方科技公司运用数字科技手段提高渗透率，以低成本的方式供给金融服务，提高金融机构运营效率，降低金融服务的社会成本。同时，数字金融也为金融需求者提供了更多的金融选择。尤其对于在金融市场处于弱势的农户而言，受制于自身经济和周围环境的限制，参与的金融活动更为有限。考虑到农业生产和农户生活相互交织，储蓄和投资也并未得到很好的区分。借助移动设备和互联网，数字金融通过手机等移动设备将金融服务直接呈现在农户面前，在不改变原有金融运行规律的前提下，赋予了农户更多的资产配置选择，有效克服农村金融机构不足的问题。农户可以通过数字金融直接分配投资或储蓄，从而提高农户的信贷可得性和金融市场参与。

2.2.1.2　金融功能理论

金融功能理论（Merton and Bodie，1993）强调金融中介具有相对稳定的功能，但其形式、结构并不是确定的，会受到宏观市场环境、技术创新和升级以及市场竞争等多种因素的影响。学者们普遍将该理论视为金融影响经济的微观理论（熊德平，2009）。该理论指出，解决交易成本问题和信息成本问题是金融市场和金融机构出现的原因（Debreu，1959）。金融体系促进经济发展的基本功能可表述为，在存在不确定性的条件下，通过时间和空间配置资源（Merton and Bodie，1995），借助"科技创新"和"资本积累"的渠道（Levine，2005）促进经济发展。金融体系的功能可以具体表示为以下具体五个方面：获取投资信息和资源配置、分散和降低风险、增加对公司的控制和监督经历、动员储蓄以及方便产品和服务交易。

数字金融是实现金融功能的一种更为有效的数字化金融形式，金融功能理论同样构成了数字金融的理论基础（吴晓求，2015）。传统金融中的金融机构和金融组织在数字金融中并不突出，借助数字技术，数字金融在实现了金融机构原有功能的基础上效率大大提高。首先在数字支付方面，数字支付具有灵活、便捷、快速和安全的特点。其次在融资方面，网络借贷和数字化的消费金融有效率地解决了资金供需的匹配问题，并刺激了消费。最后在财富管理方面，数字金融实现了财富管理的大众化。数字金融对效率的提升主要通过其风险管理和财富管理的功能得以体现。

基于功能金融理论，资金融通或资产配置是金融所实现的最终目的，即金融的功能。将数字金融视作农户可以选择的实现金融功能的渠道，即实现金融功能的方式。数字支付则是开启数字金融大门的"钥匙"，农户对数字金融的使用主要体现为对数字支付的使用。厘清数字支付使用与农户信贷可得性及金融市场参与的关系，有助于理解数字金融包括未来数字货币对农户金融状况和农村金融普惠的影响。数字支付使用与金融功能的具体关系如图2-2所示。在数字经济和数字金融的发展过程中，数字支付使用与金融功能的结合成为普惠金融发展的重要创新性动力，也成为微观家庭主体改善自身信贷可得性、参与金融市场与优化投资结构的重要选择。

2.2.1.3 金融二元性

金融二元性通过金融结构的二元性和金融市场的二元性体现。金融结构的二元性实质上是发展中国家二元经济的反映，金融市场的二元性是发展中国家家庭金融结构二元性的体现，两者实质上都是二元经济的反映。金融的二元性又会反作用于经济，从而加剧经济的二元性，形成经济二元性和金融二元性的恶性循

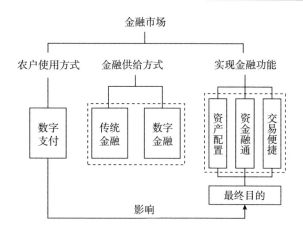

图 2-2　数字支付使用与金融功能的具体关系

环，加剧部门发展的不平衡，拉大城乡差距，使社会中的部分群体如农户的生活长期得不到改善。

为消除金融的二元性，促进金融资源在城乡间和地区间的平衡发展，可以参考迈因特（1984）提出的两条建议：第一，通过资金供需状况反映正规金融市场的利率，通过市场的作用促进贷款与储蓄的平衡。第二，建立一个可以自由进出的国内金融市场，借贷者能以相同的条件无限接触，通过充分竞争满足小额贷款者的需求。

当前大部分的农户已使用数字支付，可以无限制地接触由支付平台所提供的金融产品。依托数字技术的数字金融的迅速发展缩小了城乡居民在金融触达方面的差异，有利于建设城乡整合的金融市场。可见，数字金融的发展和数字支付的使用，近乎满足迈因特教授消除金融二元性的第二条建议，表明数字金融的发展和数字支付的使用有助于消除城乡金融二元性，促进农村金融普惠。

2.2.2　农村金融发展理论

农村金融是金融研究领域的重要内容，所涉及的理论主要有农业信贷补贴理论、农村金融市场理论和不完全竞争市场理论（何睿，2018）等。农村金融理论的主张对农村金融工作的开展具有重要的意义，为发挥数字支付使用作用，改善农户金融状况的政策分析提供了研究基础。

农业信贷补贴论在 20 世纪 80 年代以前占主导地位，认为农户普遍面临资金约束，无法通过自身的努力获取正规信贷，主张通过政策和资金倾斜，助力农村地区金融的发展。支持该理论的学者在研究和实践探索中，往往从机构视角研究农村金融问题，而忽视了影响农村金融发展的经济因素，认为农村金融机构的数量是导致农村金融问题的根源（张杰，2003），对农村金融如何发挥其功能的研究十分薄弱（徐良平等，2004）。该理论在一定阶段支撑了农村金融的发展，但长期来看既不利于激发农村金融自身发展动力，也不利于农村金融市场的可持续发展。

农村金融市场理论在 20 世纪 80 年代后兴起，也被称为农村金融系统论。其代表人物 Adams 等（1984）认为，如果存在储蓄的机会和激励机制，大多数农户会进行储蓄。该理论重视市场的作用，强调利率市场化，主张农村金融取决于金融机构的成果以及经营的持续性和自主性，没有必要建立为特定群体服务的贷款制度，希望通过金融机构自身和非正规金融的发展促进农村金融发展。在当前阶段，农村金融市场仍不完善，需要发挥政府的作用才能促进农村金融市场不断完善。

不完全竞争市场理论由新凯恩斯主义者提出，也被称为金融约束论。该理论认为，经济发展本身就是市场形成的过程，金融市场不是自发形成的，而是需要培育的，在培育的过程中，需要政府、社会和非市场要素的支持，政府干预具有必要性。农村金融市场不是一个完全的竞争市场，因此需要外部力量进行适当的干预，这对农村金融市场的发展具有重要的意义。本书分析了数字支付使用对农户信贷可得性和金融市场参与的影响，根据研究结论提出政府干预数字金融在农村发展的政策建议，为更好地发挥数字金融的普惠作用提供参考。

2.2.3 数字金融相关理论

2.2.3.1 长尾理论

"长尾"实际上是统计学中幂律（Power Laws）和帕累托分布（Pareto）特征的表达，基本原理是聚沙成塔，将传统上的小市场累积创造出大的市场规模。*WIRED* 杂志主编 Anderson 在 2004 年最早提出"长尾"的概念，用来描述亚马逊等网站的商业模式。长尾理论认为，出于成本收益的考虑，在过去企业往往只关注重要客户。如果通过正态分布曲线对客户进行描述，那么重要客户则处于正态曲线的"头部"，由于需要消耗更多的成本和精力，因此处于"尾部"的大多数客户被企业所忽视。

互联网尤其是移动互联网的出现和普及，大幅度降低了关注和服务客户的成本，提高了企业运行效率，为企业服务"尾部"客户提供了可能。企业借助互联网可以挖掘客户的潜在需求，通过市场细分和商品的多样性有针对性地满足各种客户的潜在需求。通过服务"尾部"的大量客户，甚至可以获得超过"头部"客户的效益。

与传统金融的"二八定律"不同，长尾理论构成了数字金融的重要理论基础。数字金融的经济学特征正符合长尾理论的内容。数字金融出现前，对传统金融机构而言，除乡镇信用社外，农户只是客户群中很小的一部分。数字金融的出现，拓展了农村金融市场，激发出农村金融市场的活力。数字金融使农户成为金融市场的目标客户群，并大幅度降低了农村金融市场的交易成本，提高了农户的信贷可得性和金融市场参与概率。

2.2.3.2 数字鸿沟理论

"知识沟"假说（knowledge-gap hypothesis）最早由 Tichenor 等（1970）提出，主要指社会经济地位的不同导致了信息获取的差异，并且随着信息的增多，这种差异将呈现扩大的趋势。随着信息通信技术的发展，衍生出了"数字鸿沟"的概念①。人们对"数字鸿沟"的认识也在不断地演化发展，最初关注人们在获取和使用方面的差异，随后给予信息资源和知识方面鸿沟更多重视，更加关注社群之间在接入和使用信息通信技术、获取和利用信息资源和知识方面的两极分化现象（闫慧和孙立立，2012）。Attewell（2001）将数字鸿沟区分为"第一道数字鸿沟"和"第二道数字鸿沟"："第一道数字鸿沟"主要体现为人们在网络和互联网设备接入上存在的差距，"第二道数字鸿沟"体现为人们在网络和互联网设备使用上的差距。韦路和张明新（2006）将知识沟视为继第一道和第二道数字鸿沟之后的"第三道数字鸿沟"，并证实互联网上较大的使用沟也导致了更为显著的知识沟。

数字金融依托数字技术和网络的发展，有关数字鸿沟的理论同样适用于数字金融。根据已有理论可知，使用沟的存在会导致知识沟的出现，借鉴 Bonfadelli（2002）的观点，我们应更加关注数字支付的使用。与城市地区相比，数字技术在农村地区推广和使用更加困难（Johnson and Arnold，2012），因此农户在使用

---

① 1989 年 11 月 24 日，英国《时代教育专刊》发表题为"数字鸿沟"（Digital Divide）的文章，最早提出这一概念。

数字金融方面仍存在诸多障碍，这可能导致金融知识原本不足的农户与城市居民之间的差距更加明显。多数农户存在较为严重的数字金融排斥的问题已被证实（何婧等，2017），而知识的欠缺又导致了其金融市场参与的不足和更为严重的信贷排斥（周利等，2021）。农户因无法熟练地掌握和使用数字金融而无法获取信贷服务，甚至被"排挤"出金融市场。数字鸿沟是城乡二元经济体制在网络时代的具体体现，当前农村地区基础设施建设逐步完善，数字鸿沟主要体现为"第二道数字鸿沟"，即数字金融使用，以及由此产生的"第三道数字鸿沟"，即城乡居民金融知识方面的差异。农户通过对数字支付的使用，一方面克服了数字的使用沟，另一方面通过对知识沟的作用，可以缩小与城市居民的知识差距。

2.2.4 家庭金融行为相关理论

2.2.4.1 现代资产组合理论

Markowitz（1952）通过微观研究，建立均值—方差分析框架，开创了现代资产组合理论的基础。该理论认为可以通过多元化投资方式降低投资组合风险。Tobin（1958）依据资产选择之间的相互影响程度，以相互独立、正相关、负相关三种类型区分资产之间的关系，提出了两基金分离定理。在以上研究的基础上，Sharpe（1964）、Lintner（1965）及 Mossin（1966）等结合一般均衡框架，提出了资本资产定价模型（CAMP），认为无论财富的多少，大部分家庭都应参与金融市场进行资产配置。

与经典资产组合理论不同，现实中家庭金融活动存在明显的"有限参与"[①]现象和"非多元化"[②]现象，被称为"有限参与之谜"（Vissing Jørgensen，2002）和"多元化之谜"（Kelly，1995）。为解释理论与现实之间的偏差，学者们在资产组合理论的框架下对相关模型进行拓展，如根据行为金融理论（Tversky and Kahneman，1973），将行为决策和心理特征引入家庭资产配置的行为决策，从多角度来解释"有限参与之谜"和非多元化现象，如认为交易费用和信息费用会限制家庭金融市场参与。

2.2.4.2 交易成本理论

经典的交易成本理论的根本论点在于分析企业为什么存在以及在什么条件下

---

① 有限参与：尽管存在较高的股权溢价，大多数家庭却不通过任何途径参与金融市场。理论上最优风险资产持有份额远远高于实际数据。

② 非多元化：投资组合理论认为可以通过多元化投资方式降低金融市场风险，而现实中多数家庭持有较少的股票，或仅持有本地股票以及多持有雇主公司股票。

存在的问题，该理论由诺贝尔经济学奖得主 Coase（1937）首次提出，在此基础上许多学者从不同角度论证并深化了交易成本的问题。所谓交易成本，就是指当交易行为发生时所产生的一系列成本，包括信息的搜寻成本、条件谈判的成本以及其他与交易实施相关的各项成本（Martins et al., 2010）。Williamson（1975，1985）和 Dahlman（1979）曾对交易成本在不同维度下进行分类，并对交易成本产生的原因进行分析，认为主要原因是交易参与人由于生理和心理约束而产生的有限理性、对交易对手的不信任与怀疑产生的监督成本、由于不确定性和复杂性产生的成本、信息与资源无法流通以及信息不对称等。

数字金融或数字支付的使用，一方面降低了信息获取成本，在一定程度上缓和了信息不对称问题；另一方面降低了农户进出金融市场和资金在金融产品之间转换的成本。理论上认为，数字金融通过降低成本的方式可以有效地提高农户的金融市场参与概率。

2.2.5 行为金融学理论

心理学视角有助于揭示新现象，同时也赋予旧现象新的观点（Diamond and Vartiainen，2012）。行为经济学从心理学角度研究微观主体的经济行为，认为人在思维过程中往往选择走捷径，实际上绕开了理性分析（牛荣，2015）。行为金融学则将情绪因素、心理因素以及行为因素纳入分析框架中，分析主观因素对人们金融决策的影响，试图解释金融产品价格和金融市场中的反常现象（Shiller，2003）。其通过将心理学、社会学和人类学等其他社会科学行为研究思路引入金融学中，采取不同于理性行为模型的角度研究金融问题。

根据行为金融学理论，人们对熟悉（familiar）的事物感到更舒服，厌恶模糊性，并且会想办法避免没有回报的风险，倾向于坚持已经拥有的事物而不是去研究其他选择。他们避免新的行动，即使知道致力于新的选择会得到回报。这些都指出人们倾向于追求安逸（阿科特和迪弗斯，2012）。另外，根据现状偏见理论（Status Quo Bias），追求安逸使人们偏爱现状，不愿意去改变，担心采取积极的行动改变现状可能使自己感到后悔。Samuelson 和 Zeckhauser（1988）指出，现状偏见在人们做选择时普遍存在，属于现状的东西比那些被认为是不属于现状的东西有更高的评价（Kahneman et al., 1991）。

保守性偏差是指人们一旦形成某种观念，在短期内便难以更改，即便有了新的信息，也难以对这一观念产生影响，即人们一旦形成先验信念，就会有意识地寻找有利于证实先验信念的各种证据。已有经济学家将保守性偏差用于解释对经济信息做出不充分的反应这一现象（史金艳，2010）。

锚定心理的存在使人们产生心理账户或心理间隔（董志勇，2005）。心理账户是指在决策中，人们常常将决策问题的各方面分开考虑，如对于等量的货币在不同情况下可能会区别对待。Shefrin 和 Statman（1985）最先将这个概念引入行为金融学中，并认为人们总是根据所设定的心理账户类型来决定降低承担的风险类型，也表现为根据预期的用途对资金分类（De Bondt and Thaler，1995）。心理账户能影响农户参与金融市场的选择，对金融决策很重要，改进了经济学中有关货币可替代的原则。在进行资产配置时，金融市场参与者会根据价值的大小，一层一层地建立起金字塔式的投资组合，一般上层的资金用于获取投资收益，而下层的资金则避免损失（Statman，1999）。

2.2.6　信息经济学相关理论

信息经济学主要研究信息不对称问题。随着信息通信技术的发展和大数据的应用，信息的重要作用日益凸显，尤其是金融这一类的复杂活动，更加依赖信息的数量和质量。数字金融则通过改变信息的传递方式，对农户金融行为产生影响，所涉及的信息经济学理论主要有信息价值理论和信号发送理论。

信息是一种具有价值的资源，信息的价值应当是获取信息前后的最大效用之差，并且信息的价值可以用购买行为中买主预期成本的减少额来表示（Stiglitz，1981）。随着数字经济的发展，信息的价值逐步得到人们的认可，并形成一种财富观，称之为信息价值论（Angeletos and Pavan，2007）。基于博弈论方法和现代金融的观点，信息不只是财富的隐性表现，更是创造财富的关键要素（王智茂，2020）。

解决信息不对称问题，可以通过两种途径，分别是信号发送和信息甄别（乌家培等，2007）。数字支付使用借助支付平台，能够以极低的成本向农户发送有关信贷或理财方面的信息，主要通过信号传递的方式影响农户的信息获取和金融知识，进而影响农户的信贷可得性和金融市场参与。

2.3 理论框架分析

在运用理论进行分析之前，需要首先明确本书研究和最终需要解决的问题是"数字支付使用是否具备影响和改善农户金融状况的能力"。为了阐释这个核心问题，需要运用理论工具为"数字支付使用如何改善农户信贷可得性""数字支付使用如何影响农户金融市场参与"以及"数字支付使用是否通过改善信贷可得性影响农户金融市场参与"这三个问题找到答案，本节从理论上对这三个问题展开分析。

2.3.1 数字支付使用与信贷可得性

2.3.1.1 供给效应和信息效应

Anderson（2007）的长尾理论指出，"尾部"客户虽然需求小，但由于数量多，其在市场中的份额并不比"头部"客户少。中国农户的金融需求量相对较小，处于金融市场末端，但需求量不为零且具有可拓展性，符合长尾理论中的"尾部"特征。互联网技术和平台降低了服务"尾部"客户的成本，这种工具和技术将服务市场拓展到"长尾"的后端（王馨，2015）。对金融供给方而言，大量存在的农户是无差异的，单个农户所占市场份额是极小的。数字金融的出现则以低成本的方式打破了传统金融服务时间和空间的限制，将触角延伸到更多偏远的农村地区，打开"长尾"市场。数字支付使金融市场利率在没有增加新的金融市场供给的情况下实现了供需曲线扁平化（见图 2-3），即由 l_1 升级为 l_2，金融市场供求增加了 e_3，数字支付把农户信贷需求推向"长尾"的后端，且对于越靠近需求市场底部的弱势群体，这种普惠效果越明显。将数字支付引致农户银行贷款需求增加的普惠机制称为"信息效应"。数字金融作为一种新的金融方式，将第三方互联网机构引入金融市场。如京东数字科技先后上线农村理财、农产品众筹、数字农贷等创新性产品和服务，增加了农村金融供给，提高了信贷产品的可触达性；传统金融机构利用数字技术以低成本的运作方式打造更加具有普惠性的信贷产品，在一定程度上增加了金融市场的供给。使用数字支付的农户可以利用新的供给满足借贷需求，使金融市场收益供需曲线由 l_2 右移至 l_3，金融供需增

加了 e_4。将数字支付使用因增加金融供给而带来普惠效果的作用机制称为"供给效应"。数字支付使用最终使信贷市场均衡点由 P_1 移动到 P_2，即农户借贷需求最终增加了 P_2-P_1。

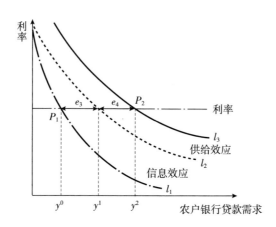

图2-3 基于长尾理论的数字支付使用影响农户正规信贷可得性机制分解

2.3.1.2 获取正规信贷的信心

根据行为金融学理论，人们对熟悉的事物感到更舒服。人们倾向于坚持已经拥有的事物而不是去研究其他选择。中国家庭金融调查的数据表明，大部分农村家庭通过非正规渠道获取借款。从民间而不是正规金融渠道获取贷款已成为农户的习惯性行为。加之保守性偏差的存在，"无法从正规金融机构获取贷款"的信念一经形成，就会长期固守，新信息对原有信念的修正往往不足。已有经济学家将保守性偏差用于解释对经济信息的不充分的反应（史金艳，2010）。农户对正规借贷的不熟悉和保守性偏差很好地解释了农户成为"无信心借款人"（Kon and Storey，2003）的原因。

数字金融打破了传统金融服务时间和空间的限制，将触角延伸到更多偏远的农村地区，打开"长尾"市场，助推普惠金融。随着逐渐接受数字支付并频繁使用，农户改变了"正规金融服务遥不可及"的传统观念。依托各种数字支付平台，农户可以接触到各种金融服务，增加了对银行、信用社等正规信贷服务机构的了解，帮助农户实现由"无信心借款人"向"有信心借款人"的转变。

2.3.1.3 信贷知识

根据信息经济学相关理论可知，解决信息不对称问题可以通过两种途径：一是信息优势方发送信号（信号发送），二是信息劣势方提供合同，以求甄别信息优势方（信息甄别）。数字支付平台为金融产品供给方提供了信号发送的平台，金融产品供给方可以低成本地向农户发送有关金融产品的信号。信息资源的获得将直接改善农户对正规信贷的认识，增加农户的信贷知识。

根据数字鸿沟理论，随着通信技术的发展和基础设施的完善，数字金融的"第一道数字鸿沟"（接入沟）问题逐渐得到解决，需要重点关注"第二道数字鸿沟"（使用沟）和"第三道数字鸿沟"（知识沟）。数字鸿沟主要体现在"第二道数字鸿沟"，即数字金融使用，以及由此产生的"第三道数字鸿沟"，即城乡居民金融知识方面的差异。即使在接入方面有着同等的条件，使用更频繁的人一般拥有更多的知识（韦路和张明新，2006）。人们的数字金融或数字支付使用能更好地预测其知识获取，数字金融或数字支付的使用对提高农户金融知识水平有着重要作用。

2.3.1.4 社会互动

根据农村地区的现实情况可知，当前通过正规金融渠道获取贷款的农户占比仍然很低，农户主要通过非正规渠道获取所需资金（何广文等，2018）。非正规信贷主要依赖于农户自身积累的社会网络（徐丽鹤和袁燕，2017；Karlan et al.，2009）。互联网是社会互动的有效方式，能够促进农户间的相互交往，帮助农户建立社会网络（Tsai，2001），主要表现为拓展了社会互动的范围与频率（周广肃和梁琪，2018）。数字支付依托互联网技术，能有效降低农户社交成本，从而通过社会资本对农户信贷获得水平产生间接影响（柳松等，2020）。数字支付使用方便了农户在线上社交过程中开展金融活动，降低了民间信贷的交易成本，从而有利于民间信贷可得性的提升。总的来看，数字支付使用影响农户信贷可得性的理论机制如图 2-4 所示。

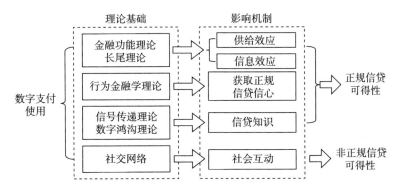

图 2-4　数字支付使用影响农户信贷可得性的理论机制

2.3.2 数字支付使用与金融市场参与

2.3.2.1 供给效应和信息效应

数字金融颠覆了传统金融的服务方式，克服了传统金融的物理限制，实现了低成本实时信息传递和获取，同时在一定程度上产生了新的金融供给。基于长尾理论的数字支付使用影响农户金融市场参与机制分解如图2-5所示。农户进行风险资产配置需要具备一定的资金、理财知识及场所等必要条件，即参与金融市场存在一定的门槛（threshold）。根据农村金融发展现状，可以判断当前阶段大部分农户处于门槛的下方。假设在农户使用数字支付之前，农户进行资产配置的均衡点为 Q_1，成交量稳定在 x^0。随着第三方互联网机构引入金融市场，"宝宝类"货币基金涌现（如余额宝），增加了理财产品的供给，降低了农户参与投资理财的门槛。农户使用数字支付后可以选择数字化的理财方式，手机和互联网的便利性增加了农户对理财产品的需求。金融市场预期收益供需曲线由 f_1 右移至 f_2，农户对理财产品需求增加了 e_1，称之为数字支付对农户投资理财的"供给效应"。数字支付的使用改变了农户参与投资理财的方式，农户能够及时获取并处理有关投资理财的相关信息，降低了参与金融市场的成本，使金融市场预期收益供需曲线更加扁平化，由 f_2 转变为 f_3，此时，农户对理财产品的需求又增加了 e_2，称之为数字支付对农户投资理财的"信息效应"。可见，农户进行投资理财的均衡点最终由 Q_1 移动至 Q_2，即农户参与金融市场投资需求最终增加了 $Q_2 - Q_1$。

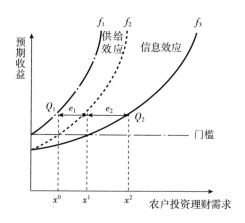

图2-5 基于长尾理论的数字支付使用影响农户金融市场参与机制分解

"供给效应"从供给角度影响农户金融需求，对于整个金融市场参与者是无差异的，相当于对金融市场中的供给资源做"加法"。而"信息效应"同时从供给和需求两个角度提升金融效率，在增加新渠道的同时，撬动原有的金融资源，促使金融市场更加活跃，相当于对金融市场的供给资源做"乘法"。供给效应和信息效应的具体表现如图2-6所示。相比之下，"信息效应"因能快速、低成本地触及"尾部"，改善"尾部"需求者的市场条件，从而对于"尾部"需求者效果更为显著。考虑到当前阶段农户使用数字金融现状，可知农户主要受益于数字支付使用的"信息效应"。该效应通过拓宽农户的信息渠道和增加农户的金融知识，缓解金融机构和农户之间的信息不对称问题，从而使数字金融发挥出普惠效果。

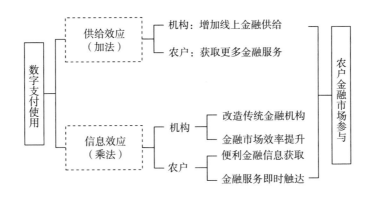

图2-6 供给效应和信息效应的具体表现

2.3.2.2 降低交易成本

根据交易成本理论，交易成本可分为事前的交易成本与事后的交易成本两大类（Williamson，1985），包含搜寻信息的成本、协商与决策成本、契约成本、监督成本、执行成本与转换成本（Dahlman，1979）。Peress（2005）将金融市场参与的成本区分为进入成本和信息成本。Allen 和 Gale（1994）、Williamson（1994）、Vissing Jørgenson（2002）以及 Yaron 和 Zhang（2000）均认为经济人的市场进入成本及其对流动性的需求导致了市场处于有限参与状态。交易成本产生市场摩擦是影响家庭金融市场有限参与的更深层次原因（Bogan，2008）。信息通信技术则有效降低了金融服务的交易成本（Diniz et al.，2012）。

首先，数字支付使用降低了农户参与金融市场的进入成本。互联网降低了交易成本，缓和了信息不对称问题，金融交易可能性集合得到拓展，原来不可能的交易成为可能（谢平和邹传伟，2012）。数字支付借助电子设备（移动银行）访问银行账户，使人们能够利用不同的方式来收付款，并且它可以充当其他金融产品（如储蓄和保险）的门户。此外，获得正式金融体系的机会可以增加持有资产类型，并为最脆弱的经济主体带来更大的经济赋权，同时减少收入不平等（Sawadogo and Semedo，2021）。

其次，数字支付使用降低了信息成本。通过数字支付平台，农户可以自动接收到有关金融产品的相关信息，降低了信息获取成本，拉近了农户与金融市场的距离（樊文翔，2021）。大部分的数字支付平台积累了丰富的金融信息，农户可以通过信息搜寻手段获取想要的信息。同时，农户的金融活动也会在平台留痕，根据农户的金融活动数据，数字支付平台可以实现信息的定制化供给，进一步降低了搜寻成本（汪炜和郑扬扬，2015），在一定程度上缓和了信息不对称问题。

再次，数字支付使用降低了监督成本。数字支付的使用把信用的履约置于法律和道德双重约束下的自觉之中（吴晓求，2015），有效避免了交易一方为寻求自我利益而采取的有失公允的做法，降低了监督成本。

最后，数字支付使用降低了转换成本。通过数字支付平台，可以实现支付与金融产品挂钩，突出的例子是以余额宝为代表的"第三方支付+货币市场基金"合作产品。余额宝既是理财产品，可以获取收益，也可以作为货币随时支付，同时具备多种功能（谢平和邹传伟，2012），降低了财富形式转换的成本。数字金融使金融资产之间的界限变得更加模糊，它们之间的相互转化也相对容易，在不抑制或很少抑制流动性偏好的同时，也可获得较高收益，所以人们更愿意持有流动性相对较高的金融资产（周光友和罗素梅，2019），提高了农户参与金融市场的概率。

2.3.2.3 投资理财知识

根据信息经济学相关理论，与数字支付使用影响信贷知识的机制类似，数字支付使用将农户纳入金融产品供给方的服务范畴。农户能够以较低的成本获取所需要的信息资源。此外，根据农户金融行为特征，数字支付平台可以有针对性地提供有关资产配置的专业化和智能化的咨询服务。家庭通过互联网和数字支付的使用极大地改善了投资过程中的信息不对称问题，大大削弱了家庭个体对于金融市场的未知程度（王智茂，2020）。低成本的信息和专业的咨询服务均有助于增加农户的投资理财知识。根据数字鸿沟理论，数字金融或数字支付使用能更好地帮助人们获取相关知识。通过数字支付使用，农户可以接触原本遥不可及的金融产品和服务，并在不断接触中提高自身的投资理财知识水平。

2.3.2.4 社会互动

社会网络是民间借贷的基础，与影响信贷可得性的机制类似，数字支付使用主要通过拓展农户社会互动的规模与频率影响借出行为，具体表现为数字支付通过线上金融活动如微信红包等形式促使农户联系更加密切，有利于借出农户掌握更多有关借入农户的信息，使民间借贷的风险最小化（王晓青，2017）。在社会互动的过程中，数字支付使用能够提升农户对社会的信任感（何婧和李庆海，2019），从而有助于提高民间借出行为发生的可能性。总的来看，数字支付使用影响农户金融市场参与的理论机制如图2-7所示。

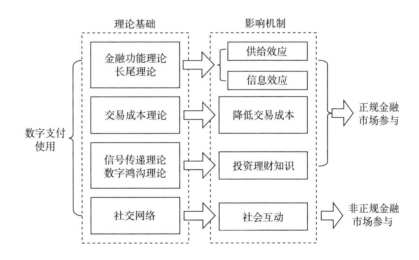

图 2-7　数字支付使用影响农户金融市场参与的理论机制

2.3.3　信贷可得性与金融市场参与

根据现代资产组合理论，个人流动性风险偏好差异决定了风险资产在资产组合中的比例。信贷可得性高的农户可以通过信贷活动保持资产的流动性。农户通过使用数字支付，能以较低的成本、便捷的程序，拥有参与借贷市场的机会和能力，从而扩大了预算集（谢家智和吴静茹，2020），分配出更多的资金用于资产配置以获取收益。

心理账户能影响农户参与金融市场的选择，对金融决策很重要。根据行为金融学理论中有关心理账户的观点，投资人在其头脑中把资金按用途划分为不同的类别（De Bondt and Thaler，1995），如流动型资产和财富型资产。流动型资产用于满足日常流动性需要，如果农户信贷可得性高，就可以通过信贷满足流动性需求，提高财富型资产的比重。在资产配置时，金融市场参与者会根据价值的大小，一层一层地建立起金字塔式的投资组合。信贷约束主要通过提高风险厌恶水平、降低未来预期两个渠道抑制家庭参与风险资产投资（周弘和史剑涛，2021）。当信贷可得性较低时，农户需要用更多的资金配置在最下面的保护层，减少上层风险资产配置。即使当前没有信贷约束，信贷约束预期的存在也降低了风险金融资产持有比例（Koo，1998）。总的来看，信贷可得性影响农户金融市场参与的理论机制如图 2-8 所示。

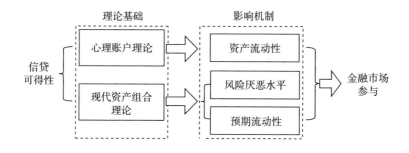

图 2-8　信贷可得性影响农户金融市场参与的理论机制

2.3.4　数字支付使用、信贷可得性与金融市场参与的理论模型

将 Gollier（2001）的效用理论和行为经济学理论中心理账户的观点运用到 Campbell 和 Viceira（2002）的资产配置分析框架中，通过理论模型分析数字支付使用对家庭金融资产配置的影响。假设农户续存两期，在第 t 期农户参与金融市场，第 $t+1$ 期获得效用，则农户效用为：

$$\max \frac{E_t(C_{t+1}^{1-\gamma})}{1-\gamma} \tag{2-1}$$

s. t. $C_{t+1} = W_{t+1} + L_{t+1} - T_t = (1+R_{p,t+1})W_t + L_{t+1} - T_t$ (2-2)

在式（2-1）和式（2-2）中，C_{t+1}、W_{t+1} 和 L_{t+1} 分别为农户在 $t+1$ 期的消

费、财富和收入，T_t 为农户金融市场参与的交易成本，γ 为相对风险回避系数。根据上文的理论分析，数字支付使用一方面提高了农户信贷可得性，放松了农户流动性约束，将更多的财富放置于资产配置心理账户（Cocco et al.，2005），另一方面降低了农户参与金融市场的交易成本。引入数字支付使用和信贷可得性后，农户的消费约束则为：

$$\text{s. t. } C_{t+1}=W_{t+1}+L_{t+1}-T_t=(1+R_{p,t+1})\left[1+(dk+1)mA_t\right]W_t+L_{t+1}-(T_t-d\delta F_t) \qquad (2-3)$$

其中，$(dk+1)mA_t$ 为因提高信贷可得性而增加的用于金融资产投资的比例。其中，d 为农户是否使用数字支付的虚拟变量，当农户使用数字支付时取值为 1，否则为 0；dk 为数字支付使用对信贷可得性的影响系数；m 为信贷可得性增加对资产配置的影响系数；A_t 为信贷可得性程度。$d\delta F_t$ 为农户使用数字支付能够降低的金融市场参与的交易成本。其中，F_t 为数字支付使用频率；δ 为将数字支付使用频率转换为交易成本的变换系数。

通过对数正态变换可以将家庭效用最大化的目标函数变换为：

$$\max \ln E_t(1+R_{p,t+1})-\frac{\gamma}{2}\sigma_{pt}^2 \qquad (2-4)$$

假设农户参与金融市场所持有的风险资产收益率为 $R_{1,t+1}$，服从 $R_{1,t+1}\sim$ $(E_tR_{1,t+1}, \sigma_{pt}^2)$，无风险资产的收益率为 $R_{f,t+1}$，农户所持有的风险资产和无风险资产分别为 $\hat{\alpha}_t(W_t+L_{t+1}-T_t)$ 和 $(1-\hat{\alpha}_t)(W_t+L_{t+1}-T_t)$，则参与金融市场的收益率为：

$$R_{p,t+1}=\hat{\alpha}_tR_{1,t+1}+(1-\hat{\alpha}_t)R_{f,t+1}=R_{f,t+1}+\hat{\alpha}_t(R_{1,t+1}-R_{f,t+1}) \qquad (2-5)$$

采用非线性函数的泰勒近似求解式（2-4），根据 Campbell 等（2001）的求解过程，求解的结果表达式为：

$$r_{p,t+1}-r_{f,t+1}=\hat{\alpha}_t(r_{1,t+1}-r_{f,t+1})+\frac{1}{2}\hat{\alpha}_t(1-\hat{\alpha}_t)\sigma_t^2 \qquad (2-6)$$

其中，$r_{1,t+1}=\exp\{r_{1,t+1}\}$，$r_{f,t+1}=\exp\{r_{f,t+1}\}$，将式（2-6）代入式（2-5）可以得到 $\hat{\alpha}_t$ 的解：

$$\hat{\alpha}_t=\frac{E_tr_{t+1}-r_{f,t+1}+\dfrac{\sigma_t^2}{2}}{\gamma\sigma_t^2} \qquad (2-7)$$

所持有的风险性金融资产占总资产的比重 α_t 可通过式（2-8）表示：

$$\alpha_t=\frac{\hat{\alpha}}{W_{t+1}}\left\{\left[1+(dk+1)mA_t\right]W_t+L_{t+1}-(T_t-d\delta F_t)_t\right\} \qquad (2-8)$$

为了求出农户信贷可得性对风险金融资产占比 α 的影响，求式（2-8）关于信贷可得性的偏导，可得：

$$\frac{d\alpha}{dA_t} = (dk+1)mW_t \frac{\hat{\alpha}}{W_{t+1}} \geq 0 \qquad (2-9)$$

为了求出农户数字支付使用对风险金融资产占比 α 的影响，求式（2-8）关于数字支付使用的偏导，可得：

$$\frac{d\alpha}{dd} = (kmA_tW_t + \delta F_t) \frac{\hat{\alpha}}{W_{t+1}} \geq 0 \qquad (2-10)$$

根据求导结果可知，数字支付使用和信贷可得性对家庭风险金融资产占比的偏导数均为正，且信贷可得性在数字支付使用对金融市场参与的回归系数中发挥作用。模型结果表明，数字支付使用和信贷可得性与金融市场参与存在正相关关系，信贷可得性在数字支付使用影响金融市场参与中发挥中介作用。

2.3.5 理论框架构建

家庭金融研究主要包括家庭资产配置研究和家庭负债行为研究。当前针对农户的金融研究较少关注农户资产配置问题，在研究内容上，数字支付使用或数字金融的普惠机理未得到应有重视（Duvendack and Mader，2020），应重点分析金融创新对个体积极影响的内在机制，从而发挥其促进经济增长的作用（Beck and Demirgüç-Kunt，2008）。本书基于长尾理论、信号传递理论和数字鸿沟理论，搭建了数字支付使用影响农户信贷可得性和金融市场参与的理论框架。根据长尾理论，数字金融的发展使金融机构拥有线上、线下两种不同的信贷和理财产品供给渠道，能够提供更多数字化信贷服务。数字支付使用以低成本的信息供给缓解了信息不对称问题。信号传递理论和数字鸿沟理论分析表明，数字支付使用有助于增加农户的信贷知识和投资理财知识。根据行为金融学理论，数字支付使用拓展了农户的社会网络，丰富了农户的金融社交活动，有助于提高非正规金融行为发生的概率。

数字支付使用通过信息传递和接触使农户对正规信贷更加熟悉，提高了农户获取正规信贷信心。根据交易成本理论，数字支付使用降低了农户参与金融市场的交易成本，具体表现为降低了农户参与金融市场的进入成本、获取有关金融产品信息的信息成本、购买金融产品之后的监督成本和金融资产之间的转换成本，从而有助于农户参与金融市场进行资产配置活动。此外，基于现代资产组合理论和心理账户理论，信贷可得性通过流动性约束机制和风险厌恶程度对金融市场参与也会产生影响。根据上述分析，提出本书的三个假设：

假设1：数字支付使用能够提高农户信贷可得性。

假设2：数字支付使用促进了农户的金融市场参与。

假设3：信贷可得性在数字支付使用与金融市场参与中起到中介作用。

本书的具体章节安排如下：第3章对农户数字支付使用、信贷可得性和金融市场参与的现状进行描述；第4章对假设1进行实证检验，分别分析数字支付使用对正规信贷可得性和非正规信贷可得性的影响；第5章对假设2进行实证检验，分别分析数字支付使用对农户的正规金融市场参与和非正规金融市场参与的影响；第6章对假设3进行检验，验证数字支付使用、信贷可得性和金融市场参与三者之间的关系，并对数字支付使用影响信贷可得性和金融市场参与的机制进行实证检验。本书整体的理论框架如图2-9所示。

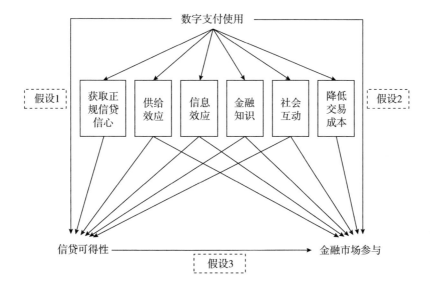

图2-9　本书理论框架

3 农户数字支付使用、信贷可得性和金融市场参与现状

数字金融的兴起在带来普惠金融的同时也对农村金融发展提出了更高的要求，必须清楚地认识数字金融在农村所处的发展阶段，充分掌握农村金融现状和农户金融活动的特点，从而为发挥数字金融优势，改善农户金融状况提供有力支撑。

3.1 农村金融和数字金融发展历程

3.1.1 农村金融发展历程

农村金融改革作为我国的一项重要工作，经历了漫长的发展阶段。计划经济时期，由于没有商业银行，中国人民银行兼办存贷款业务，呈现"大一统"的金融格局。1969 年，中国人民银行并入财政部。直到改革开放后，为适应市场经济需要，中国人民银行从财政部独立出来，并陆续成立和恢复中国工商银行、中国农业银行、中国银行、中国建设银行四大国有银行。1987 年起，陆续成立股份制银行。1996 年，以各地的城市信用社为主，改制重组成为城市商业银行。农村信用社与农业银行脱钩，陆续成立县级统一法人，经营状况较好的农村信用社改制成为农村合作银行、农村商业银行。同时，从 1998 年开始实施银行分支机构改革，从农村撤出大量的基层服务网点，抑制了农村金融供给，导致农户面临较为严重的金融排斥。

为解决农村金融问题，自 2003 年起，中央坚定不移地推进农村信用社深化改革，并采取了一系列的举措来改善农村金融服务，如向农村地区倾斜的差异化

的货币信贷政策、对主要涉农机构放宽存款准备金率要求、对支农和支小再贷款执行较低利率，以及开展信贷资产质押再贷款和金融扶贫再贷款。经过各方面努力，农村信贷状况得到了一定程度的改善。

新一轮农村金融改革在 2006 年开始，通过逐步放宽农村地区银行业准入政策，在农村诞生了村镇银行、贷款公司和农村资金互助社等金融服务机构和组织。金融供给方式和渠道的增加，在一定程度上改善了农户金融服务排斥问题。为支持乡村振兴战略的实施，中国人民银行牵头有关部门专门印发了《关于金融服务乡村振兴的指导意见》，2021 年中央一号文件也对金融服务乡村振兴提出明确要求。各级各类金融机构将支持乡村振兴作为重要战场，在支持"三农"工作中，金融机构持续加大资金投入力度，为农村地区发展提供多样化的资金来源。一系列举措有效地增强了农村地区发展的内生动力，取得了显著成效。

3.1.2 数字金融发展历程

数字金融的发展离不开科技的进步。从科技在金融行业的应用来看，中国数字金融的发展可以分为三个阶段：第一阶段是 2005 年之前的传统金融行业互联网化阶段；第二阶段是 2005～2011 年前后的第三方支付蓬勃发展阶段；第三阶段是 2011 年以来的互联网实质性金融业务发展阶段，表现为大量互联网企业开始参与到金融活动中以及传统金融机构的互联网化，大数据征信、智能投顾和供应链金融等得到广泛应用。在整个过程中，国内数字金融（互联网金融）呈现出多种多样的业务模式和运行机制（郑联盛，2014）。

数字金融最大的优点是普惠性，以其触达广、成本低和速度快弥补了传统金融在农村发展的不足。当数字金融发展到一定阶段，其普惠性特征逐渐显现，并得到相关部门的重视。通过梳理数字金融发展的历程，可以将数字金融在农村的发展分为三个阶段，且三个阶段的特征均可通过中央一号文件中的有关内容体现：

第一阶段是鼓励发展阶段。2014 年政府工作报告中首次提到互联网金融，表明数字金融的发展进入最高决策层的视野。2015 年国务院发布《推进普惠金融发展规划（2016—2020 年）》，肯定了数字金融的普惠作用。2016 年和 2017年的中央一号文件均表示引导和支持数字金融在农村的发展，为农户提供金融产品和服务。

第二阶段是审慎发展阶段。2018 年的中央一号文件指出"要强化金融服务方式创新，防止脱实向虚倾向，严格管控风险"，强调了金融风险。同时 2018 年和 2019 年的中央一号文件中并未明确涉及数字金融相关概念，并且可能受第三方 P2P 平台整顿的影响，对数字金融风险防范提出要求，数字金融整体发展脚步放缓，农村数字金融呈现出缩紧的状态。

第三阶段是规范发展阶段。2019 年，人民银行等五部门联合发布《关于金融服务乡村振兴的指导意见》，将数字金融作为满足乡村振兴多样化融资需求的有效途径，提出"推动新技术在农村金融领域的应用推广"，标志着农村数字金融走向规范发展阶段。2020 年的中央一号文件提出，加快构建线上线下相结合的普惠金融服务体系，通过"线上"的表述肯定了数字金融的普惠意义。2021 年的中央一号文件则首次提出发展农村数字普惠金融，这充分肯定了数字金融在乡村振兴中的普惠意义。在这期间，数字金融作为数字经济的新鲜血液得到规范有序的发展。

3.2 农户使用数字金融和数字支付现状

3.2.1 农户使用数字金融现状

数字金融使用具体表现为使用数字支付、互联网理财和网络借贷等形式，而无论数字金融的哪种实现方式，均需借助手机和网络等物质条件。根据对调研数据的分析可知（见表 3-1），2017~2019 年农户中有智能手机的比例分别为 56.44%、65.99% 和 74.76%，越来越多的农户使用智能手机表明当前大部分农户具备使用数字金融的客观条件。在数字金融的使用行为方面，2017 年有 30.88% 的农户使用数字支付，2019 年这一比例上升至 61.74%，表明数字支付逐渐得到农户的普遍接受。与 2017 年相比，2019 年农户使用互联网理财与网络借贷的比例均有所上升，但所占调研农户比例均未超过 5%，表明农户使用互联网理财和网络借贷的情况较少，数字金融普惠效果主要通过数字支付来实现。

表 3-1 农户使用数字金融基本情况

数字金融使用情况	2017 年		2018 年		2019 年		户数合计（户）	占调研农户比重（%）
	户数（户）	占比（%）	户数（户）	占比（%）	户数（户）	占比（%）		
有智能手机	850	56.44	937	65.99	936	74.76	2723	65.17
使用数字支付	465	30.88	643	45.28	773	61.74	1880	45.00
互联网理财	4	0.27	3	0.21	26	2.08	33	0.79
网络借贷	10	0.66	6	0.42	56	4.47	72	1.72

注：占比是指占当年调研农户数量的比重（下同）。

由前文分析可知，当前仍存在相当数量的农户未使用数字金融，尤其是使用互联网理财和网络借贷的比例较低。以互联网借款为例，农户不使用互联网借款的原因分析结果如表 3-2 所示。有 64.89% 的被访问农户因没接触过互联网而表示对网络借贷不了解，但该比例呈逐年下降趋势；16.56% 的被访问农户认为网络借贷不安全、不可靠，且这一比例有上升的趋势；18.84% 的被访农户认为自有资金已经满足需要或能从其他渠道借到款，故不需要使用网络借贷，这些群体均表示不愿尝试网络借款活动。总体来看，农户不使用数字金融进行借贷的主要原因是不了解、不需要、缺乏相应的知识和技能以及缺乏使用场景。

表 3-2 农户不使用互联网借贷的原因分析

不用互联网借贷原因	2017 年		2018 年		2019 年		户数合计（户）	占调研农户比重（%）
	户数（户）	占比（%）	户数（户）	占比（%）	户数（户）	占比（%）		
不了解	1104	73.31	935	65.85	672	53.67	2711	64.89
不需要	251	16.67	247	17.39	289	23.08	787	18.84
不安全	206	13.68	238	16.76	248	19.81	692	16.56
利率高	14	0.93	23	1.62	21	1.68	58	1.39
其他	14	0.93	15	1.06	28	2.24	57	1.36

3.2.2 农户使用数字支付现状

将数字支付按其所依托的平台进行分类，分析农户使用不同数字支付产品的情况，分析结果如表 3-3 所示。调研期间，农户所使用的支付方式以微信支付和支付宝支付为主，分别占调研农户的 43.03% 和 31.04%，且使用微信支付的农户数量增长速度保持在较高水平。2019 年的数据显示，使用微信支付和支付宝支付的农户数量分别占所调研农户的 61.34% 和 41.93%，之后是手机银行转账支付和各种电子钱包类产品（如百度钱包、京东钱包、翼支付等），两种方式占比分别为 22.76% 和 7.03%。

表 3-3 农户使用数字支付类型

数字支付类型	2017 年		2018 年		2019 年		户数合计（户）	占比调研农户比重（%）
	户数（户）	占比（%）	户数（户）	占比（%）	户数（户）	占比（%）		
手机银行转账	161	10.69	203	14.30	285	22.76	649	15.53
微信支付	409	27.16	621	43.73	768	61.34	1798	43.03
支付宝	317	21.05	455	32.04	525	41.93	1297	31.04
电子钱包类	11	0.73	13	0.92	88	7.03	112	2.68
其他数字支付	3	0.20	4	0.28	67	5.35	74	1.77

为全面了解农户使用数字支付的行为状况，需要就农户不使用数字支付的原因进行分析，从而判断农户在数字支付使用方面是否存在排斥问题。农户不使用数字支付的原因如表 3-4 所示。知道数字金融产品但不会使用数字支付的农户数量占调研农户数量的比例高达 37.53%，是农户不使用数字支付的主要原因。由三年的调研数据对比可以看出，不会使用数字支付的农户比例由 2017 年的42.10% 降低至 2019 年的 32.75%，不会使用数字支付的农户越来越少。在调研的所有农户中，还有 11.63% 的农户完全不知道数字支付，从调研的时间维度看，该比例由 2017 年的 17.07% 降低至 2019 年的 6.55%，表明随着数字金融的发展，不知道和不会用数字支付的农户将逐渐减少，数字支付将在农村地区得到更加广泛的认识和接受。仍有部分农户因没有使用的场景以及没有智能手机和电脑而未使用数字支付，且从时间维度看，该问题并未呈现出改善的趋势，有可能成为数字支付在农村地区发展的重要障碍。

表 3-4 农户不使用数字支付的原因分析

不使用数字支付原因	2017 年		2018 年		2019 年		户数合计（户）	占比调研农户比重（%）
	户数（户）	占比（%）	户数（户）	占比（%）	户数（户）	占比（%）		
完全不知道	257	17.07	147	10.35	82	6.55	486	11.63

续表

不使用数字支付原因	2017 年		2018 年		2019 年		户数合计（户）	占比调研农户比重（%）
	户数（户）	占比（%）	户数（户）	占比（%）	户数（户）	占比（%）		
不会使用	634	42.10	524	36.90	410	32.75	1568	37.53
没有智能手机和电脑	43	2.86	48	3.38	49	3.91	140	3.35
没有使用的场景	68	4.52	44	3.10	91	7.27	203	4.86
其他	48	3.19	31	2.18	11	0.88	90	2.15

3.3 农户的信贷可得性现状分析

普惠金融的发展不应局限于解决农户信贷排斥问题，还应满足农户参与金融市场的需要。针对农户的金融研究大部分集中于信贷方面，较少关注农户的金融市场参与和资产配置问题，造成农村金融片面化。为更好地把握农村金融发展全貌，本节在借鉴中国人民银行金融消费权益保护局发布的《中国普惠金融指标分析报告》和世界银行发布的《全球普惠金融指数》数据库中相关指标的基础上，结合农村实际调研情况，描述了中国农户信贷可得性和金融市场参与的相关情况。

3.3.1 银行授信情况

自 2002 年以来，在各地农村信用社的配合下，中国人民银行从信用信息服务入手，推动农村信用体系建设，在农村地区评选"信用户""信用村"，意图通过改善农村信用环境来缓解农户融资难问题（张三峰等，2013）。根据人民银行最新发布的《中国农村金融服务报告（2018）》，当前已为 1.84 亿农户建立信用档案。具体操作为：银行（多为农村商业银行）对辖内小额农户或小额商户进行信用评级，并根据信用等级给予一定的授信额度，在这个额度内农户向银行借款可减少烦琐的贷款检查事项。通过询问农户"您是否受到过银行的信用评级"，了解农户是否被银行进行信用评级，对于受到信用评级的农户，进一步询问"您的授信额度是多少"，了解银行给予农户的授信额度。调研结果如表 3-5 所示。据图 3-5，有 1398 户农村家庭被银行授信评级，占所调研农户的 33.46%。其中，2017 年授信评级的农户有 295 户，占当年调研农户的 19.59%；2018 年授信评级的农户有 573 户，占当年调研农户的 40.35%；2019 年授信评级的农户有 530 户，占当年调研农户的 42.33%。可以看出，经授信评级的农户占比不断扩大，反映了正规银行对农户小额贷款的支持。

从授信额度来看，90.06% 的被授信农户能够清楚地知道其拥有的信用额度，授信额度均值为 3.83 万元。其中，调研数据显示，2017 年有 83.73% 的被授信农户能够清楚地知道其拥有的信用额度，授信额度均值为 1.97 万元；2018 年有 91.10% 的被授信农户能够清楚地知道其拥有的信用额度，授信额度均值为 4.52 万元；2019 年有 92.45% 的被授信农户能够清楚地知道其拥有的信用额度，授信额度均值为 5.27 万元。从时间维度来看，农户对银行的授信评级更加重视，银行的授信额度也有所提高。

表 3-5　农户授信额度描述性统计

数据来源	被授信农户数量（户）	被授信农户占比（%）	了解授信额度农户数量（户）	授信额度描述性统计			
				均值（万元）	方差	最小值	最大值
所有问卷	1398	33.46	1259	3.83	9.927	0	150
2017 年问卷	295	19.59	247	1.97	7.651	0	100
2018 年问卷	573	40.35	522	4.52	10.51	0	150
2019 年问卷	530	42.33	490	5.27	11.25	0	150

注：授信额度描述性统计针对所有受访农户。

3.3.2　银行贷款情况

通过询问农户是否从银行或农村信用社获得过贷款了解农户的银行贷款情况。调研结果显示（见表 3-6），通过银行贷款的农户有 1034 户（含有贷款且再次申请被拒绝的农户），占所有调研农户的 24.75%；有 3026 户没有向银行申请过贷款，占所调研农户的 72.43%；有 80 户向银行申请贷款但被拒绝，占所调研农户的 1.91%。其中，有贷款且再次申请贷款被拒绝的有 5 户。根据表 3-7 可知，受访农户平均从银行获得贷款 2.359 万元。其中，2017 年平均获得贷款 1.880 万元，2018 年平均获得贷款 2.653 万元，2019 年平均获得贷款 2.601 万元。

表 3-6 农户银行贷款情况

银行贷款情况	2017 年		2018 年		2019 年		户数合计（户）	占调研农户比重（%）
	户数（户）	占比（%）	户数（户）	占比（%）	户数（户）	占比（%）		
有贷款	334	22.18	404	28.45	291	23.24	1029	24.63
没有申请过	1111	73.77	987	69.51	928	74.12	3026	72.43
申请过但被拒绝	40	2.66	20	1.41	20	1.60	80	1.91
有贷款且再次申请被拒绝	1	0.07	3	0.21	1	0.08	5	0.12
拒绝回答	20	1.33	6	0.42	12	0.96	38	0.91

注："有贷款"的统计中不含"有贷款且再次申请被拒绝"的农户；占比是指占当年调研农户数量的比重（下同）。

表 3-7 农户银行贷款金额的描述性统计

数据来源	农户数量（户）	均值（万元）	方差	最小值	最大值
所有问卷	4178	2.359	8.633	0.000	150.000
2017 年问卷	1506	1.880	8.022	0.000	140.000
2018 年问卷	1420	2.653	9.531	0.000	150.000
2019 年问卷	1252	2.601	8.245	0.000	150.000

已知有一部分农户存在申请被拒绝的情况，推测可能存在信贷排斥。为深入理解农户申请贷款被拒绝的原因，本书对这部分农户进行了调解。调研结果显示（见表 3-8），申请贷款被拒绝的农户中，49.41% 的农户因为收入太低而无法获取贷款，收入低成为制约农户获取银行贷款的最大障碍。从调研年份来看，收入对农户获取贷款的约束正在逐年下降。无抵押或担保是制约农户获取银行贷款的第二大障碍，共有 43.53% 的农户因无抵押或担保无法获取银行贷款。随着农户收入的增长，无抵押或担保可能将成为农户获取贷款的最大障碍。

表 3-8　农户申请贷款被拒绝原因

申请贷款被拒绝原因	2017 年		2018 年		2019 年		户数合计（户）	占调研农户比重（%）
	户数（户）	占比（%）	户数（户）	占比（%）	户数（户）	占比（%）		
无抵押或担保	20	48.78	8	34.78	9	42.86	37	43.53
没有人情关系	4	9.76	2	8.70	5	23.81	11	12.94
收入太低	30	73.17	8	34.78	4	19.05	42	49.41
有老贷款未归还	1	2.44	0	0.00	1	4.76	2	2.35
其他	7	17.07	7	30.43	4	19.05	18	21.18

注：占比指在申请贷款被拒绝农户中所占的比重，含再次申请贷款被拒绝的农户；2018 年有贷款但再次申请贷款被拒绝的原因，农户认为是无抵押或担保、收入太低。

根据前文的分析可知，大部分农户（占调研农户的 72.43%）没有向银行申请过贷款，进一步了解农户没有申请贷款的原因，调研结果如表 3-9 所示。可知有 59.53% 的农户认为不需要贷款，这是农户不申请贷款的主要原因。6.99% 的农户不知道如何申请贷款，表明该部分农户因缺乏必要的金融知识而被排斥在正规信贷之外。此外，4.57% 的农户能从别的地方借到钱，因此不需要银行贷款，表明除银行贷款外，民间信贷也是农户获取资金的重要渠道。

表 3-9　农户未申请贷款原因

不申请银行贷款原因	2017 年		2018 年		2019 年		户数合计（户）	占调研农户比重（%）
	户数（户）	占比（%）	户数（户）	占比（%）	户数（户）	占比（%）		
不需要贷款	893	59.30	820	57.75	774	61.82	2487	59.53
不知道如何申请	148	9.83	79	5.56	65	5.19	292	6.99
没有抵押品	43	2.86	23	1.62	9	0.72	75	1.80
找不到担保人	38	2.52	11	0.77	17	1.36	66	1.58
不认识银行的人	24	1.59	10	0.70	9	0.72	43	1.03
能从别的地方借钱	61	4.05	66	4.65	64	5.11	191	4.57
申请过程太长	18	1.20	15	1.06	10	0.80	43	1.03
利率高	53	3.52	42	2.96	35	2.80	130	3.11

不申请银行贷款原因	2017 年		2018 年		2019 年		户数合计（户）	占调研农户比重（%）
	户数（户）	占比（%）	户数（户）	占比（%）	户数（户）	占比（%）		
期限短	1	0.07	1	0.07	1	0.08	3	0.07
担心还不起	112	7.44	60	4.23	65	5.19	237	5.67
其他	20	1.33	13	0.92	12	0.96	45	1.08

注：该问题为多选题，故农户可根据自身实际选择一个或多个选项。

3.3.3 银行贷款知识

具有一定的银行贷款知识是农户参与正规信贷的必要条件。通过问题"您对银行贷款的条件和程序了解吗？1. 完全不了解；2. 不是很了解；3. 了解；4. 比较了解；5. 非常了解"，分析农户对银行贷款的了解程度。调研结果表明（见表3-10），仅有303户农户对银行贷款的条件和程序是完全了解的，占所调研农户的7.25%。有1281户农户对银行贷款的条件和程序完全不了解，占所调研农户的30.66%，再次说明银行贷款知识的欠缺是农户被排斥在正规银行贷款服务体系之外的重要原因。

表 3-10 农户对银行贷款的了解程度

对银行贷款了解程度	2017 年		2018 年		2019 年		户数合计（户）	占调研农户比重（%）
	户数（户）	占比（%）	户数（户）	占比（%）	户数（户）	占比（%）		
完全不了解	551	36.59	385	27.11	345	27.56	1281	30.66
不是很了解	532	35.33	473	33.31	403	32.19	1408	33.70
了解	172	11.42	175	12.32	169	13.50	516	12.35
比较了解	173	11.49	274	19.30	223	17.81	670	16.04
非常了解	78	5.18	113	7.96	112	8.95	303	7.25

3.3.4 民间信贷情况

民间借款是非正规信贷的主要表现形式，通过以下两个问题了解农户民间信贷行为："上年，除银行和农村信用社以外，您家是否向其他人或机构借过钱"；"如果向其他人或机构借过钱，那么借款金额是多少"。民间借款情况反映了农户参与非正规信贷的情况，但并不能反映农户真实的民间信贷能力。民间信贷能力表示当农户需要时，能够获取到民间资助的能力，这显然对农户而言更为重要。通过设置问题"如果您家里有人生病，急需资金，您可以向几人求助"体现农户的民间信贷能力。根据调研结果（见表3-11）可知，有914户农户从其他人或机构借取所需资金，占所调研农户的21.88%；民间信贷金额均值为0.615万元，小于银行正规借款金额，适于满足小额的信贷需求；在有需要的情况下，农户可以向大约七个人或机构借贷资金。

表 3-11   农户非正规信贷情况

数据来源	有民间借款行为农户数量（户）	有民间借款行为农户占比（%）	民间借款金额均值（万元）	民间借款金额方差	民间信贷能力均值	民间信贷能力方差
所有问卷	914	21.88	0.615	2.669	7.119	8.030
2017 年问卷	364	24.17	0.553	2.088	6.932	8.219
2018 年问卷	310	21.83	0.669	3.350	8.503	9.030
2019 年问卷	240	19.17	0.626	2.410	5.775	6.127

因有较大比例的农户不需要贷款，为进一步分析农户对待银行贷款的态度，在2019年调研问卷中，询问农户如果有生产性资金需要（如做生意），倾向于选择何种方式获取资金。调研结果表明，有559户农户能够接受银行借款，占当年调研农户的44.65%，其中有512户农户仅选择了银行借款，占当年调研农户的40.89%。有652户农户选择了向亲戚朋友借款，占当年调研农户的52.08%，其中有603户农户仅选择了向亲戚朋友借款，占当年调研农户的48.16%。另外有66户农户选择了放弃机会也不借款，占当年调研农户的5.27%，这部分农户在获取贷款方面存在严重的自我排斥。

3.4 农户的金融市场参与现状分析

3.4.1 存款账户情况

拥有银行存款账户是农户参与金融活动最基本的形式，也是农户参与正规信贷和投资理财的必要条件。通过询问农户拥有的银行存款账户数量获取相关信息。调研结果表明，农户平均拥有银行存款账户 1.55 个，其中 2017~2019 年户均存款账户数量分别为 1.51 个、1.60 个和 1.54 个。从银行账户分布来看（见表 3-12），调研农户中共有 600 户无存款账户，占比 14.36%。其中，2017 年无存款账户农户数量为 247 户，占当年调研农户数量的 16.40%；2018 年无存款账户农户数量为 193 户，占当年调研农户数量的 13.59%；2019 年无存款账户农户数量为 160 户，占当年调研农户数量的 12.78%。调研数据显示，无存款账户农户的比例逐年降低，在一定程度上体现了我国农村金融更加普惠的趋势。大部分农户拥有 1~3 个存款账户，占比 79.49%；部分农户拥 4 个及以上存款账户，在调研农户中的比重为 6.15%。

表 3-12　农户持有银行存款账户数量情况

	2017 年		2018 年		2019 年		户数合计（户）	占调研农户比重（%）
	户数（户）	占比（%）	户数（户）	占比（%）	户数（户）	占比（%）		
无	247	16.40	193	13.59	160	12.78	600	14.36
1 个	611	40.57	537	37.82	595	47.52	1743	41.72
2~3 个	558	37.05	600	42.25	420	33.55	1578	37.77
4 个及以上	90	5.98	90	6.34	77	6.15	257	6.15

本书进一步探究了农户收入与其持有存款账户数量的关系，结果如图 3-1 所示。横轴是农户家庭收入的对数，纵轴为农户持有存款账户的数量。该图直观显示出农户银行存款账户数量与其收入呈正相关关系，即随着收入的增长，农户持有的存款账户数量也呈上升趋势。经计算，两者的 Pearson 相关系数为 30.37%，且在 1% 水平上是显著的，充分说明随着收入的增加，农户更倾向于使用更多的存款账户。

3.4.2　银行存款类型

按照农户的存款形式，将银行存款区分为定期存款、活期存款以及银行理财三种类型，分析农户银行存款类型情况，调研结果如表 3-13 所示。农户中有 912 户拥有定期存款，占全部调研农户的 21.83%；有 2957 户拥有活期存款，占全部调研农户的 70.78%；仅有 0.69% 的农户购买银行理财产品。当前大部分农户采用活期存款的形式，资金配置灵活，但通过储蓄方式获取的收益也相对较低。

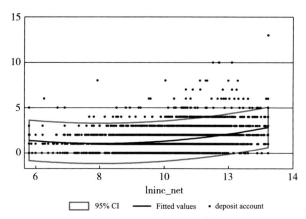

图 3-1　农户收入与其持有银行存款账户数量的关系

表 3-13　农户存款类型分布

存款类型	2017 年		2018 年		2019 年		户数合计（户）	占调研农户比重（%）
	户数（户）	占比（%）	户数（户）	占比（%）	户数（户）	占比（%）		
定期存款	351	23.31	342	24.08	219	17.49	912	21.83
活期存款	1089	72.31	1006	70.85	862	68.85	2957	70.78
银行理财	10	0.66	11	0.77	8	0.64	29	0.69
合计	1450	96.28	1359	95.70	1089	86.98	3898	93.30

注：存在部分农户同时存在多种存款方式以及农户拥有账户但并未存款的情况。

本书进一步分析了存款类型和农户收入之间的关系。根据表 3-14 可知，拥有定期存款的农户比没有该类型存款账户的农户收入均值高出约 2.2 万元；拥有活期存款的农户比没有该类型存款的农户收入均值高出约 1.8 万元；购买银行理财产品的农户与没有购买银行理财产品的农户收入均值高出约 7.6 万元。这说明收入较高的农户倾向于购买银行理财产品，获取高于一般储蓄的收益，而收入较低的农户则通过活期存款的方式进行储蓄，这在一定程度上又拉大了收入差距。

表 3-14　存款类型与农户收入的关系

存款类型	无相应的存款类型		有相应的存款类型		均值差异
	农户数量（户）	收入均值（元）	农户数量（户）	收入均值（元）	
定期存款	3266	72784.244	912	94767.235	-21982.991***
活期存款	1221	64818.418	2957	82853.491	-18035.073***
银行理财	4149	77052.558	29	153448.172	-76395.614***

注：*** 表示在 1% 的水平上显著。

3.4.3 金融产品投资

随着农村经济的发展和农户收入的增加，农户参与金融市场，获取理财收益的意愿得到提升。通过询问农户所投资的金融产品，了解农户金融产品投资情况，调研结果如表 3-15 所示。有 222 户农户从事了投资理财活动，购买金融产品进行投资，占所调研农户的 5.31%。其中，从事金融产品投资的农户 2017 年为 54 户，2018 年为 68 户，而 2019 年增长至 100 户。可见，虽然农户参与金融市场购买金融产品的情况相对少见，但增长趋势明显。从农户购买金融产品结构来看，农户购买商业保险的比重相对较大，而购买债券和股票等常规理财产品的农户始终较少。

表 3-15　农户金融产品投资情况

金融产品类型	2017 年		2018 年		2019 年		户数合计（户）	占调研农户比重（%）
	户数（户）	占比（%）	户数（户）	占比（%）	户数（户）	占比（%）		
商业保险	23	1.53	33	2.32	42	3.35	98	2.35
互联网理财产品	4	0.27	3	0.21	26	2.08	33	0.79
股票	10	0.66	8	0.56	9	0.72	27	0.65
基金	4	0.27	9	0.63	8	0.64	21	0.50
信托和资产管理类	7	0.46	6	0.42	3	0.24	16	0.38
债券	3	0.20	3	0.21	6	0.48	12	0.29
黄金	2	0.13	3	0.21	2	0.16	7	0.17
非人民币资产	0	0.00	1	0.07	3	0.24	4	0.10
互联网众筹产品	1	0.07	2	0.14	0	0.00	3	0.07
衍生品	0	0.00	0	0.00	1	0.08	1	0.02
合计	54	3.59	68	4.79	100	7.99	222	5.31

注：购买互联网理财产品是指将钱存入余额宝、微信零钱通等购买货币型基金的行为，在后文中归类到基金中；存在部分农户同时持有多种金融产品的情况，故各种金融产品投资合计户数与实际进行金融产品投资户数不一致。

为探究农户未购买投资理财产品的原因，以股票为例，本书分析了农户没有购买股票的原因。根据调研结果可知（见表3-16），农户不购买股票的原因来自多个方面。没有相关知识是导致农户未对股票进行投资的主要原因，甚至有23.31%的受访农户没有听说过股票，可见知识的欠缺是农户参与金融市场的主要障碍。此外，资金限制和炒股风险是影响农户购买股票的客观条件，也是阻碍农户购买金融产品的重要因素。

表3-16 农户未投资股票的原因

未投资股票的原因	2017 年		2018 年		2019 年		户数合计（户）	占比调研农户比重（%）
	户数（户）	占比（%）	户数（户）	占比（%）	户数（户）	占比（%）		
没有相关知识	806	53.52	644	45.35	578	46.17	2028	48.54
没有听说过	322	21.38	350	24.65	302	24.12	974	23.31
资金有限	341	22.64	292	20.56	234	18.69	867	20.75
炒股风险太大	267	17.73	251	17.68	236	18.85	754	18.05
不知道如何开户	36	2.39	53	3.73	70	5.59	159	3.81
不知道到哪里开户	23	1.53	35	2.46	41	3.27	99	2.37
开户程序烦琐	7	0.46	10	0.70	12	0.96	29	0.69
炒股收益太低	12	0.80	3	0.21	5	0.40	20	0.48
距证券公司太远	0	0.00	2	0.14	6	0.48	8	0.19
曾经亏损	5	0.33	2	0.14	1	0.08	8	0.19
其他	34	2.26	36	2.54	22	1.76	92	2.20
合计	1819	120.78	1642	115.63	907	72.44	4368	104.55

注：农户可选择一种或多种不投资股票的原因；其他原因多为无主观购买意愿。

3.4.4 投资理财收入

为了解银行存款利息和理财等金融投资对农户收入的影响，笔者询问了农户有关银行存款利息、基金和理财、股票投资以及其他投资的收入情况。结果显示（见表3-17），有30.78%的农户具有金融理财收入，参与投资理财农户的收入均值为3168.72元。其中，有30.28%的农户通过银行存款利息获取理财收入，收入均值为 2419.47 元；有 0.79% 的农户通过基金和理财获取收入，收入均值约为 7546.67 元；有 10 户购买股票赚取收入，收入均值约为 27830 元；有 14 户存在其他投资，年均收入约为 34785.71 元。

表 3-17　农户投资理财收入情况

	观测值（户）	均值（元）	方差	最小值	最大值	占调研农户比重（%）
金融投资总收入	1286	3168.72	12987.35	-45000	240000	30.78
银行存款利息	1265	2419.47	9651.931	10	240000	30.28
基金和理财	33	7546.67	11736.48	45.5	50000	0.79
股票投资	10	27830	59502.38	-70000	120000	0.24
其他投资	14	34785.71	36539.61	500	11500	0.34

注：农户投资理财收入是指上一年从事投资理财活动获取的平均收入；部分农户因理财收入过低或不确定具体金额，按缺失数据处理；其他投资主要表现为投资黄金和企业入股分红。

3.4.5　投资理财知识

设置有关存款利率、通货膨胀、汇率换算和理财产品的四个问题，根据农户的答案，判断其理财知识水平，具体问题如下："1. 假设您在银行存了 100 元钱，银行利率 2%，存了 5 年，那么 5 年后，您的账户里有多少钱：a. 等于 110；b. 大于 110；c. 小于 110；d. 不知道。2. 若银行利率为 10%，通货膨胀率为 12%，那么一年后我们将钱取出，可以买到：a. 更多东西；b. 一样多的东西；c. 更少东西；d. 不知道。3. 若美元兑人民币的汇率为 1:6，那么 600 元人民币相当于多少美元？a. 100；b. 3600；c. 60；d. 不知道。4. 固定收益的金融产品是：a. 股票；b. 债券；c. 基金；d. 不知道"。以上四个问题分别对应存款利率、通货膨胀、汇率换算和理财产品四种类型的理财知识。从农户回答理财问题的正确率来看（见表 3-18），有 62.23% 的农户未能正确回答任何问题，有 17.07% 的农户仅回答正确一个问题，仅有 1.46% 的农户能正确回答所有问题。可见，绝大多数农户是不具备全面的理财知识的，再次表明多数农户存在金融知识不足的问题。

表 3-18   农户理财知识分布情况

回答正确数量	2017 年		2018 年		2019 年		户数合计（户）	占调研农户比重（%）
	户数（户）	占比（%）	户数（户）	占比（%）	户数（户）	占比（%）		
0	964	64.01	817	57.54	819	65.42	2600	62.23
1	259	17.20	271	19.08	183	14.62	713	17.07
2	163	10.82	195	13.73	135	10.78	493	11.80
3	106	7.04	108	7.61	97	7.75	311	7.44
4	14	0.93	29	2.04	18	1.44	61	1.46

注：占比是指占当年调研农户数量的比重。

就理财知识问题的类型而言，农户对各类问题回答的正确率均处于较低水平（见表 3-19）。其中，存款利率、通货膨胀和汇率换算三个问题的正确率均在 20% 左右，而针对理财产品的问题，正确率仅有 5%，表明农户在储蓄方面具备一定的基础知识，在理财产品方面的知识则极为欠缺。

表 3-19   各类型理财知识回答正确户数

理财问题	2017 年		2018 年		2019 年		户数合计（户）	占调研农户比重（%）
	户数（户）	占比（%）	户数（户）	占比（%）	户数（户）	占比（%）		
存款利率	251	16.67	348	24.51	254	20.29	853	20.42
通货膨胀	302	20.05	356	25.07	264	21.09	922	22.07
汇率换算	336	22.31	326	22.96	230	18.37	892	21.35
理财产品	70	4.65	71	5.00	68	5.43	209	5.00

3.4.6   民间借出情况

民间借贷处于正规金融市场之外，对满足农户的金融需求发挥着调剂余缺的作用，是正规金融的重要补充。通过以下问题了解农户参与非正规金融市场的情况："去年，您家有没有借钱给别人（这里的别人指的是家庭成员以外的人或机构）1. 有；0. 没有"。结果表明（见表 3-20），共有 750 户农户借钱给其他人或机构，占所调研农户的 17.95%；针对有民间借出行为的农户，进一步询问其借出金额，可知农户平均借出金额为 0.629 万元，借出金额相对较小，具有灵活随机的特点。

表 3-20　农户非正规金融市场参与情况

数据来源	有民间借出行为农户数量（户）	有民间借出行为农户占比（%）	民间借出金额均值（万元）	民间借出金额方差
所有问卷	750	17.95	0.629	3.389
2017 年问卷	302	20.05	0.613	3.378
2018 年问卷	245	17.25	0.662	3.682
2019 年问卷	203	16.21	0.609	3.039

3.5　农户面临正规金融排斥状况

农村金融是普惠金融发展的关键一环，农户的金融状况则是普惠金融在农村发展的微观体现。当前，普惠金融的概念深入人心，但作为普惠金融服务对象特殊群体之一的农户，有大部分没有得到最基本的金融服务，而贷款、理财、保险和征信等丰富多样的金融服务则显得更加遥不可及。

金融排斥主要围绕弱势群体的金融可得性展开，进而扩展到更广泛的金融歧视，如可用性排斥和可及性排斥（Kempson and Whyley，1991）、主动性排斥和被动性排斥（Beck et al.，2009）。金融市场具有一定的复杂性，无论是借贷还是资产配置，均需要一定的认知能力和知识水平（刘国强，2018）。有关居民家庭的金融政策的分析均离不开金融素养的问题（吴卫星等，2018）。知识水平较低已成为制约农户参与金融市场的重要因素。在借鉴 Kempson 和 Whyley（1991）以及王修华等（2013）对金融排斥的分类的基础上，结合当前农户因金融知识欠缺而无法享受金融服务的现状，本书将知识排斥作为金融排斥的重要方面。农户面临的投资理财排斥可分为知识排斥和条件排斥，银行贷款排斥可分为知识排斥、价格排斥和条件排斥，具体说明如表 3-21 所示。

表 3-21　农户正规金融排斥的类型、表现及形成原因

排斥类型	具体类型	表现及形成原因
投资理财排斥	知识排斥	没有相关知识、没有听说过、不知道如何开户、不知道到哪里开户
	条件排斥	开户程序烦琐、证券公司离得太远、资金有限

排斥类型	具体类型	表现及形成原因
银行贷款排斥	知识排斥	因不知道如何申请贷款而未向银行申请贷款
	价格排斥	农户因申请过程太长、利率高等显性成本和其他难以量化的隐性成本的限制而未向银行申请贷款
	条件排斥	农户因没有抵押品、找不到担保人、不认识银行或信用社的人、担心还不起等限制未向银行贷款，以及因无抵押或担保、没有人情关系、收入太低导致申请贷款没有批准

由表 3-22 可知，在投资理财方面受到排斥的农户共有 3609 户，占调研农户的 86.38%，表明大部分农户在资产配置方面存在障碍，投资理财活动受限，且投资理财排斥主要表现为知识排斥，占调研农户的比重为 72.14%。此外，仍有 21.47% 的农户面临投资理财条件排斥。与 2017 年调研数据相比，2018 年和 2019 年面临投资理财排斥的农户占比有所下降。

表 3-22 农户面临投资理财排斥现状

投资理财排斥	2017 年		2018 年		2019 年		户数合计（户）	占调研农户比重（%）
	户数（户）	占比（%）	户数（户）	占比（%）	户数（户）	占比（%）		
存在排斥	1342	89.11	1203	84.72	1064	84.98	3609	86.38
知识排斥	1114	73.97	1007	70.92	893	71.33	3014	72.14
条件排斥	348	23.11	300	21.13	249	19.89	897	21.47

由表 3-23 可知，在银行贷款方面受到排斥的农户共有 832 户，占调研农户的 19.91%，主要表现为条件排斥和知识排斥，分别占调研农户的 10.53% 和 6.99%。此外，有 4.04% 的农户面临价格排斥。与 2017 年调研数据相比，2018 年和 2019 年面临三种银行贷款排斥的农户占比均有所下降。综合来看，农户在投资理财方面所面临的排斥要严重于银行贷款，且缺乏相应的金融知识是农户面临排斥的主要原因。

表 3-23 农户面临银行贷款排斥现状

银行贷款排斥	2017 年		2018 年		2019 年		户数合计（户）	占调研农户比重（%）
	户数（户）	占比（%）	户数（户）	占比（%）	户数（户）	占比（%）		
存在排斥	407	27.03	221	15.56	204	16.29	832	19.91

续表

银行贷款排斥	2017 年		2018 年		2019 年		户数合计（户）	占调研农户比重（%）
	户数（户）	占比（%）	户数（户）	占比（%）	户数（户）	占比（%）		
知识排斥	148	9.83	79	5.56	65	5.19	292	6.99
价格排斥	71	4.71	54	3.80	44	3.51	169	4.04
条件排斥	225	14.94	110	7.75	105	8.39	440	10.53

3.6 本章小结

本章探讨了我国农村金融的政策演变，分别阐述了农村金融探索的几个阶段及相应的成果；描述了数字金融的发展历程，将数字金融在农村的发展概括为鼓励发展、审慎发展和规范发展三个阶段。从农户使用数字支付、网络借贷和互联网理财维度分析了农户使用数字金融现状，发现数字金融在农村的发展主要体现为农户对数字支付的使用，2019 年已有 61.74% 的调研农户使用数字支付。数字支付得到农户的普遍接受，为本书的研究提供了现实基础，也反映了本书研究的迫切性和现实意义。农户使用互联网理财和网络借贷的比例均有所上升，但占调研农户比例均未超过 5%，为此进一步分析了农户不使用数字支付或网络借贷的原因，发现缺乏相应的知识和技能导致农户对数字金融的不了解和不会用是农户不使用数字金融的主要原因。

基于调研数据，本章分别从信贷情况和金融市场参与情况两个维度分析了农户金融现状。从信贷情况看，经授信评级的农户占比不断扩大，授信额度均值为 3.83 万元；从银行获取贷款的农户比例有所上升，有 24.75% 的受访农户从银行获取贷款，银行贷款均值为 2.359 万元；农户申请贷款被拒绝的主要原因是收入太低（占比 49.41%）以及无抵押或担保（占比 43.53%）；从未申请贷款的农户来看，有 59.53% 的农户认为不需要贷款，6.99% 的农户不知道如何申请贷款，缺乏贷款知识是农户无法享受正规信贷服务的重要原因；从民间信贷来看，21.88% 的农户通过民间信贷获取资金，农户平均可以向大约七个人或机构借贷资金。从金融市场参与情况看，农户户均拥有存款账户 1.55 个，为农户参与金融市场提供了基础条件；参与金融市场进行资产配置的农户比例仍然较低，占调研农户的比重不足6%；以股票为例分析了农户未参与金融市场的原因，发现没有相关知识是导致农户无法进行金融产品投资的主要原因；从时间维度来看，农户金融市场参与比例有所上升，理财收入均值为3168.72元，已成为农户收入的重要组成部分；从民间借出看，17.95%的农户有民间借出行为，平均借出金额为0.629万元。根据农户未参与金融市场进行资产配置和未通过正规信贷渠道获取贷款的原因，本章界定并分析了农户面临的银行贷款排斥和投资理财排斥，表明农户在投资理财方面主要面临知识排斥，在银行贷款方面主要面临条件排斥。

4　数字支付使用对农户信贷可得性的影响研究

农村作为普惠金融发展中最为薄弱的一环，如何推动和实现农村金融普惠直接关系普惠金融发展全局，对于乡村振兴以及整个国家的经济发展尤为重要。但当前农村地区农户对数字金融的使用仍然有限，主要体现为对数字支付的使用。数字支付使用是否提高了农户信贷可得性以及如何提高农户信贷可得性成为值得学者研究和探讨的问题。本章实证分析了数字支付使用对农户信贷可得性的影响程度、异质性问题和影响机制，为充分理解数字金融的普惠性提供了现实依据。

4.1　问题提出

数字金融的发展使金融功能逐渐与金融机构脱离，通过低成本的信息传递大幅度提升了金融功能的服务效率，并拓展了金融服务的范围（吴晓求，2015）。借助科技的力量，金融服务能够触达更广泛的"长尾"用户。尤其对于金融服务供给不足的农户而言，数字科技成为打通农村普惠金融发展"最后一公里"的有力手段。数字科技产生信用，解决了农民征信数据和抵押物缺失的问题。数字科技打破了金融服务基础设施的时空限制，弥补了农村地区金融基础设施建设相对薄弱的短板。此外，数字科技能丰富农村金融产品种类，迎合农业利润低和农户信贷需求"小额、分散、高频"的特征，有助于打破城乡之间的数字鸿沟，对农村金融普惠具有重要意义。当前，数字金融在农村的发展主要体现为农户对数字支付的使用，那么数字支付使用是否提高了农户的信贷可得性？本章利用调研数据，对"假设1：数字支付使用能够提高农户信贷可得性"进行实证检验。

根据信贷资金来源渠道的不同，可以将信贷可得性区分为正规信贷可得性和非正规信贷可得性，受到正规信贷约束的家庭或企业会将融资需求转向民间借贷市场（Guirkinger，2008），社会网络越发达的农户，民间借贷行为越活跃（杨汝岱等，2011）。互联网提供了一种新的社交方式，能够促进农户间的相互交往，帮助农户建立社会网络（Tsai，2001）。数字支付依托互联网技术，能有效降低农户社交成本，有利于扩大和提高农户社会互动范围和频率，从而会通过社会资本对农户信贷获得水平产生间接影响（柳松等，2020）。因此，假设 1 可以细化为假设 1.1 和假设 1.2：

假设 1.1：数字支付使用能够减轻农户面临的银行贷款排斥，提高农户的正规信贷可得性。

假设 1.2：数字支付使用能够增强民间信贷能力，提高农户非正规信贷可得性。

数字支付使用对不同特征农户的影响可能存在差异，如在欠发达的农村地区，数字金融的实际使用率较低，且使用数字金融服务的农户主要是原本就能够享受到传统金融服务的人群（何婧等，2017）。数字支付使用虽然能提高农户的信贷可得性，但对于部分信贷条件较差的农户或收入较低的农户而言，影响程度可能相对较小，为此需要根据农户的异质性展开分析。在检验假设的同时，本章分析了数字支付使用对不同信贷可得性水平农户影响的差异，以及数字支付使用对不同收入农户信贷可得性影响的差异。

4.2 变量描述和模型选取

4.2.1 变量描述

4.2.1.1 关键解释变量选取

本章分析农户使用数字支付对信贷可得性的影响，因此将数字支付使用作为关键解释变量。通过设置以下问题获取该变量："您使用过如下哪种支付方式（可多选）？1. 电脑网上银行转账；2. 手机银行转账；3. 微信支付；4. 支付宝；5. 各种电子钱包类产品（百度钱包、京东钱包、翼支付等）；6. 其他移动支付产品；7. 都没有"。若农户选择7，则表示该农户未使用数字支付，赋值为0；选择其他选项则为使用数字支付，赋值为1。

为提高结果的稳健性，同时将农户数字支付使用频率作为关键解释变量，分析数字支付使用频率对农户信贷可得性的影响。针对 2017 年和 2018 年的调研数据，具体定义如下：如果不使用数字支付，取值为0；极少使用，取值为1；偶尔使用，取值为2；经常使用，取值为3。2019 年的调研问卷对数字支付使用频率进行了细化，具体定义如下：如果不使用数字支付，取值为0；使用频率每周少于1次，取值为1；使用频率每周 1~2 次，取值为2；使用频率每周 3~5 次，取值为3；几乎每天都用，取值为4。数字支付使用和数字支付使用频率的定义和描述性统计如表 4-1 所示。

表 4-1 关键解释变量定义和描述性统计

变量	变量定义	均值	方差
数字支付使用[a]	农户是否使用数字支付（是=1；否=0）	0.450	0.498
数字支付使用频率[b]	针对 2017 年和 2018 年数据，如果不使用数字支付，取值为0；极少使用，取值为1；偶尔使用，取值为2；经常使用，取值为3	1.315	1.746
	针对 2019 年数据，如果不使用数字支付，取值为0；使用频率每周少于1次，取值为1；使用频率每周 1~2 次，取值为2；使用频率每周 3~5 次，取值为3；几乎每天都用，取值为4	1.981	1.791

注：a. 对应调研问卷中的问题序号为 C105.1.1；b. 对应调研问卷中的问题序号为 C105.2.1 和 C106。

4.2.1.2 被解释变量选取

被解释变量为信贷可得性，包括正规信贷可得性和非正规信贷可得性两个维度。正规信贷可得性通过银行贷款排斥、银行贷款行为、银行贷款金额和银行授信额度四个指标体现。其中，银行贷款排斥衡量农户是否信贷可得，是农户正规信贷可得性的负向观察指标。如果农户面临银行贷款知识排斥、价格排斥和条件排斥[①]，则农户正规信贷不可得，取值为1；否则取值为0。将银行贷款行为、银

---

① 知识排斥是指因不知道如何申请贷款而未向银行申请贷款；价格排斥是指农户因申请过程太长、利率高等显性成本和其他难以量化的隐性成本的限制而未向银行申请贷款；条件排斥是指农户因没有抵押品、找不到担保人、不认识银行或信用社的人、担心还不起等限制未向银行贷款，以及因无抵押或担保、没有人情关系、收入太低导致申请贷款没有批准。银行贷款排斥对应调研问卷中的问题序号为 D104、D105 和 D106。

行贷款金额和银行授信额度①作为农户正规信贷可得性程度的代理变量。银行贷款行为指农户是否从银行获取贷款，是则取值为1；否则取值为0。银行贷款金额指从银行获取的贷款金额。银行授信额度指经银行信用评级所确定的授信额度。非正规信贷可得性通过民间信贷能力、民间借款行为和民间借款金额②三个指标衡量。其中，民间信贷能力指如果农户家里有人生病急需资金，可以求助的人数或家庭数量。民间借款行为指除了银行和农村信用社以外，农户向其他人或机构借过钱，是则取值为1；否则取值为0。民间借款金额指除了银行和农村信用社以外，农户向其他人或机构借款金额合计数。

为全面刻画农户的信贷可得性状况，从正规信贷可得性和非正规信贷可得性两个维度构建综合的信贷可得性指数。正规信贷可得性指数通过银行贷款排斥、银行贷款行为、银行贷款金额和银行授信额度四个具体指标测算，其中银行贷款排斥为负向指标，其余指标均为正向指标。非正规信贷可得性指数通过民间信贷能力、民间借款行为和民间借款金额三个具体指标测算，均为正向指标。各指标的具体说明和描述性统计如表4-2所示。从正规信贷可得性来看，使用数字支付组农户面临的银行贷款排斥较少，且银行贷款行为、银行贷款金额和银行授信额度情况好于不使用数字支付农户。从非正规信贷可得性来看，使用数字支付农户的民间信贷能力更强，且从民间获得的借款金额也较高。

表4-2　被解释变量定义和描述性统计

变量		变量定义	不使用数字支付组均值	使用数字支付组均值	均值差异
正规信贷可得性	银行贷款排斥	是否面临银行贷款排斥（是=1；否=0）	0.251	0.136	0.116***
	银行贷款行为	是否从银行获取贷款（是=1；否=0）	0.188	0.320	-0.132***
	银行贷款金额	从银行获取的贷款金额（万元）	1.278	3.679	-2.402***
	银行授信额度	经银行信用评级所确定的授信额度（万元）	1.826	6.274	-4.448***

---

① 银行贷款行为、银行贷款金额和银行授信额度对应调研问卷中的问题序号为D104、G102.1和D103。

② 民间信贷能力、民间借款行为和民间借款金额对应调研问卷中的问题序号为F105、D111和H102.1。

变量		变量定义	不使用数字支付组均值	使用数字支付组均值	均值差异
非正规信贷可得性	民间信贷能力	如果家里有人生病急需资金，可以向几个人求助	6.558	7.804	-1.246***
	民间借款行为	除了银行和农村信用社以外，是否向其他人或机构借过钱（是=1；否=0）	0.211	0.229	-0.018
	民间借款金额	除了银行和农村信用社以外，向其他人或机构借钱金额合计数（万元）	0.543	0.701	-0.158*

注：*、***分别表示在10%、1%水平上显著。

4.2.1.3 控制变量选取

借鉴研究农户信贷行为的相关文献（赵允迪和王俊芹，2012；吴雨等，2020；王性玉等，2019；黄祖辉等，2009；何广文等，2018；潘爽等，2020；尹志超和张号栋，2018），控制受访者特征、家庭特征和社会网络三个方面因素对农户信贷可得性的影响。

受访者特征在一定程度上反映了农户的信贷决策特征。如在做金融方面的决策时女性可能更加偏向保守，男性在家庭经济活动中的话语权更强（樊文翔，2021）；年龄较大的农户可能更倾向于向正规机构贷款（金烨和李宏彬，2009）；农户的文化程度越高越容易产生贷款需求，文化程度在一定程度上代表了家庭的还债能力（胡枫和陈玉宇，2012）。为此，在回归过程中控制了性别、年龄和受教育程度三个受访者特征。因年龄对信贷可得性可能存在非线性的影响，即那些中年户主更可能获得信贷，为此在模型中加入年龄的平方作为控制变量。

已有研究指出，农户信贷可得性受家庭规模和家庭劳动力数量的影响（樊文翔，2021），通过家庭成员数量和劳动人口比重反映家庭的人口结构和生产能力；随着人均收入水平的持续提升，农户正规信贷获得额显著增加（彭克强和刘锡良，2016），需要将收入对农户信贷可得性的影响加以控制。为此，控制家庭成员数量、劳动人口比重和家庭年收入三个家庭特征变量。为消除奇异值产生的影响，对家庭年收入进行了1%水平的缩尾处理。为克服数据差异过大和异方差问题，在实证分析过程中对该变量进行自然对数处理。

农村的借贷活动也不可避免地受到社会网络的影响（胡枫和陈玉宇，2012）。社会网络程度越高，则其通过这个社会网络获取金融知识、金融借贷的机会越多

（徐丽鹤和袁燕，2017）。本书中将家庭礼金支出（贺建风等，2018；王晓青，2017）和非农社会关系作为社会网络的代理变量。非农社会关系通过家中是否有人从事具体非农行业 [具体非农行业是指：1. 在本地或外地企业长期就业；2. 个体工商户（在本地或外地做买卖）；3. 当教师或医生；4. 在县、乡、村当干部] 体现。礼金支出体现了"人情"，一定程度上反映了农户社会网络的规模和数量。非农社会关系则反映了农户的"关系"网络，对生活在农村的家庭而言是一种特殊的资源，在一定程度上折射出农户社会网络的质量。"关系"可能会增强家庭获得正规信贷的能力，而"人情"则可能直接影响农户非正规信贷可得性。为此，在分析过程中控制礼金支出和非农社会关系两个衡量社会网络的变量。参考王瑶佩和郭峰（2019）的研究结论，在回归过程中控制农户所在县域的地区因素和调研年份。控制变量的定义与描述性统计如表4-3所示。

表4-3　控制变量定义和描述性统计

变量	变量定义	均值	方差
受访者性别	受访者的性别（男性＝1；女性＝0）	0.544	0.498
受访者年龄	受访者的实际年龄	46.51	9.373
年龄的平方	受访者的实际年龄的二次方	2251	816.6
受正规教育年限	受访者实际接受教育的年限	7.986	3.300
家庭成员数量	家庭中经济上相互依赖、生活在一起的成员数量	4.539	1.634
劳动人口比重	家庭劳动力人数占家庭成员数量的比重	0.652	0.240
家庭年收入	家庭上一年的实际收入的对数	10.38	1.326
礼金支出	婚丧嫁娶礼金支出（万元）	0.384	1.177
非农社会关系	家中是否有人从事以下非农行业：1. 在本地或外地企业长期就业；2. 个体工商户（在本地或外地做买卖）；3. 当教师或医生；4. 在县、乡、村当干部（是＝1；否＝0）	0.449	0.497

注：家庭劳动力人口定义为18~60岁的身体健康者；银行贷款排斥的定义见3.5。

4.2.2　模型选取

根据本章的研究问题，采用变异系数法和欧式距离法计算正规信贷可得性指数、非正规信贷可得性指数和综合的信贷可得性指数。利用 Probit 模型、有序 Probit 模型、NB 模型和 Tobit 模型实证分析数字支付使用对农户信贷可得性的影响及影响机制。模型和方法的具体解释如下。

4.2.2.1　变异系数法和欧式距离法

变异系数法是一种客观赋权的方法，该方法直接利用各项指标所包含的信息计算得到指标的权重。该方法简便易行，广泛应用于指标赋权，具体做法如下：

首先，对原始数据进行量纲归一化处理。为了消除各项评价指标量纲不同的影响，在测算前需要对原始数据进行量纲归一化处理，正向指标和负向指标对最终指数而言具有不同的含义（正向指标与最终指数呈同向变动，而逆向指标与最终指数呈反向变动），故需要对正向指标和逆向指标采取不同的算法进行数据标准化，具体做法如下：

$$
\begin{cases}
x_{ij} = \dfrac{A_{ij} - m_{ij}}{M_{ij} - m_{ij}}, & \text{当指标为正向指标时} \\[2mm]
x_{ij} = \dfrac{M_{ij} - A_{ij}}{M_{ij} - m_{ij}}, & \text{当指标为逆向指标时}
\end{cases}
\tag{4-1}
$$

其中，A_{ij} 表示指标的实际值，x_{ij} 为标准化后的指标值（$0 \leqslant x_{ij} \leqslant 1$），$i$ 表示第 i 个维度，j 表示第 j 个指标。m_{ij} 表示该指标的最小值，M_{ij} 为该指标的最大值。式（4-1）保证了 $0 \leqslant x_{ij} \leqslant 1$。

其次，利用标准化后的数据确定各具体指标的权重。令 w_{ij} 为第 i 个维度的第 j 个指标的权重，v_{ij} 为各具体指标的变异系数，σ_{ij} 为各具体指标的标准差，求解过程如下：

$$
v_{ij} = \frac{\sigma_{ij}}{\bar{x}_{ij}}, \quad w_{ij} = \frac{v_{ij}}{\sum\limits_{j=1}^{n} v}
\tag{4-2}
$$

欧氏距离指多维空间中两个点的真实距离。信贷可得性涉及多个维度指标，第 i 维的可得性指数可以通过 $D = (x_1, x_2, x_3, \cdots, x_n)$ 的 $1 \times n$ 维笛卡尔空间来表示。在该空间中，以点 $O = (0, 0, 0, \cdots, 0)$ 为基准，表示 n 个维度的计算值都是最低值，而 $Z = (z_1, z_2, z_3, \cdots, z_n)$ 表示所有 n 个维度的计算值都是最高值（即最理想值，一般为 1）。第 i 维度信贷可得性指数（Index of Credit Availability，ICA_i）可以表示为点 $(x_{i1}, x_{i2}, \cdots, x_{in})$ 与最优点 $(1, 1, \cdots, 1)$ 之间的欧式距离，具体可表示为：

$$ICA_i = 1 - \frac{\sqrt{w_{i1}^2\ (1-x_{i1})^2 + w_{i2}^2\ (1-x_{i2})^2 + \cdots + w_{in}^2\ (1-x_{in})^2}}{\sqrt{(w_{i1}^2 + w_{i2}^2 + \cdots + w_{in}^2)}} \tag{4-3}$$

4.2.2.2 Probit 模型

分析数字支付使用对农户正规信贷可得性的影响时，被解释变量"银行贷款排斥"和"银行贷款行为"均为二元离散变量；分析数字支付使用对农户非正规信贷可得性的影响时，被解释变量"非正规借款行为"为二元离散变量。故选取 Probit 模型进行回归分析，即"是"和"否"可以表示为相应模型：

$$P\ (y=1\mid digpayment) = F\ (digpayment) = \beta digpayment + \lambda controls + \varepsilon$$

$$P\ (y=0\mid digpayment) = 1 - F\ (digpayment)$$

$$= 1 - (\beta digpayment + \lambda controls + \varepsilon) \tag{4-4}$$

其中，$digpayment$ 为解释变量"数字支付使用"，β 表示估计的参数，ε 为误差项。连接函数 $F\ (x,\ \beta)$ 为标准正态的累计分布函数（CDF），则：

$$P(y=1\mid digpayment) = F(digpayment,\ \beta)$$

$$= \Phi(x'\beta) \equiv \int_{-\infty}^{\beta digpayment + \lambda controls} \phi(t)\,dt \tag{4-5}$$

4.2.2.3 NB 模型（Negative Binomial Regression）

根据农户民间信贷能力的分布可知，其属于过度分散分布，即：

$$P\ (Y=y\mid \mu,\ \alpha) = \frac{\Gamma\ (y+\alpha^{-1})}{y!\ \Gamma\ (\alpha^{-1})}\left(\frac{\alpha^{-1}}{\alpha^{-1}+\mu}\right)^{\alpha^{-1}}\left(\frac{\mu^{-1}}{\alpha^{-1}+\mu}\right)^{y} \tag{4-6}$$

其中，y 表示农户的民间信贷能力（如果您家里有人生病，急需资金，您可以向几个人求助），$y_i \sim NB(\mu_i,\ \alpha)$，$\mu = E(y\mid digpayment) = Exp(\beta digpayment_i) = e^{\beta digpayment_i}$，$\alpha$ 为过度分布参数，$Var\ (y\mid digpayment) = \mu + \alpha\mu^2$。通过下式进行估计：

$$LL = \sum_{i=1}^{n}\left\{Log\left[\frac{\Gamma(y+\alpha^{-1})}{y!\ \Gamma(\alpha^{-1})}\right] - (y_i+\alpha^{-1})Log(1+\alpha\mu_i) + y_iLog(\alpha\mu_i)\right\}$$

$$\tag{4-7}$$

4.2.2.4 Tobit 模型

银行授信额度、银行贷款金额和民间借款金额反映了农户的信贷可得性程度。仅有经银行授信评级、向银行贷款和有民间借款行为的农户其相应的银行授信额度、银行贷款金额和民间借款金额是可观测的，表明这三个变量是左删失的，为不可观测的潜变量。因此选择 Tobit 模型进行计量分析，Tobit 模型设定为：

$$y_i^* = \beta digpayment_i + \phi control_i + \varepsilon_i \tag{4-8}$$

其中，可观测的变量 y 和 y^* 通过观测规则是相关的：

$$y_i = \begin{cases} y_i^*, & \text{如果 } y_i^* > 0 \\ 0, & \text{如果 } y_i^* \leq 0 \end{cases} \tag{4-9}$$

删失的观测样本概率值为 $\Pr(y^* \leq 0) = \Pr\left[(\beta digpayment_i + \varepsilon_i) \leq 0\right] = \Phi\{(-\beta digpayment_i)/\sigma\}$，$\Phi(\cdot)$ 为标准正态累计分布函数。对于非删失的观测值，y 的截尾均值或期望值可以表示为：

$$E(y_i \mid digpayment_i,\ y_i > 0) = \beta digfin_i + \sigma \frac{\phi\{(\beta digpayment_i)/\sigma\}}{\Phi\{(-\beta digpayment_i)/\sigma\}} \tag{4-10}$$

4.3　数字支付使用影响农户信贷可得性的实证分析

银行贷款排斥指标反映了农户信贷是否可得，而银行贷款行为、银行贷款额度以及授信评级额度则反映了农户信贷可得性程度。本书通过数字支付使用分别对银行贷款排斥、银行贷款行为、银行贷款额度以及授信评级额度进行回归，以实证检验数字支付使用对农户信贷可得性的影响。因调研数据为三年的混合面板数据，在利用 Probit 模型回归时使用农户家庭层面的聚类稳健标准误，允许同一农户存在相关性，而不同个体之间不相关，这能够解决不随时间而变但随个体而异的遗漏变量问题。

4.3.1　实证结果分析

4.3.1.1　数字支付使用与农户银行贷款排斥

农户数字支付使用与银行贷款排斥的回归结果如表 4-4 所示。逐步添加控制变量并观察回归系数的变动。表中列（1）为未控制其他变量的回归结果，列（2）在列（1）的基础上控制了受访者个体特征，列（3）在列（2）的基础上控制了农户家庭特征，列（4）在列（3）的基础上控制了社会网络特征，列（5）在列（4）的基础上控制了时间变量（调研年份）和地区变量（农户所在县域），列（6）为回归系数转换为边际效应的结果。随着控制变量的增加，数字支付使用对农户银行贷款排斥的影响系数始终显著，表明数字支付使用对农户银行贷款排斥的负向作用稳健。使用数字支付显著减少了农户面临的银行贷款排斥，有利于提高农户信贷可得性。实证结果支持"假设1.1：数字支付使用能够减轻农户面临的银行贷款排斥，提高农户的正规信贷可得性"。根据控制变量的回归结果可知，受访者受正规教育年限、家庭年收入和非农社会关系对缓解农户银行贷款排斥有积极影响。受正规教育年限较长的农户往往知识水平和金融素养相对较高，能通过个人能力克服银行贷款排斥；农户家庭年收入高一方面可以减少正规信贷需求，另一方面可以克服因缺少抵押、资产不足产生的银行贷款排斥，更容易获取银行贷款，因此银行贷款排斥问题较小。在农村中，"关系"仍是获取银行贷款的重要影响因素，尤其是非农社会关系，在正规金融活动中扮演了重要角色。非农社会关系有助于帮助农户认识银行机构中的工作人员或为农户提供担保，从而缓解农户银行贷款排斥，提高农户的正规信贷可得性。

表4-4 数字支付使用对农户银行贷款排斥的回归结果

	（1） 系数	（2） 系数	（3） 系数	（4） 系数	（5） 系数	（6） 边际效应
数字支付使用	-0.430 *** （0.046）	-0.433 *** （0.054）	-0.339 *** （0.056）	-0.309 *** （0.056）	-0.212 *** （0.060）	-0.053 *** （0.015）
受访者性别		-0.045 （0.046）	-0.036 （0.047）	-0.039 （0.047）	-0.057 （0.050）	-0.014 （0.012）
受访者年龄		-0.009 （0.021）	-0.003 （0.021）	-0.004 （0.021）	-0.001 （0.022）	-0.000 （0.005）
年龄的平方		0.000 （0.000）	0.000 （0.000）	0.000 （0.000）	0.000 （0.000）	0.000 （0.000）
受正规教育年限		-0.037 *** （0.007）	-0.029 *** （0.008）	-0.026 *** （0.008）	-0.033 *** （0.008）	-0.008 *** （0.002）
家庭成员数量			0.042 *** （0.015）	0.048 *** （0.015）	0.014 （0.016）	0.004 （0.004）
劳动人口比重			-0.152 （0.109）	-0.101 （0.110）	-0.052 （0.113）	-0.013 （0.028）

续表

	（1）系数	（2）系数	（3）系数	（4）系数	（5）系数	（6）边际效应
家庭年收入			−0.170 ***	−0.159 ***	−0.116 ***	−0.029 ***
			(0.017)	(0.017)	(0.018)	(0.005)
礼金支出				−0.042	−0.028	−0.007
				(0.036)	(0.032)	(0.008)
非农社会关系				−0.187 ***	−0.168 ***	−0.042 ***
				(0.048)	(0.050)	(0.012)
县域特征					已控制	
调研年份					已控制	
N	4178	4178	4178	4178	4178	
Pseudo R^2	0.021	0.031	0.056	0.060	0.106	
Log likelihood	−2041.138	−2021.845	−1968.609	−1959.854	−1865.300	

注：①＊、＊＊、＊＊＊分别表示在10%、5%、1%的水平上显著；②括号内是农户家庭层面聚类稳健标准误；③考虑到可能存在共线性问题，对列（5）中变量先进行普通回归，计算方差膨胀因子进行检验，方差膨胀因子小于10，表明共线性问题在可控范围内。

4.3.1.2 数字支付使用与农户正规信贷可得性程度

通过数字支付使用对银行贷款行为、银行贷款金额、银行授信额度和正规信贷可得性指数进行回归，分析数字支付使用对农户信贷可得性程度的影响。表4-5中列（1）为基于Probit模型的数字支付使用对农户银行贷款行为的回归结果。数字支付使用对农户银行贷款行为的影响系数为正且是显著的，即使用数字支付的农户向银行贷款的概率更高。列（2）为基于Tobit模型的数字支付使用对农户银行贷款金额的回归结果。数字支付使用对农户银行贷款金额的影响系数为正且是显著的，即使用数字支付的农户通过银行贷款获取的借款金额往往较高。列（3）为基于Tobit模型的数字支付使用对农户银行授信额度的回归结果。数字支付使用对农户授信额度的影响为正且是显著的，即在银行对农户授信评级过程中，使用数字支付的农户获得银行授信评级的额度往往较高。列（4）为基于Tobit模型的数字支付使用对农户正规信贷可得性指数的回归结果。回归结果表明，数字支付使用有利于提升农户综合的正规信贷可得性水平。实证结果再次证实了假设1.1。根据控制变量的回归系数可知，男性受访者的正规信贷可得性往往较高，受访者年龄与其正规信贷可得性之间呈倒"U"型关系，随着年龄的增长，农户的正规信贷可得性呈先上升后下降的趋势。受正规教育年限越长的农户的正规信贷可得性越高，知识水平对正规信贷可得性有积极影响。家庭收入作为影响信贷获得的重要因素，直接关系农户正规信贷可得性水平，家庭收入越高的农户的信贷可得性越高。社会网络对农户正规信贷可得性的影响也是显著的，礼金支出高和具有非农社会关系的农户的正规信贷可得性水平更高。

表 4-5　数字支付使用对农户银行贷款行为的回归结果

	（1） Probit 银行贷款行为	（2） Tobit 银行贷款金额	（3） Tobit 银行授信额度	（4） Tobit 正规信贷可得性指数
数字支付使用	0.355*** （0.057）	7.963*** （1.544）	6.724*** （0.984）	2.300*** （0.310）
受访者性别	0.063 （0.050）	3.725*** （1.398）	7.460*** （1.046）	0.764*** （0.280）
受访者年龄	0.087*** （0.021）	2.494*** （0.573）	2.917*** （0.375）	0.407*** （0.113）
年龄的平方	−0.001*** （0.000）	−0.029*** （0.007）	−0.034*** （0.004）	−0.005*** （0.001）
受正规教育年限	0.012 （0.008）	0.419* （0.220）	0.750*** （0.142）	0.181*** （0.045）
家庭成员数量	0.012 （0.016）	0.548 （0.439）	0.186 （0.280）	−0.009 （0.087）
劳动人口比重	−0.108 （0.112）	−2.015 （3.048）	−0.673 （1.963）	−0.477 （0.611）
家庭年收入	0.086*** （0.020）	3.529*** （0.730）	2.992*** （0.497）	1.057*** （0.138）
礼金支出	0.033 （0.021）	1.392** （0.652）	0.495 （0.307）	0.406** （0.196）
非农社会关系	0.068 （0.048）	1.295 （1.285）	2.204*** （0.820）	0.830*** （0.258）
县域特征	已控制	已控制	已控制	已控制
调研年份	已控制	已控制	已控制	已控制

续表

	（1） Probit 银行贷款行为	（2） Tobit 银行贷款金额	（3） Tobit 银行授信额度	（4） Tobit 正规信贷可得性指数
N	4178	4178	4178	4178
Pseudo R^2	0.107	0.051	0.097	0.032
Log likelihood	−2087.595	−4404.692	−6438.084	−12759.066

注：① * 、 * * 、 * * * 分别表示在10%、5%、1%的水平上显著；②括号内是农户家庭层面聚类稳健标准误。

4.3.1.3　数字支付使用与农户非正规信贷可得性

农户民间信贷能力反映了农户非正规信贷可得性，民间借贷行为和民间借贷金额是农户非正规信贷的具体表现。根据民间信贷能力的分布，选取负二项回归模型进行回归，结果如表4-6中列（1）所示。在控制其他变量的条件下，数字支付使用对农户民间信贷能力的影响如列（2）所示，表明无论是否控制其他变量，数字支付使用均有助于提高农户民间信贷能力，通过数字金融社交帮助农户保持和扩大可以借款的对象范围。民间借款行为和借款金额反映了农户非正规信贷的真实情况，在一定程度上也体现了农户非正规信贷可得性程度。数字支付使用对农户民间借款行为的回归结果如列（3）所示，表明使用数字支付的农户进行民间借款的概率较高，数字支付使用可能有助于农户通过非正规渠道借款。数字支付使用对农户民间借款金额的影响如列（4）所示，影响系数显著为正，表明使用数字支付的农户通过非正规信贷渠道获得的借款往往较高，也即数字支付使用能提高农户非正规信贷金额。为全面反映农户非正规信贷可得性程度，利用变异系数和欧式距离的方法计算农户非正规信贷可得性指数。数字支付使用对农户非正规信贷可得性指数的回归结果如列（5）所示，表明数字支付使用能提高农户综合的非正规信贷可得性水平。实证结果支持了假设1.2。控制变量回归结果表明，男性受访者的民间信贷能力更强。受正规教育年限越长的受访者，民间信贷能力越强，但民间借款行为越少。可能的原因是，受教育程度高的农户的正规信贷可得性程度较高，民间信贷能力的提高并不会促使农户通过非正规渠道借款。家庭年收入对农户民间信贷能力有积极影响，而对民间借款行为的影响系数为负，表明高收入农户的非正规信贷可得性相对较高，但低收入农户通过非正规渠道借款的现象更为普遍。礼金支出对提高农户民间信贷能力和民间借款金额都有积极影响。

表4-6　数字支付使用对农户非正规信贷可得性回归结果

	（1） 民间信贷能力 NB 模型	（2） 民间信贷能力 NB 模型	（3） 民间借款行为 Probit	（4） 民间借款金额 Tobit	（5） 非正规信贷可得性指数 Tobit
数字支付使用	0.174***	0.096**	0.116**	1.104**	0.562**
	(0.035)	(0.039)	(0.058)	(0.479)	(0.247)
受访者性别		0.203***	-0.022	-0.632	-0.100
		(0.034)	(0.048)	(0.399)	(0.203)
受访者年龄		0.003	0.029	0.100	0.048
		(0.014)	(0.020)	(0.165)	(0.086)
年龄的平方		-0.000	-0.000*	-0.001	-0.001
		(0.000)	(0.000)	(0.002)	(0.001)
受正规教育年限		0.010*	-0.019**	-0.163**	-0.058
		(0.005)	(0.008)	(0.068)	(0.038)
家庭成员数量		0.003	0.017	0.011	0.008
		(0.011)	(0.015)	(0.127)	(0.072)
劳动人口比重		-0.003	-0.161	-1.625*	-0.813
		(0.078)	(0.107)	(0.936)	(0.506)
家庭年收入		0.046***	-0.037**	-0.138	0.063
		(0.013)	(0.018)	(0.153)	(0.083)
礼金支出		0.124***	0.010	0.344*	0.277**
		(0.031)	(0.017)	(0.194)	(0.136)
非农社会关系		0.016	-0.106**	-1.107**	-0.299
		(0.034)	(0.049)	(0.433)	(0.208)
县域特征		已控制	已控制	已控制	已控制
调研年份		已控制	已控制	已控制	已控制
N	4178	4178	4178	4178	4178
Pseudo R²	0.001	0.018	0.071	0.029	0.007
Log likelihood	-12587.583	-12379.615	-2038.781	-3621.444	-12728.685

注：①*、**、***分别表示在10%、5%、1%的水平上显著；②括号内是农户家庭层面聚类稳健标准误。

4.3.1.4 数字支付使用频率与农户信贷可得性

进一步分析数字支付使用频率与农户信贷可得性的关系。运用 2017 年和 2018 年调研数据的回归结果如表 4-7 中列（1）～列（3）所示。其中，列（1）表明，数字支付使用频率越高，农户面临银行贷款排斥的可能性越小；列（2）表明，数字支付使用频率与农户贷款行为存在正相关关系，表示数字支付使用越频繁，农户通过银行这一正规金融机构获取贷款的概率越大，即农户的正规信贷可得性越高；列（3）表明，数字支付使用频率对农户民间信贷能力有正向影响，说明使用数字支付频繁的农户，更容易从更多的民间渠道获取借款，即数字支付使用频率的增加提高了农户的非正规信贷可得性。运用 2019 年调研数据的回归结果如表 4-7 中列（4）～列（6）所示，回归系数与列（1）～列（3）结果相一致，证明了回归结果的稳健性。

表 4-7 数字支付使用频率与农户信贷可得性回归结果

	（1）	（2）	（3）	（4）	（5）	（6）
	2017 年和 2018 年数据			2019 年数据		
	银行贷款排斥	银行贷款行为	民间信贷能力	银行贷款排斥	银行贷款行为	民间信贷能力
	Pobit	Pobit	OLS	Pobit	Pobit	OLS
数字支付使用频率	−0.080***	0.107***	0.248**	−0.090***	0.087***	0.234**
	(0.021)	(0.019)	(0.113)	(0.032)	(0.029)	(0.105)
控制变量	已控制	已控制	已控制	已控制	已控制	已控制
县域特征	已控制	已控制	已控制	已控制	已控制	已控制
调研年份	已控制	已控制	已控制	已控制	已控制	已控制
N	2926	2926	2926	1252	1252	1252
R^2			0.082			0.124
Pseudo R^2	0.110	0.103		0.117	0.133	
Log likelihood	−1354.786	−1485.419	−10341.975	−491.311	−589.519	−3962.368

注：①**、***分别表示在5%、1%的水平上显著；②括号内是农户家庭层面聚类稳健标准误。

4.3.2 内生性问题

4.3.2.1 内生性说明与解决方法

农户信贷可得性和数字支付使用之间可能存在内生性的问题。首先，可能存在难以衡量的变量能够同时影响农户信贷可得性和数字支付使用，导致因遗漏变量而产生的内生性问题；其次，农户可能为了更便利地享受金融服务，而采用数字支付方式，即可能存在信贷可得性程度高的农户倾向于使用数字支付的情况，导致因反向因果关系而产生的内生性问题；最后，调研过程中可能会导致变量存在测量误差，从而产生内生性问题。内生性问题的存在会导致内生性偏误，且偏误不会渐进消失。为此，本书通过选取工具变量的方法进行分析，第一阶段方程需要满足：

$$digpayment_i = \pi\,controls + \lambda\,instrument + v_i \qquad (4-11)$$

其中，$instrument$ 为工具变量，将式（4-11）代入式（4-12），进行第二阶段的估计：

$$y_i = \beta digpayment_i + \lambda controls + \varepsilon_i \qquad (4-12)$$

借鉴周广肃和梁琪（2018）、谢绚丽等（2018）以及何婧和李庆海（2019）等将区域平均水平作为工具变量的做法，将"调研当年村级层面数字支付使用的平均水平"作为农户数字支付使用的工具变量。为提高回归结果的准确性，避免异方差的干扰，借鉴辛馨（2017）的做法，在第一个工具变量的基础上将"农户是否有智能手机"作为第二个工具变量，采用两阶段最小二乘（2SLS）估计量进行运算。因内生变量为二值变量，不适用 IV-Tobit 程序（Newey，1987），且尚未有公认的解决方法，因此本书暂不利用 IV-Tobit 对内生变量进行处理。

本书在使用工具变量进行回归的同时进行了一系列的检验，以提高结果的可信度。首先，对原方程的内生性进行检验。采用异方差稳健的 DWH 检验判断变量是否内生，如果 P 值小于 0.05，则拒绝"变量外生"的原假设，认为存在内生性。如果拒绝"变量外生"的原假设，则需要使用工具变量克服内生性带来的干扰。其次，进行过度识别检验。考察是否所有工具变量均为外生，过度识别检验列示结果为 P 值，如果 P 值大于 0.1，则认为不能拒绝工具变量外生的原假设。最后，进行弱工具变量检验，列示结果为 F 值，如果 F>10，则可以拒绝"弱工具变量"的原假设。

4.3.2.2　数字支付使用与农户信贷可得性的内生性处理

利用 2SLS 估计对农户正规信贷可得性进行工具变量回归的结果如表 4-8 所示。内生性检验结果显示，在数字支付使用对银行贷款排斥、银行贷款行为和正规信贷可得性指数回归时拒绝了"解释变量外生"的原假设，表明回归中存在内生性问题，为此需要利用工具变量进行回归。过度识别检验中 P 值均大于

0.1，表明无法拒绝本书所选取的两个工具变量外生的原假设；弱工具变量检验中 F>10，可以拒绝"弱工具变量"的原假设。以上检验均支持工具变量回归得出的结果。数字支付使用对银行贷款排斥、银行贷款行为和正规信贷可得性指数的回归系数分别为−0.171、0.235 和 4.363，表明农户通过数字支付使用，能克服银行贷款排斥，实现正规信贷可获得。同时，数字支付使用能够提高农户正规信贷可得性程度。此外，在数字支付使用对银行贷款金额和银行授信额度的回归中，无法拒绝"解释变量外生"的原假设，故未进一步分析其内生性问题。

表4-8　基于工具变量的数字支付使用对农户正规信贷可得性回归结果

	（1） 银行贷款排斥	（2） 银行贷款行为	（3） 银行贷款金额	（4） 银行授信额度	（5） 正规信贷可得性指数
数字支付使用	−0.171***	0.235***	2.469***	3.584***	4.363***
	（0.038）	（0.040）	（0.958）	（0.917）	（0.712）
控制变量	已控制	已控制	已控制	已控制	已控制
县域特征	已控制	已控制	已控制	已控制	已控制
调研年份	已控制	已控制	已控制	已控制	已控制
N	4178	4178	4178	4178	4178
内生性检验（P 值）	0.001***	0.000***	0.303	0.137	0.001***
过度识别检验（P 值）	0.899	0.402	0.324	0.691	0.436
弱工具变量检验	423.286***	423.286***	423.286***	423.286***	423.286***

注：①括号内是稳健标准误；②2SLS 模型采用 DWH 检验方法进行内生性检验，内生性检验和过度识别检验列示结果为 P 值，弱工具变量检验所列示结果均为 F 统计量；③***表示在1%水平上显著。

利用 2SLS 估计对农户非正规信贷可得性进行工具变量回归的结果如表4-9所示。内生性检验结果显示，在数字支付使用对民间信贷能力和民间借款行为回归时拒绝了"解释变量外生"的原假设，表明回归中存在内生性问题，为此需要利用工具变量进行回归。过度识别检验中 P 值均大于 0.1，表明无法拒绝本书所选取的两个工具变量外生的原假设；弱工具变量检验中 F>10，可以拒绝"弱工具变量"的原假设。以上检验均支持工具变量回归得出的结果。数字支付使用对民间信贷能力的回归系数为正且显著，表明农户通过数字支付使用，能增强民间信贷能力，提高非正规信贷可得性。数字支付使用对农户民间借款行为的影响不再显著。此外，在数字支付使用对民间借款金额和非正规信贷可得性指数的回归中，无法拒绝"解释变量外生"的原假设，认为未引入工具变量对内生性处理的结果更为可靠。

表4-9　基于工具变量的数字支付使用对农户非正规信贷可得性回归结果

	（1） 民间信贷能力	（2） 民间借款行为	（3） 民间借款金额	（4） 非正规信贷可得性指数
数字支付使用	1.866**	-0.046	-0.068	-0.286
	(0.740)	(0.039)	(0.252)	(0.560)
控制变量	已控制	已控制	已控制	已控制
县域特征	已控制	已控制	已控制	已控制
调研年份	已控制	已控制	已控制	已控制
N	4178	4178	4178	4178
内生性检验	0.074*	0.031**	0.301	0.111
过度识别检验（P值）	0.896	0.340	0.406	0.294
弱工具变量检验	423.286***	423.286***	423.286***	423.286***

注：①*、**、***分别表示在10%、5%、1%的水平上显著；②括号内是农户家庭层面聚类稳健标准误。

4.3.3　稳健性检验

为提高研究结果的可靠性和稳健性，本节利用替换模型和替换变量两种方法进行稳健性检验。在模型方面，Biprobit 模型可以考虑正规信贷可得性和非正规信贷可得性之间的相互影响，同时估计数字支付使用与正规信贷可得性和数字支付使用与非正规信贷可得性两个方程以及两者的关系；内生转换模型可以同时估计使用数字支付和不使用数字支付两组模型，从而有效地避免有效信息遗漏问题。在变量方面，农户是否拥有信用卡是农户消费信用的直接体现，一定程度上反映了农户正规信贷可得性水平。

4.3.3.1　不同方法下的稳健性检验：Biprobit 模型

农户正规信贷和非正规信贷行为之间可能存在相互影响的关系，如面临银行贷款排斥的农户可能更倾向于从非正规渠道获取贷款。需要借款的农户可能无法从银行获取足够的资金，从而需要通过非正规渠道借款。而 Biprobit 模型能同时考虑数字支付使用对农户正规信贷 y_1 和非正规信贷 y_2 的潜在关系。根据 Wald 检验的 ρ 值判断数字支付使用是否通过正规信贷可得性影响农户非正规信贷行为。

模型表示如下：

$$y_1^* = digpayment'_1\beta_1 + \varepsilon_1 \qquad y_2^* = digpayment'_2\beta_2 + \varepsilon_2 \qquad (4\text{-}13)$$

其中，误差项 ε_1 和 ε_2 是联合正态分布的。两个二值结果，即变量 y 与潜变量 y^* 关系如下：

$$y_1 = \begin{cases} 1, & \text{如果 } y_1^* > 0 \\ 0, & \text{如果 } y_1^* \leqslant 0 \end{cases} \qquad \text{且} \qquad y_2 = \begin{cases} 1, & \text{如果 } y_2^* > 0 \\ 0, & \text{如果 } y_2^* \leqslant 0 \end{cases} \qquad (4\text{-}14)$$

同时使用 Biprobit 模型分析数字支付使用对银行贷款排斥和民间借款行为的影响以及数字支付使用对银行贷款行为和民间借款行为的影响，回归结果如表 4-10 所示。根据列（1）中 Wald 检验结果可知，数字支付使用与银行贷款排斥、数字支付使用与民间借款行为这两个方程的误差项存在相关性，而 ρ 值异于且大于 0 表明所确定的关系为正向关系。回归系数仍然显著，说明了在考虑了方程之间的相互影响后，数字支付使用仍然能够降低农户所面临的贷款排斥，提高农户民间借款的概率。根据列（2）中 Wald 检验结果可知，数字支付使用与银行贷款行为、数字支付使用与民间借款行为这两个方程的误差项存在相关性，而 ρ 值异于且大于 0 表明所确定的关系为正向关系。回归系数仍然显著，说明了在考虑了方程之间的相互影响后，数字支付使用仍然能够对农户银行贷款行为和民间借款行为有正向影响，也说明了需要借款的农户可能无法从银行获取足够的资金，从而从银行贷款的同时也会从民间渠道获取贷款。

表 4-10　基于 Biprobit 模型的数字支付使用对农户信贷可得性回归结果

	(1)		(2)	
	银行贷款排斥	民间借款行为	银行贷款行为	民间借款行为
数字支付使用	-0.212*** (0.060)	0.117** (0.058)	0.353*** (0.057)	0.114* (0.058)
N	4178		4178	
ρ	0.219		0.138	
Wald test of ρ	chi^2 (1) = 46.533 Prob>chi^2 = 0.000		chi^2 (1) = 18.521 Prob>chi^2 = 0.000	

注：①*、**、***分别表示在10%、5%、1%的水平上显著；②括号内是农户家庭层面聚类稳健标准误。

4.3.3.2　不同方法下的稳健性检验：内生转换模型

影响农户信贷可得性的内在机制较为复杂，由于农户自身特征和相对优势，信贷可得性与数字支付使用存在一定的"自选择"问题。此外，农户信贷可得性的高低与数字支付使用可能同时受多个共同因素的影响，这些因素可能受制于现实情况而无法观测，直接进行回归难以回避内生性问题。以往采用的倾向匹配得分方法（PSM）仅能纠正可观测变量的选择性偏误，并且对样本质量和数量要求较高。本书拟采用 Lokshin 和 Sajaia（2004）提出的内生转换模型（Endogenous Switching Regression Models，ESR），相比倾向匹配得分法，这一方法可以同时估计使用数字支付和不使用数字支付对农户信贷可得性影响的两组模型，并通过全信息最大似然估计将那些不可观测的偏误纳入选择模型中，以纠正选择性偏误，更好地避免有效信息遗漏问题。该模型包括数字支付使用选择方程和农户信贷可得性决定方程。具体思路是：首先，使用二元选择模型估计农户数字支付使用的概率；其次，估计使用数字支付和不使用数字支付两种情况下的农户信贷可得性指数的决定机制；最后，根据估计结果，测算使用数字支付和不使用数字支付两种情况下的平均处理差异。具体而言，包括以下三个模型：

首先，定义数字支付使用的选择方程：

$$digpayment_i^* = \alpha + \psi S_i + \mu, \quad digpayment_i = 1 \ (digpayment_i^* > 0) \tag{4-15}$$

其中，$digpayment^*$ 为不可观测变量，当 $digpayment^* > 0$ 时，$digpayment_i = 1$，即农户使用数字支付。S_i 为农户是否采用数字支付的影响因素。

其次，定义信贷可得性的决定方程（包括使用数字支付和不使用数字支付两个模型）：

$$y_{1i} = \alpha_1 + \gamma_1 X_{1i} + \varepsilon_{1i}, \quad if \quad digpayment = 1 \tag{4-16}$$

$$y_{0i} = \alpha_0 + \gamma_0 X_{0i} + \varepsilon_{0i}, \quad if \quad digpayment = 0 \tag{4-17}$$

式（4-16）和式（4-17）中，y_{1i} 和 y_{0i} 分别为使用数字支付和不使用数字支付农户的信贷可得性情况。

最后，计算平均处理效应（包括参与者平均处理效应和未参与者平均处理效应）：

$$E \ (y_{1i} \mid digpayment = 1) = \alpha_1 + \gamma_1 X_{1i} + \varepsilon_{1i} \tag{4-18}$$

$$E \ (y_{0i} \mid digpayment = 0) = \alpha_0 + \gamma_0 X_{0i} + \varepsilon_{0i} \tag{4-19}$$

$$E \ (y_{0i} \mid digpayment = 1) = \alpha_0 + \gamma_0 X_{0i} + \varepsilon_{1i} \tag{4-20}$$

$$E \ (y_{1i} \mid digpayment = 0) = \alpha_1 + \gamma_1 X_{1i} + \varepsilon_{0i} \tag{4-21}$$

基于内生转换模型，使用数字支付和不使用数字支付的农户信贷可得性差异可表述为式（4-18）和式（4-19），其反事实则可以分别表述为式（4-20）和式（4-21）。数字支付对其使用者的信贷可得性提升效果为参与者平均处理效应（ATT），可以表述为式（4-18）与式（4-20）之差；数字支付对其不使者的潜在信贷可得性影响为未参与者平均处理效应（ATU），可以表述为式（4-21）与式（4-19）之差。

值得注意的是，式（4-15）中的变量 S_i 在含有式（4-16）和式（4-17）相同变量的基础上，需包含至少 1 个工具变量使模型可识别。借鉴刘同山（2017）对 ESR 模型工具变量的检验方法，把"调研当年村级层面使用数字支付的平均水平"和其他变量一起，分别对农户信贷可得性和各维度指数进行简单的 Logit 回归和 OLS 回归，证实"调研当年村级层面使用数字支付的平均水平"对农户信贷可得性和各维度指数不显著，但对农户"是否使用数字支付"在 1% 水平上显著，可见该工具变量是有效的。因农户的数字支付使用需要借助手机等设备实现，因此在对数字支付使用回归时同时控制"农户是否有智能手机"这一变量。

本章重点关注数字支付使用对农户信贷可得性的影响，银行贷款排斥和民间信贷能力作为反映正规信贷可得性和非正规信贷可得性的代理变量，利用 ESR 模型分析数字支付使用和控制变量对这两个变量的影响。式（4-16）和式（4-17）的回归结果如表 4-11 所示。Wald 检验在 1% 的水平上拒绝了数字支付使用的选择方程和农户银行贷款排斥决定方程相互独立的原假设，ρ 显著也表明存在不可观测变量同时影响农户使用数字支付和信贷可得性，以上结果均表明采用 ESR 模型分析数字支付使用对银行贷款排斥的影响是恰当的。结果（1）和结果（2）展示了相关变量分别对不使用数字支付和使用数字支付农户银行贷款排斥的影响系数。结果表明，非农社会关系降低了使用数字支付农户的银行贷款排斥，而对不使用数字支付的农户影响不显著；家庭成员数量加剧了不使用数字支付农户的银行贷款排斥，而对使用数字支付农户银行贷款排斥的影响不显著。结果（3）和结果（4）展示了相关变量分别对不使用数字支付和使用数字支付农户民间信贷能力的影响系数，结果表明家庭年收入和非农社会关系对使用数字支付农户的民间信贷能力有积极影响，而对于不使用数字支付农户的民间信贷能力影响不显著。

表 4-11　基于 ESR 模型的数字支付使用对农户信贷可得性回归结果

	（1）	（2）	（3）	（4）
	银行贷款排斥		民间信贷能力	
	不使用数字支付	使用数字支付	不使用数字支付	使用数字支付
受访者性别	−0.027	0.021	1.318***	1.753***
	（0.019）	（0.017）	（0.326）	（0.382）
受访者年龄	−0.011	−0.001	−0.188	0.177
	（0.013）	（0.007）	（0.237）	（0.162）
年龄的平方	0.000	0.000	0.002	−0.002
	（0.000）	（0.000）	（0.002）	（0.002）
受正规教育年限	−0.006**	−0.005*	0.066	0.083
	（0.003）	（0.003）	（0.052）	（0.069）
家庭成员数量	0.010*	−0.005	0.099	−0.083
	（0.006）	（0.006）	（0.099）	（0.125）
劳动人口比重	0.003	−0.024	0.486	−0.231
	（0.042）	（0.039）	（0.686）	（0.893）
家庭年收入	−0.028***	−0.027***	0.059	0.612***
	（0.008）	（0.007）	（0.128）	（0.151）
礼金支出	−0.007	−0.001	1.567***	1.232***
	（0.006）	（0.003）	（0.591）	（0.329）
非农社会关系	−0.027	−0.040**	0.151	0.652*
	（0.019）	（0.016）	（0.344）	（0.384）
县域特征	已控制		已控制	
Wald 检验	15.360***		0.04	
ρ_0	0.244***		−0.015	
ρ_1	0.110		0.001	

注：①*、**、***分别表示在 10%、5%、1%水平上显著；②括号内是回归参数的标准差。

在内生转换模型的基础上，进一步预测了使用数字支付和不使用数字支付农户及其反事实对农户信贷可得性的影响系数，并与 PSM 结果做比较，如表 4-12 所示。由内生转换模型计算结果可知，数字支付对使用数字支付农户和不使用数字支付农户银行贷款排斥的影响系数分别为−0.189（ATT）和−0.106（ATU），表明使用数字支付农户所面临的银行贷款排斥与其反事实相比降低了 0.189，而不使用数字支付农户所面临的银行贷款排斥与其反事实相比增加了 0.106。数字支付对使用数字支付农户和不使用数字支付农户民间信贷能力的影响系数分别为 0.435（ATT）和 0.084（ATU），表明使用数字支付农户的民间信贷能力与其反事实相比提高了 0.435，而不使用数字支付农户的民间信贷能力与其反事实相比降低了 0.084。PSM 模型估计结果表明，与其反事实相比，数字支付使用有利于农户克服银行贷款排斥，提高民间信贷能力，进一步支持数字支付使用提高农户信贷可得性这一结论的稳健性。

表 4-12　数字支付使用对农户信贷可得性的平均处理效应

	ESR		PSM-ATT		
	ATT	ATU	近邻匹配	半径匹配	核匹配
银行贷款排斥	-0.189***	-0.106***	-0.052***	-0.054***	-0.062***
（digpayment=1）	（0.002）	（0.001）	（0.022）	（0.022）	（0.027）
民间信贷能力	0.435***	0.084***	0.854**	0.812**	0.883*
（digpayment=1）	（0.037）	（0.032）	（0.421）	（0.427）	（0.496）

注：①括号内的数字为稳健标准误；②PSM-近邻匹配限定卡尺范围为 0.001，进行 1 对 4 匹配；PSM-半径匹配半径选取 0.001；PSM-核匹配使用 200 次自助法获得自助标准误；③*、**、*** 分别表示在 10%、5%、1% 水平上显著。

4.3.3.3　不同变量下的稳健性检验

信用卡作为缓解流动性约束的工具，准入门槛低，为更多的家庭，甚至低收入群体提供了进入信贷市场的机会（徐丽鹤等，2019）。农户是否拥有信用卡在一定程度上体现了信贷可得性，如果数字支付使用提高了农户拥有和使用信用卡的概率，则能够证明前文结果的稳健性。以"是否拥有信用卡（是否有信用卡：是=1，否=0）"和"拥有信用卡数量（一共有几张在用的信用卡）"作为解释变量，通过数字支付使用对"是否拥有信用卡"和"拥有信用卡数量"的回归分析检验数字支付使用改善农户信贷可得性的稳健性。因"是否拥有信用卡"为二值变量，选取 Probit 模型对该变量进行回归分析；"拥有信用卡数量"过度离散分布，选取负二项回归模型（NB 模型）对该变量进行回归分析。

在不控制其他变量的条件下，数字支付使用对农户"是否拥有信用卡"和"拥有信用卡数量"的回归结果如表 4-13 中列（1）和列（4）所示，表明在不考虑其他变量的条件下，数字支付使用与农户是否拥有信用卡和拥有信用卡数量存在正相关关系。控制受访者个体特征、家庭特征、社会网络、县域特征和调研年份等变量条件下的回归结果如列（2）和列（5）所示，数字支付使用对农户是否拥有信用卡和拥有信用卡数量的影响系数依然为正且显著，表明数字支付使用能提高农户拥有信用卡的概率，并有利于农户获取更多的信用卡。为克服内生性问题对回归结果的干扰，将"2019年村级层面使用数字支付的平均水平"和"农户是否有智能手机"作为数字支付使用的工具变量，并采用2SLS方法进行估计，估计结果如列（3）和列（6）所示。数字支付使用对农户是否拥有信用卡和拥有信用卡数量的影响依然显著。拥有信用卡反映了农户在信贷方面是可获得的，信用卡数量则反映了信用可得性程度，以上结果表明，数字支付使用能够改善农户信贷可得性，研究结果与前文一致。

表4-13 数字支付使用对农户信用卡拥有情况回归结果

	（1）	（2）	（3）	（4）	（5）	（6）
	是否拥有信用卡			拥有信用卡数量		
	Probit	Probit	2SLS	NB 模型	NB 模型	2SLS
数字支付使用	0.853***	0.566***	0.137***	1.819***	1.131***	0.211***
	(0.075)	(0.094)	(0.031)	(0.162)	(0.192)	(0.046)
控制变量		已控制	已控制		已控制	已控制
县域特征		已控制	已控制		已控制	已控制
调研年份		已控制	已控制		已控制	已控制
N	2926	2926	2926	2926	2926	2926
Pseudo R^2	0.090	0.180		0.048	0.158	
Log likelihood	−698.845	−630.091		−946.081	−770.080	

注：①信用卡数据来源于2017年和2018年的调研数据，故共有样本2926份；②***表示在1%水平上显著。

4.4　数字支付使用影响农户信贷可得性的异质性分析

通过变异系数法和欧式距离法计算的信贷可得性指数包括正规信贷可得性指

数和非正规信贷可得性指数两个维度，综合反映了农户信贷可得性水平。连续性的指数变量不仅更为全面和精细地测度了农户信贷可得性水平，也为异质性分析提供了诸多便利。本节以信贷可得性指数、正规信贷可得性指数和非正规信贷可得性指数为被解释变量，分析了数字支付使用对处于不同信贷可得性水平农户和不同收入水平农户的影响差异，为差异化的政策制定提供参考。

4.4.1 数字支付使用对信贷可得性处于不同水平农户的影响

为进一步探讨数字支付使用对信贷可得性指数分布规律的影响，选取分位数回归（QR）模型作为计量手段。假定被解释变量条件分布的分位数是自变量的线性函数，比均值更不易受到极端值的影响，估计结果更加稳健。定义 ICA_i 的 τ 分位数为：

$$Q_{ICA}\left(\tau \mid digfinance, X\right) = \inf\left\{ICA \mid F\left(ICA \mid digfinance, X\right) \geq \tau\right\} \tag{4-22}$$

IVQR 模型在传统的分位数回归框架下结合了政策效应模型（朱喜和李子奈，2007）。定义分位数政策效应为数字支付使用对农户信贷可得性指数在 τ 分位的影响，即：

$$Q_{ICA_{1i}}(\tau \mid digfinance_i, X_i) - Q_{ICA_{0i}}(\tau \mid digfinance_i, X_i) \tag{4-23}$$

由于内生性问题的存在，通过标准分位数回归估计的政策效应不再是合适的，本书采用 Chernozhukov 和 Hansen（2006）拓展的 IVQR 模型，假设农户实际信贷可得性指数与其潜在可得性指数具有排名相似性，利用下列条件进行两阶段回归求解：

$$P\left[IFA \leq Q_{ICA}(digfinance, X, \tau) \mid X, Z\right] = \tau \tag{4-24}$$

为了进一步探讨数字支付使用对农户信贷可得性的分布效应，利用标准分位数回归模型（QR）计算数字支付使用对处于不同分位点的农户信贷可得性的影响系数。因为在对非正规可得性指数回归时，无法拒绝"解释变量外生"的原假设，所以不对其进行内生性处理。为克服数字支付使用对信贷可得性指数和正规信贷可得性指数回归过程中的内生性问题，在分位数回归的基础上，将"调研当年村级层面使用数字支付的平均水平"和"农户是否有智能手机"作为工具变量，利用 IVQR 模型进行估计。所有回归均控制了受访者个人特征、农户家庭特征和社会网络等变量。分位数 QR 模型和 IVQR 模型估计得到的各分位点的影响参数如表 4-14 所示。

表 4-14　数字支付使用对农户信贷可得性指数的影响系数分布

分位数（%）	信贷可得性		正规信贷可得性		非正规信贷可得性
	QR	IVQR	QR	IVQR	QR
5	0.174**	0.526	0.000	0.000	-0.000
	(0.078)	(0.735)	(0.000)	(1.237)	(0.010)
10	0.406	3.764***	0.000	1.552	0.012
	(0.496)	(0.601)	(0.123)	(0.972)	(0.022)
15	0.273**	3.711***	0.000	7.627***	0.005
	(0.138)	(0.537)	(0.146)	(0.907)	(0.018)
20	0.224***	2.136***	-0.000	7.653***	0.025
	(0.057)	(0.489)	(0.233)	(0.847)	(0.021)
25	0.184***	0.421	0.000	7.722***	0.035*
	(0.037)	(0.475)	(0.151)	(0.807)	(0.020)
30	0.177***	0.419	0.133	0.040	0.041*
	(0.038)	(0.459)	(0.104)	(0.766)	(0.023)
35	0.190***	0.654	0.053	0.000	0.059***
	(0.042)	(0.447)	(0.084)	(0.754)	(0.023)
40	0.248***	0.863**	0.000	0.051	0.061**
	(0.045)	(0.438)	(0.047)	(0.740)	(0.026)
45	0.302***	1.583***	0.000	0.923	0.061**
	(0.053)	(0.432)	(0.039)	(0.720)	(0.029)
50	0.417***	2.736***	0.000	2.332***	0.093***
	(0.082)	(0.432)	(0.052)	(0.713)	(0.034)
55	0.630***	3.476***	0.069	3.739***	0.110***
	(0.151)	(0.437)	(0.091)	(0.711)	(0.042)
60	0.997***	4.403***	0.265	7.174***	0.126***
	(0.247)	(0.450)	(0.187)	(0.735)	(0.047)
65	1.692***	4.501***	0.855***	8.038***	0.183**
	(0.298)	(0.459)	(0.254)	(0.759)	(0.074)
70	2.012***	4.048***	1.666***	9.630***	0.244**
	(0.296)	(0.470)	(0.400)	(0.801)	(0.102)
75	1.977***	2.505***	3.058***	10.972***	0.354***
	(0.306)	(0.477)	(0.522)	(0.856)	(0.123)

续表

分位数（%）	信贷可得性		正规信贷可得性		非正规信贷可得性
	QR	IVQR	QR	IVQR	QR
80	1.912***	3.035***	3.960***	12.059***	0.323**
	（0.292）	（0.502）	（0.604）	（0.925）	（0.148）
85	1.930***	3.567***	3.582***	5.213***	0.424*
	（0.357）	（0.544）	（0.550）	（0.880）	（0.254）
90	1.805***	5.567***	3.716***	10.862***	0.892*
	（0.447）	（0.643）	（0.619）	（1.070）	（0.528）
95	1.857***	4.333***	3.088***	14.079***	0.840
	（0.615）	（0.804）	（1.081）	（1.461）	（0.841）

注：①括号内是回归参数的标准差；②因内生检验无法拒绝数字支付使用对于民间借贷可得性而言是外生变量，故以 QR 回归结果为准；③*、**、***分别表示在 10%、5%、1% 水平上显著。

根据模型计算结果绘制数字支付使用对农户信贷可得性影响系数分布图（见图 4-1），其中，x 轴表示农户的信贷可得性指数所处的分位数，y 轴表示回归系数。可以得出以下结论：利用普通分位数回归模型（QR）得到的估计结果显著低于 IVQR 模型，表明忽视内生性会导致严重的估计偏差（朱喜和李子奈，2007）。

将可得性指数在 25% 分位以下的称为低可得性农户，可得性指数处于 25%~50% 分位的称为中低可得性农户，可得性指数处于 50%~75% 分位的称为中高可得性农户，75% 分位数以上的视为高可得性农户。从分位数回归结果来看，数字支付使用对分布在各个水平的农户信贷可得性指数均有正向影响，但对具有高信贷可得性指数的农户而言影响程度更大，数字支付使用对农户信贷可得性的影响存在"马太效应"。从不同类型的信贷可得性来看，数字支付使用对正规信贷可得性影响中的"马太效应"更为明显。IVQR 模型估计的结果也表明，数字支付使用对可得性处于中高水平的农户影响系数最大，但也有利于提高部分较低可得性水平农户的信贷可得性水平。

4.4.2　数字支付使用对不同收入农户信贷可得性的影响

为了更好地分析数字金融的普惠效果，分析数字支付使用对处于不同收入层次农户信贷可得性的影响差异。将收入在 25% 分位（2.507 万元）以下的农户称

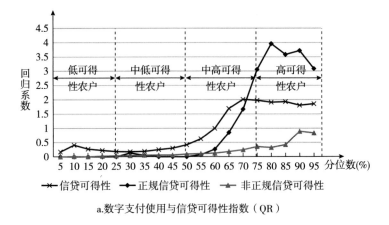

a.数字支付使用与信贷可得性指数（QR）

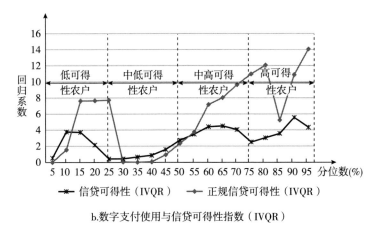

b.数字支付使用与信贷可得性指数（IVQR）

图4-1 数字支付使用对农户信贷可得性指数影响系数分布

为低收入农户，收入处于25%~50%分位（5万元）的农户视为中低收入农户，收入处于50%~75%分位（9万元）的农户视为中高收入农户，收入处于75%分位数（9万元）以上的农户视为高收入农户，分别展开回归分析。同时考虑到调研时间为2019年及以前，仍有部分建档立卡贫困户，即经有关部门认定的建档立卡一般贫困户、低保贫困户或五保贫困户，本书同时对比了数字支付使用对建档立卡贫困户和非贫困户的影响差异。数字支付使用对处于不同收入层次农户金融信贷可得性指数的回归结果如表4-15所示。为克服因内生性问题对结果的影响，在利用最小二乘（OLS）回归的基础上，引入"调研当年村级层面使用数字支付的平均水平"和"农户是否有智能手机"作为工具变量，利用两阶段最小二乘（2SLS）回归。由表中结果列（1）～列（4）可知，数字支付使用对处于各收入层次农户的信贷可得性指数均有显著的积极影响。由结果列（5）和列（6）可知，数字支付使用对提高非贫困户信贷可得性有积极影响，对贫困户的影响并不显著。最小二乘估计结果表明，数字支付使用能够提高低收入农户信贷可得性指数，且对低收入农户的影响系数最大。因为仅对非贫困户影响显著，表明数字支付使用会拉大贫困户与非贫困户的信贷可得性差距。

表 4-15　数字支付使用对不同收入层次农户金融信贷可得性指数回归结果

	（1） 0~25%	（2） 25%~50%	（3） 50%~75%	（4） 75%~100%	（5） 贫困户	（6） 非贫困户
OLS	1.347*** (0.357)	1.076*** (0.342)	0.611* (0.333)	1.562*** (0.352)	0.735 (0.511)	1.363*** (0.182)
2SLS	3.319*** (0.831)	1.192 (0.856)	2.466** (0.963)	1.379 (0.863)	1.665 (1.232)	2.220*** (0.460)

注：①*、**、***分别表示在10%、5%、1%水平上显著；②回归过程中控制了受访者特征、家庭特征、社会网络以及时间变量和地区变量。

数字支付使用对处于不同收入层次农户正规信贷可得性指数的回归结果如表4-16所示。由表中结果列（1）～列（4）可知，数字支付使用对处于不同收入层次农户正规信贷可得性指数均有显著正向影响。由结果列（5）和列（6）可知，数字支付使用仅对提高非贫困户正规信贷可得性有积极影响。最小二乘估计结果表明，数字支付使用能够提高低收入农户正规信贷可得性水平，但对高收入农户正规信贷可得性水平的影响并不显著。

表 4-16　数字支付使用对不同收入层次农户正规信贷可得性指数回归结果

	（1） 0~25%	（2） 25%~50%	（3） 50%~75%	（4） 75%~100%	（5） 贫困户	（6） 非贫困户
OLS	1.165** (0.535)	1.475*** (0.531)	1.224** (0.498)	2.730*** (0.546)	0.406 (0.710)	2.231*** (0.283)
2SLS	4.181*** (1.158)	3.206** (1.283)	5.942*** (1.553)	2.918 (2.052)	2.040 (1.511)	4.576*** (0.864)

注：①**、***分别表示在5%、1%水平上显著；②回归过程中控制了受访者特征、家庭特征、社会网络以及时间变量和地区变量。

据前文的分析，无法拒绝数字支付使用对非正规信贷可得性指数影响的外生性，故仅通过 OLS 分析数字支付使用对处于不同收入层次农户非正规信贷可得性指数的影响，结果如表 4-17 所示。由表中结果列（1）~列（4）可知，数字支付使用仅能提高低收入农户的非正规信贷可得性水平，对高收入农户的影响并不显著。由结果列（5）和列（6）可知，数字支付使用仅对非贫困户非正规信贷可得性指数有积极影响，对贫困户的影响不显著。

表 4-17　数字支付使用对不同收入层次农户非正规信贷可得性指数回归结果

	（1） 0~25%	（2） 25%~50%	（3） 50%~75%	（4） 75%~100%	（5） 贫困户	（6） 非贫困户
数字支付使用	1.731*** (0.525)	0.651 (0.476)	-0.135 (0.438)	0.393 (0.790)	1.173 (0.479)	0.506** (0.245)
控制变量	已控制	已控制	已控制	已控制	已控制	已控制
县域特征	已控制	已控制	已控制	已控制	已控制	已控制
调研年份	已控制	已控制	已控制	已控制	已控制	已控制
N	1044	960	1110	1064	491	3687
R^2	0.078	0.053	0.061	0.070	0.068	0.043
F	4.675	3.098	3.184	2.821	2.777	8.975

注：①**、***分别表示在5%、1%水平上显著；②回归过程中控制了受访者特征、家庭特征、社会网络以及时间变量和地区变量。

4.5　本章小结

本章利用 4178 份农户调研数据，以银行贷款排斥、银行贷款行为、银行贷款金额和银行授信额度作为反映农户正规信贷可得性的观察变量，以民间信贷能力、民间借款行为和民间借款金额作为反映农户非正规信贷可得性的观察变量，运用相应的模型分析了数字支付使用对农户正规信贷可得性和非正规信贷可得性的影响。考虑到内生性问题，采用工具变量法进行回归，并运用内生转换模型和替换被解释变量的方法提高回归结果的稳健性。最后根据农户异质性，分别分析了数字支付使用对信贷可得性不同分布以及不同收入农户信贷可得性的影响差异。

从数字支付使用对正规信贷可得性的影响来看，使用数字支付显著减少了农户面临的银行贷款排斥，有利于提高农户信贷可得性；数字支付使用对农户银行贷款概率、通过银行贷款获取的借款金额以及获得银行授信评级的额度均有积极影响，数字支付使用有利于提升农户综合的正规信贷可得性水平；受访者受正规教育年限、家庭年收入和非农社会关系对缓解农户银行贷款排斥有积极影响，此外，男性受访者的正规信贷可得性往往较高，受访者年龄与其正规信贷可得性之间呈倒"U"型关系，受访者受正规教育年限、家庭年收入和非农社会关系对农户信贷可得性均有显著的积极影响。

从数字支付使用对非正规信贷可得性的影响来看，数字支付使用有助于提高农户民间信贷能力，数字支付使用与农户民间借款的概率和通过非正规信贷渠道获得的借款存在显著的正相关关系，提高了农户非正规信贷可得性。男性受访者的民间信贷能力更强。虽然受正规教育年限长的受访者一般民间信贷能力较强，但其民间借款行为发生概率较低。家庭年收入对农户民间信贷能力有积极影响，而对民间借款行为的影响系数为负值。礼金支出对提高农户民间信贷能力和民间借款金额都有积极影响。

为克服内生性的影响，引入工具变量进行两阶段最小二乘回归，回归结果支持了数字支付使用提高农户正规信贷可得性和民间信贷能力的结论。为克服自选择问题，使用内生转换模型分析了使用数字支付和不使用数字支付农户与其反事实的差异，表明使用数字支付农户所面临的银行贷款排斥与其反事实相比降低了0.189，而不使用数字支付农户所面临的银行贷款排斥与其反事实相比增加了0.106；使用数字支付农户的民间信贷能力与其反事实相比提高了0.435，而不使用数字支付农户的民间信贷能力与其反事实相比降低了0.084。此外，数字支付使用提高了农户使用信用卡的概率，与农户持有信用卡数量存在正相关关系，再次证明了以上结果的稳健性。

根据农户异质性分析可知，数字支付使用虽然对分布在各个水平的农户信贷可得性指数均有正向影响，但表现出"马太效应"，平均而言，对高信贷可得性农户的影响系数更大，尤其是对正规信贷可得性而言，"马太效应"更为明显；从收入异质性来看，数字支付使用有助于提高低收入农户的信贷可得性，但对贫困户的影响并不显著。

本章的实证研究有助于理解数字支付使用对农户信贷可得性的积极影响，证实了数字金融对农户而言具有普惠意义。实证结论中所蕴含的政策含义明显：一方面，数字支付使用有助于提高农户的正规信贷可得性及民间信贷能力，应在农村地区发挥数字支付的积极作用；另一方面，数字支付使用对不同特征农户的影响存在差异，如对高信贷可得性或非贫困农户的积极作用更明显，应关注低信贷可得性或低收入农户的信贷情况，从多方面努力解决弱势农户的信贷需求。

5 数字支付使用对农户参与金融市场的影响研究

金融市场参与直接关系到农户的资产结构优化和资产财富积累，对提升家庭效用水平和家庭福利、实现农民持续增收和城乡收入差距的进一步缩小有重要意义。数字支付平台为农户参与金融市场提供了低成本的参与渠道和信息渠道，同时冲击了农户传统的社交方式。本章利用调研数据，从正规金融市场和非正规金融市场两个维度考察了数字支付使用对农户金融市场参与的影响，并针对农户异质性特征展开分析。

5.1 问题提出

合理而有效的金融资产投资组合对提升家庭财产性收入和实现财富保值增值等具有重要的意义（吴雨等，2021）。传统资产组合理论表明，理性家庭都应参与包括股票资产在内的金融市场，家庭选择金融资产的需求理应越来越强烈（张晓玫等，2020）。但是现实中却普遍存在着"有限参与"的问题，这一现象在我国农村地区尤为突出（陈虹宇和周倬君，2021）。中国家庭金融调查统计数据显示，2013年全国农村家庭风险金融市场的参与率仅为1.12%，2017年提升至3.07%。金融市场参与是农户金融需求的重要组成部分，虽然参与率仍然处于较低水平，但增长速度却十分可观。数字金融提高了金融服务的效率（周雨晴和何广文，2020），尤其是数字支付平台作为金融市场参与平台，为农户提供了多样化的资产配置选择。对数字支付使用如何影响金融市场参与行为的分析，不仅可以补充理论分析的不足，有助于深刻理解家庭金融市场参与异质性的影响因素、引导合理化投资方案的形成、促进家庭对资本市场的参与，还有助于各类机构把握农村家庭实际需求与存在的问题、促进金融产品和服务创新，对中国资本市场的健康发展也具有十分重要的现实意义（周广肃和梁琪，2018）。借助数字支付平台参与金融市场具有安全性较高、流动性较强和收益率较高的特征，并在一定程度上兼顾"三性"的相对统一，从而使公众更愿意投资金融产品，并尽可能地追求多目标投资组合（周光友和罗素梅，2019）。现实中，数字支付使用促进了农户的金融市场参与吗？本章主要对"假设2：数字支付使用促进了农户的金融市场参与"进行检验。

根据所持有资产的性质，可以将农户的金融市场参与区分为正规金融市场参与和非正规金融市场参与。对农户而言，民间借出也是一种重要投资行为（尹志超等，2019）。民间借出是基于社会网络渠道的资产配置行为，是对社会关系的一种投资，弥补了农村正规金融投资渠道的不足。通过民间借出，农户可获得一定的保障，表现为在未来遭遇流动性约束时可通过社会关系满足信贷需求（王晓青，2017）。数字支付使用降低了农户的金融社交成本，有利于扩大农户社会互动范围和提升来往频率，从而对民间借出产生积极作用。据此，将假设2细化为假设2.1和假设2.2：

假设2.1：数字支付使用有助于正规金融市场参与，促使农户通过金融市场进行资产配置。

假设2.2：数字支付使用有助于提高农户民间借出行为，提高农户非正规金融市场参与。

具有不同财富特征或人口特征等属性的农户在数字支付使用和金融市场参与行为方面可能存在明显的异质性。其中，财富特征主要表现为农户收入和固定资产投资，购买商品房一般对农户而言是较为重要的固定资产投资。人口特征主要表现为农户的年龄和受教育年限。根据农户异质性特征分析，本章分别分析了数字支付使用对不同收入水平、有无商品房、不同年龄阶段以及不同受教育年限农户参与金融市场的影响的差异。

5.2　变量描述和模型选取

5.2.1　变量描述

5.2.1.1　关键解释变量选取

分析农户使用数字支付行为对农户金融市场参与的影响，将"数字支付使用"作为被解释变量。为提高结果的可靠性和稳健性，同时分析农户数字支付使用频率对农户金融市场参与的影响。作为关键解释变量的"数字支付行为"和"数字支付使用频率"的具体定义和描述性统计已在 4.2.1 节进行了具体说明。

5.2.1.2 被解释变量选取

被解释变量为金融市场参与，包括正规金融市场参与和非正规金融市场参与两个维度。正规金融市场参与是指农户在金融市场中购买风险性金融产品的行为，通过变量"金融资产投资"① 来表示。如果农户购买了风险性金融产品，包括银行理财产品、债券、基金、信托和资产管理类产品、非人民币资产、黄金、衍生品、商业保险、股票、互联网理财产品（如将钱存入余额宝、微信零钱通）以及互联网众筹产品，则取值为 1，否则取值为 0。此外，通过金融资产种类、金融资产金额和金融资产收益②衡量农户参与正规金融市场程度。其中，金融资产种类是指农户持有风险性金融产品类型的数量；金融资产金额是指农户持有风险性金融资产价值总额；金融资产收益是指农户持有的风险性金融资产在过去一年所获取的收益。

非正规金融市场参与是指民间资金借出活动，通过民间借出行为和民间借出金额③两个指标衡量。其中，民间借出行为指农户是否借钱给家庭成员以外的个人或机构，是则取值为 1，否则取值为 0。民间借出金额指过去一年农户借给家庭成员以外的个人或机构的金额。

为全面刻画农户金融市场参与的状况，从正规金融市场参与和非正规金融市场参与两个维度构建综合的金融市场参与指数。正规金融市场参与指数通过正规金融资产投资、金融资产种类、金融资产金额和金融资产收益四个具体指标测算，均为正向指标。各指标具体说明和描述性统计如表 5-1 所示。从正规金融市场参与来看，使用数字支付组中农户进行金融资产投资的概率更大，且与不使用数字支付农户相比，所持有的金融资产种类、金融资产金额和金融资产收益更大。从非正规金融市场参与来看，使用数字支付组中的农户参与民间借出行为更高，借出金额也相对更多。

---

① 变量"金融资产投资"对应调研问卷中的问题序号为 C201 和 C103。
② 金融资产种类、金融资产金额和金融资产收益对应调研问卷中的问题序号分别为 C201 和 C103、J101 和 I101、B401。
③ 民间借出行为和民间借出金额对应调研问卷中的问题序号分别为 C301 和 C302.1。

表 5-1　各指标具体说明和描述性统计

维度	变量名称	变量定义	不使用数字支付组均值	使用数字支付组均值	均值差异
正规金融市场参与	金融资产投资	是否投资风险性金融产品（是＝1；否＝0）	0.015	0.090	−0.076***
	金融资产种类	投资金融产品的种类数量	0.014	0.114	−0.099***
	金融资产金额	持有以上金融产品价值总额（除股票外）	0.040	0.290	−0.250***
	金融资产收益	过去一年通过持有以上金融产品所获取的收益（万元）	0.064	0.138	−0.074***
非正规金融市场参与	民间借出行为	是否借钱给家庭成员以外的个人或机构（是＝1；否＝0）	0.114	0.259	−0.144***
	民间借出金额	上一年总共借出多少钱（万元）	0.229	1.116	−0.887***

注：***表示在1%水平上显著。

5.2.1.3　控制变量选取

投资者特征。金融市场参与存在"人口学效应"，即性别、年龄、受教育程度和金融知识等人口特征会对家庭金融市场参与产生重要影响（尹豪，2019）。尤其是受教育程度和金融知识是影响农村居民家庭资产配置的最重要的因素之一（张哲，2020）。在借鉴周广肃和梁琪（2018）、周雨晴和何广文（2020）、樊文翔（2021）、孙玉环等（2021）研究的基础上，控制受访者的性别、年龄、受教育程度和投资理财知识等描绘投资者特征的变量。

财富特征和家庭人口。家庭财富和收入是家庭储蓄和风险金融资产配置的前提，也是风险承受能力大小的重要体现（何维和王小华，2021）。财富通过农户收入和房产来体现。大部分研究结论认为，收入与风险金融资产市场的参与度显著正相关（Calvet and Sodini，2014）。房产对家庭金融资产选择有两种相反的影响：第一种是"挤出效应"（也称"替代效应"），是指住房挤出了家庭股票投资，特别是对年轻家庭的挤出效应更为明显（Munk，2020）；第二种是"财富效应"，即房产增值使家庭账面财富增加，激励家庭更多地持有风险金融资产（何维和王小华，2021）。家庭人口是家庭财富的抵减项，家庭人口越多，消费占用的家庭财富越多，用来参与金融市场投资的财富相应地就会缩减。

社会网络。社会互动越频繁的农户所受社会关系的影响越大（贺建风等，

2018），从而对金融市场参与的影响越明显（王若诗和胡士华，2020）。将家庭礼金支出和非农社会关系作为社会网络的代理变量，在回归过程中进行控制。各变量的定义与描述性统计如表5-2所示。考虑到地域和时间对农户参与金融市场的影响，在回归过程中，同时控制了农户所在县域的地区因素和访问年份的时间因素。为消除奇异值产生的影响，对家庭年收入进行了1%水平的缩尾处理，同时为克服数据差异过大和异方差问题，在实证分析过程中对该变量进行自然对数处理。

表5-2　控制变量定义和描述性统计

变量名称	变量定义	均值	标准差
受访者性别	受访者的性别（男性＝1；女性＝0）	0.544	0.498
受访者年龄	受访者的实际年龄	46.51	9.373
年龄的平方	受访者的实际年龄的二次方	2251	816.6
受正规教育年限	受访者实际接受教育的年限	7.986	3.300
投资理财知识	针对四个理财问题，回答正确问题数量（个）	0.688	1.036
家庭成员数量	家庭中经济上相互依赖、生活在一起的成员数量	4.539	1.634
家庭年收入	家庭上一年的实际收入的对数（元）	10.38	1.326
商品房	您家是否在城市购买商品房（是＝1；否＝0）	0.128	0.334
礼金支出	婚丧嫁娶礼金支出（万元）	2236	16671
非农社会关系	家中是否有人从事以下非农行业：1. 在本地或外地企业长期就业；2. 个体工商户（在本地或外地做买卖）；3. 当教师或医生；4. 在县、乡、村当干部（是＝1；否＝0）	0.449	0.497

注：①家庭劳动力人口定义为18～60岁的身体健康者；②理财知识具体问题参见3.4.5节，四个问题分别对应存款利率、通货膨胀、汇率换算和理财产品四种类型的理财知识。

5.2.2　模型选取

5.2.2.1　Probit 模型

被解释变量"金融资产投资"和"民间借出行为"均为二元离散变量，故选取 Probit 模型进行回归分析。即"是"和"否"可以表示为相应模型：

$$P（y=1\mid digpayment_i）=F（digpayment_i）=\beta digpayment_i+\lambda controls_i+\mu_i$$

$$P（y=0\mid digpayment_i）=1-F（digpayment_i）$$

$$=1-（\beta digpayment_i+\lambda controls_i+\mu_i）\qquad（5-1）$$

还可以写为：

$$y_i^* = \beta digpayment_i + \lambda controls_i + \mu_i \tag{5-2}$$

其中，$digpayment$ 为解释变量"数字支付使用"，β 为估计参数，μ_i 为误差项。连接函数 $F(x, \beta)$ 为标准正态的累计分布函数（CDF），则：

$$P(y = 1 \mid digpayment) = F(digpayment, \beta) = \Phi(x'\beta) \equiv \int_{-\infty}^{\beta digpayment + \lambda controls} \phi(t) dt \tag{5-3}$$

5.2.2.2　有序 Probit 模型

"金融资产种类"是离散变量，表现出从低到高的不同程度的有序变化，采用有序 Probit 模型进行分析。模型表示如下：

$$y^* = \beta digpayment + \lambda controls + \varepsilon \tag{5-4}$$

其中，y^* 为不可观测的潜变量，$digpayment$ 和 β 分别为解释向量和估计参数向量，ε 为扰动项，服从标准正态分布。同时定义：

$$\begin{cases} Y=0, & \text{表示"最低程度"}, & y^* \leq c_1 \\ Y=1, & \text{表示"较低程度"}, & c_1 < y^* \leq c_2 \\ Y=2, & \text{表示"适中程度"}, & c_2 < y^* \leq c_3 \\ \cdots & & \end{cases} \tag{5-5}$$

Y 为可观测到的有序分类变量"金融资产种类"，c_j（$j=1,2,\cdots$）为按序排列的不同程度的门槛值，从而可以计算得出 Y 取各值的相应概率。

5.2.2.3　Tobit 模型

"金融资产金额"和"金融资产收益"反映了农户参与正规金融市场程度，"民间借出金额"反映了农户参与非正规金融市场程度。仅有参与正规和非正规金融市场的农户金融资产金额、金融资产收益和民间借出金额是可观测的，表明这三个变量是左删失的。因此选择 Tobit 模型，模型设定为：

$$y_i^* = \beta digpayment_i + \varphi control_i + \varepsilon_i \tag{5-6}$$

其中，可观测的变量 y 和 y^* 通过观测规则是相关的：

$$y_i = \begin{cases} y_i^*, & \text{如果 } y_i^* > 0 \\ 0, & \text{如果 } y_i^* \leq 0 \end{cases} \tag{5-7}$$

删失的观测样本概率值为 $\Pr(y^* \leq 0) = \Pr[(\beta digpayment_i + \varepsilon_i) \leq 0] = \Phi\{(-\beta digpayment_i)/\sigma\}$，$\Phi(\cdot)$ 为标准正态累计分布函数。对于非删失的观测

值，y 的截尾均值或期望值可以表示为：

$$E\ (y_i\mid digpayment_i,\ y_i>0)=\beta digpayment_i+\sigma\frac{\phi\ \{\ (\beta digpayment_i)\ /\sigma\}}{\Phi\ \{\ (-\beta digpayment_i)\ /\sigma\}}$$

$$(5-8)$$

5.3 数字支付使用影响农户参与金融市场的实证分析

农户的金融市场参与包括正规金融市场参与和非正规金融市场参与。金融资产投资反映了农户正规金融市场参与情况，而金融资产种类、金融资产金额和金融资产收益则进一步体现了农户参与正规金融市场的程度。非正规金融市场通过民间借出行为和民间借出金额表示。本节分别利用计量模型对上述代表农户金融市场参与的变量进行回归，通过实证分析检验数字支付使用对农户金融市场参与的影响。因调研数据为 3 年的混合面板数据，在回归时使用农户家庭层面的聚类稳健标准误。

5.3.1 实证结果分析

5.3.1.1 数字支付使用与正规金融市场参与

数字支付使用与农户正规金融市场参与的回归结果如表 5-3 所示。通过逐步增加控制变量以观察回归系数的变化。表中列（1）为未控制其他变量的回归结果，列（2）在列（1）的基础上控制了受访者个体特征，列（3）在列（2）的基础上控制了家庭和财富特征，列（4）在列（3）的基础上控制了社会网络特征，列（5）在列（4）的基础上控制了时间变量（调研年份）和地区变量（县域特征），列（6）所示为回归系数转换为边际效应的结果。随着控制变量的增加，数字支付使用对农户正规金融市场参与的影响系数始终为正，并且在 1% 水平上显著，表明使用数字支付的农户参与正规金融市场进行风险资产配置的概率更大，证实了假设 2.1。根据控制变量的回归结果可知，受访者年龄和年龄的平方对农户金融市场参与的系数分别显著为正和显著为负，表明随着受访者年龄的增长，农户参与金融市场的概率呈倒 "U" 型变动。受访者在年轻阶段由于财富的限制参与金融市场概率较小，随着财富的积累参与金融市场的概率逐渐提高，当步入年老阶段，由于收入下降和养老等问题改变了农户资产配置方式，农户逐渐退出金融市场。投资理财知识作为农户参与金融市场的必备条件，直接关系农户参与金融市场的概率。投资理财知识越丰富的农户，参与金融市场的概率越大。家庭收入和商品房是农户财富的象征，对农户参与金融市场有积极作用，商品房虽然挤占了农户一部分财产，但对农户而言商品房的"财富效应"作用更大。非农社会关系有助于帮助农户获取金融信息，相互学习理财知识，从而有助于农户参与金融市场，进行风险资产配置。

表5-3 数字支付使用对农户正规金融市场参与回归结果

	（1）系数	（2）系数	（3）系数	（4）系数	（5）系数	（6）边际效应
数字支付使用	0.837 ***	0.637 ***	0.559 ***	0.535 ***	0.455 ***	0.039 ***
	（0.079）	（0.087）	（0.090）	（0.092）	（0.096）	（0.008）
受访者性别		−0.020	−0.019	−0.001	0.100	0.009
		（0.074）	（0.076）	（0.075）	（0.080）	（0.007）
受访者年龄		0.068 **	0.063 **	0.067 **	0.064 **	0.005 **
		（0.030）	（0.030）	（0.031）	（0.032）	（0.003）
年龄的平方		−0.001 **	−0.001 **	−0.001 **	−0.001 **	−0.000 **
		（0.000）	（0.000）	（0.000）	（0.000）	（0.000）
受正规教育年限		0.048 ***	0.034 **	0.031 **	0.020	0.002
		（0.014）	（0.013）	（0.013）	（0.014）	（0.001）
投资理财知识		0.151 ***	0.137 ***	0.133 ***	0.150 ***	0.013 ***
		（0.031）	（0.031）	（0.032）	（0.033）	（0.003）
家庭成员数量			−0.029	−0.033	−0.037	−0.003
			（0.025）	（0.025）	（0.027）	（0.002）
家庭年收入			0.100 ***	0.091 ***	0.088 **	0.007 **
			（0.033）	（0.033）	（0.035）	（0.003）
商品房			0.336 ***	0.295 ***	0.241 **	0.020 **
			（0.091）	（0.091）	（0.094）	（0.008）
礼金支出			0.000	0.000	0.000	0.000
			（0.000）	（0.000）	（0.000）	（0.000）
非农社会关系				0.231 ***	0.300 ***	0.026 ***
				（0.075）	（0.078）	（0.007）

	（1）	（2）	（3）	（4）	（5）	（6）
县域特征					已控制	
调研年份					已控制	
N	4178	4178	4178	4178	4178	
Pseudo R^2	0.082	0.116	0.134	0.140	0.175	
Log likelihood	−747.704	−720.390	−705.750	−701.019	−672.020	

注：①**、***分别表示在5%、1%的水平上显著；②括号内是农户家庭层面聚类稳健标准误；③对共线性问题进行检验，方差膨胀因子小于10，表明共线性问题在可控范围内。

5.3.1.2 数字支付使用与农户正规金融市场参与程度

通过数字支付使用对农户持有的金融资产种类、金融资产金额和金融资产收益的回归，分析数字支付使用对农户金融市场参与程度的影响。表5-4中列（1）、列（3）和列（5）分别为不控制其他变量条件下数字支付使用对农户持有金融资产种类、金融资产金额和金融资产收益的回归结果。回归系数表明，在不考虑其他因素的情况下，使用数字支付与农户持有的金融资产种类、金融资产金额和金融资产收益存在正相关关系。控制其他变量后的回归结果如列（2）、列（4）和列（6）所示，回归系数与不控制其他变量时相比有所降低，但依然是显著的。以上再次支持了假设2.1。使用数字支付的农户可以通过多种途径进行资产配置，持有更多种类的风险金融资产以分散投资，追求利润的最大化。使用数字支付降低了农户的流动性约束，农户可以减少储蓄，增加风险金融资产投资。数字支付使用通过提高农户参与正规金融市场的概率，增加风险金融资产配置，有利于农户获取更高的金融资产收益。根据控制变量的回归系数可知，受访者年龄与其金融市场参与程度之间呈倒"U"型关系，随着年龄的增长，农户的金融市场参与程度呈先上升后下降的趋势。投资理财知识对农户参与正规金融市场至关重要，受正规教育年限越长的受访者的金融资产收益越高，投资理财知识丰富的农户在金融市场投入更多的资金，也获得了较高的收益。家庭收入是影响农户参与金融市场的重要因素，收入较高的农户持有金融资产的种类更丰富，所获取的收益也更高。拥有商品房虽然可以促进农户参与金融市场，但对农户持有金融资产金额和收益的影响并不显著。社会网络，主要是非农社会关系对农户参与正规金融市场有积极影响，拥有非农社会关系的农户一般持有更多种类和更高金额的金融资产，同时获取更高的风险投资收益。

表 5-4　数字支付使用对农户正规金融市场参与程度回归结果

	（1）	（2）	（3）	（4）	（5）	（6）
	金融资产种类有序 Probit		金融资产金额 Tobit		金融资产收益 Tobit	
数字支付使用	0.874 ***	0.489 ***	14.469 ***	6.117 **	0.316 ***	0.130 **
	(0.080)	(0.097)	(4.262)	(2.636)	(0.080)	(0.065)
受访者性别		0.107		-1.774		0.056
		(0.080)		(2.275)		(0.064)
受访者年龄		0.066 **		2.090 *		0.109 ***
		(0.032)		(1.146)		(0.032)
年龄的平方		-0.001 **		-0.028 **		-0.001 ***
		(0.000)		(0.014)		(0.000)
受正规教育年限		0.024		0.083		0.027 **
		(0.015)		(0.369)		(0.013)
投资理财知识		0.159 ***		4.195 ***		0.168 ***
		(0.033)		(1.330)		(0.045)
家庭成员数量		-0.037		-1.274		-0.047 **
		(0.028)		(0.804)		(0.021)
家庭年收入		0.098 ***		0.865		0.149 ***
		(0.036)		(1.007)		(0.039)
商品房		0.243 ***		3.371		0.119
		(0.092)		(2.736)		(0.103)
礼金支出		0.000		0.000		-0.000 *
		(0.000)		(0.000)		(0.000)
非农社会关系		0.279 ***		6.159 **		0.233 ***
		(0.077)		(2.630)		(0.061)
县域特征		已控制		已控制		已控制
调研年份		已控制		已控制		已控制
N	4178	4178	4178	4178	4178	4178
Pseudo R^2	0.078	0.162	0.030	0.092	0.004	0.086
Log likelihood	-847.403	-769.470	-706.641	-661.610	-3499.171	-3214.003

注：①＊、＊＊、＊＊＊分别表示在 10%、5%、1%的水平上显著；②括号内是农户家庭层面聚类稳健标准误。

5.3.1.3　数字支付使用与农户非正规金融市场参与

通过农户的民间借出行为和民间借出金额反映农户非正规金融市场参与，表5-5中列（1）和列（4）为不控制其他变量时数字支付使用对民间借出行为和民间借出金额的回归结果。列（2）和列（5）为控制投资者特征、财富和家庭人口以及社会网络等变量条件下的回归结果，与列（1）和列（4）相比，数字支付使用的回归系数虽然有所下降，但显著为正。列（3）和列（6）在列（1）和列（4）的基础上控制了调研年份和县域特征，回归系数依然显著。由回归结果可知，无论是否控制其他变量，数字支付使用均与农户的借出概率和借出金额正相关，即对农户参与非正规金融市场有积极影响。研究结果支持假设2.2。数字支付使用可能促使农户之间的金融社交更加频繁，同时降低了借入借出的交易成本，从而更有利于民间借贷的发生。

控制变量回归结果表明，男性、受正规教育年限长、投资理财知识丰富的受访者的民间借出行为发生的概率更大，借出金额更高。受访者年龄与农户借出行为发生的概率和民间借出金额呈倒"U"型关系变动，受收入能力的影响，随着年龄的增长，农户借出行为发生的概率和民间借出金额由低向高增长，当年龄到达一定阶段，又逐渐下降。财富是非正规金融参与的物质保障，家庭收入高和有商品房的农户的民间借出行为发生概率更大，民间借出的资金也更多，家庭成员数量可以视为家庭收入的抵减项，家庭成员数量越多，满足自身消费的资金需求越多，可用于借出的资金就相应地有所减少。从社会网络来看，非农社会关系对农户借出行为和借出金额有积极影响，但礼金支出对非正规金融市场参与的影响并不显著。

表5-5　数字支付使用对农户非正规金融市场参与回归结果

	（1）	（2）	（3）	（4）	（5）	（6）
	民间借出行为 Probit			民间借出金额 Tobit		
数字支付使用	0.556***	0.166***	0.243***	6.371***	2.139***	2.779***
	(0.048)	(0.058)	(0.061)	(0.819)	(0.566)	(0.635)
受访者性别		0.295***	0.294***		2.715***	2.665***
		(0.052)	(0.054)		(0.570)	(0.596)
受访者年龄		0.104***	0.093***		1.082***	0.995***
		(0.022)	(0.023)		(0.241)	(0.229)
年龄的平方		−0.001***	−0.001***		−0.014***	−0.013***
		(0.000)	(0.000)		(0.003)	(0.003)

	（1）	（2）	（3）	（4）	（5）	（6）
	民间借出行为 Probit			民间借出金额 Tobit		
受正规教育年限		0.040 ***	0.029 ***		0.333 ***	0.233 ***
		(0.009)	(0.009)		(0.081)	(0.082)
投资理财知识		0.097 ***	0.102 ***		0.974 ***	1.045 ***
		(0.023)	(0.024)		(0.222)	(0.227)
家庭成员数量		−0.024	−0.027		−0.321 **	−0.343 **
		(0.016)	(0.017)		(0.152)	(0.160)
家庭年收入		0.170 ***	0.165 ***		2.097 ***	2.035 ***
		(0.024)	(0.025)		(0.335)	(0.351)
商品房		0.204 ***	0.177 **		2.426 ***	2.264 ***
		(0.071)	(0.072)		(0.801)	(0.783)
礼金支出		−0.000	−0.000		−0.000	−0.000
		(0.000)	(0.000)		(0.000)	(0.000)
非农社会关系		0.170 ***	0.177 ***		1.642 ***	1.600 ***
		(0.051)	(0.052)		(0.488)	(0.478)
县域特征			已控制			已控制
调研年份			已控制			已控制
N	4178	4178	4178	4178	4178	4178
Pseudo R^2	0.037	0.111	0.129	0.024	0.073	0.081
Log likelihood	−1893.068	−1747.380	−1712.643	−3582.473	−3403.091	−3372.146

注：①** 、*** 分别表示在 5%、1%的水平上显著；②括号内是农户家庭层面聚类稳健标准误；③对共线性问题进行检验，方差膨胀因子小于 10，表明共线性问题在可控范围内。

5.3.1.4 数字支付使用频率与农户金融市场参与

进一步分析数字支付使用频率与农户金融市场参与的关系。运用 2017 年和 2018 年调研数据的回归结果如表 5-6 中列（1）～列（3）所示。其中，列（1）表明，数字支付使用频率越高，农户参与正规金融市场进行金融资产投资的概率越大；列（2）表明，数字支付使用频率与农户持有金融资产的种类存在正相关关系，表示数字支付使用越频繁，农户持有金融资产的类型越丰富，即正规金融市场参与的程度越大；列（3）表明，数字支付使用频率对农户民间借出行为有正向影响，说明使用数字支付频繁的农户，更倾向于参与非正规金融市场，即数字支付使用频率的增加提高了农户的非正规金融市场参与。运用 2019 年调研数据的回归结果如表 5-6 中列（4）~列（6）所示，回归系数与列（1）~列（3）结果相一致，证明了回归结果的稳健性。

表 5-6　数字支付使用频率与农户金融市场参与回归结果

	（1）	（2）	（3）	（4）	（5）	（6）
	2017 年和 2018 年数据			2019 年数据		
	金融资产投资	金融资产种类	民间借出行为	金融资产投资	金融资产种类	民间借出行为
数字支付使用频率	0.116***	0.116***	0.073***	0.169***	0.180***	0.122***
	（0.033）	（0.033）	（0.020）	（0.044）	（0.043）	（0.032）
控制变量	已控制	已控制	已控制	已控制	已控制	已控制
县域特征	已控制	已控制	已控制	已控制	已控制	已控制
调研年份	已控制	已控制	已控制	已控制	已控制	已控制
N	2926	2926	2926	1252	1252	1252
Pseudo R^2	0.210	0.185	0.135	0.167	0.156	0.142
Log likelihood	−378.189	−441.718	−1219.401	−271.857	−303.017	−476.349

注：①***表示在1%的水平上显著；②括号内是农户家庭层面聚类稳健标准误。

5.3.2　内生性问题

5.3.2.1　内生性说明与解决方法

数字支付使用和农户金融市场参与同样可能存在由遗漏变量、反向因果以及测量误差导致的内生性问题。与上一章的做法类似，通过选取工具变量处理内生性问题。

借鉴周雨晴和何广文（2020）在分析数字普惠金融对农户家庭资产配置影响时的做法，将"农户所在村庄距离县政府的距离"作为工具变量。与数字普惠金融呈现出以杭州为中心的扩散状态类似（郭峰等，2020），数字支付使用也呈现出一定的地域特征，城市和距离城市较近的农村地区使用数字支付的概率更大，地理区位因素是不受任何主观因素影响的纯外生变量，与家庭金融资产配置行为不存在直接关系，与其他家庭和个人特质无关，是一个较为合适的工具变量。借鉴周广肃和梁琪（2018）、谢绚丽等（2018）、何婧和李庆海（2019）将区域平均水平作为工具变量的做法，将"调研当年县级层面数字支付使用的平均水平"作为农户数字支付使用的工具变量。

非正规金融市场参与和数字支付使用会同时受到"农户所在村庄距离县政府的距离"的影响，一般认为距离县政府越近，非正规金融活动越不易发生，因此用同样的工具变量对正规金融市场参与和非正规金融市场参与回归是不恰当的。"农户是否有智能手机"与农户使用数字支付密切相关，而与农户是否参与非正规金融市场以及非正规金融市场参与程度之间并未存在明显的相关关系。为此，在对农户非正规金融市场参与进行回归时，选取"调研当年县级层面数字支付使用的平均水平"和"农户是否有智能手机"两个工具变量。

理论分析和前人的研究均能说明以上工具变量的选取是较为合适的。利用两阶段最小二乘估计（2SLS）进行工具变量估计，并通过内生性检验、过度识别检验和弱工具变量检验证明工具变量的有效性。在利用两阶段最小二乘估计（2SLS）计算结果的同时，考虑到农户正规金融市场参与和非正规金融市场参与均为二值变量，适用于"工具变量 Probit"（Instrumental Variable Probit，IV Probit）。该方法也是学术界公认的检验 Probit 模型内生性的有效方法（Newey，1987）。当式（5-1）中变量"数字支付使用"内生，工具变量需要进行两阶段估计，第一阶段方程可以表示为：

$$digpayment_i = \pi\, controls + \lambda\, instrument + \nu_i \tag{5-9}$$

式（5-1）和式（5-9）中的扰动项（u_i，ν_i）服从期望值为 0 的二维正态分布：

$$\begin{pmatrix} u_i \\ \nu_i \end{pmatrix} \sim N\left[\begin{pmatrix} 0 \\ 0 \end{pmatrix}, \begin{pmatrix} 1 & \rho\sigma_v \\ \rho\sigma_v & \sigma_v^2 \end{pmatrix} \right]$$

u_i 的方差被标准化为 1，ρ 为（u_i，ν_i）的相关系数，在这一条件下，u_i 对于 ν_i 的总体回归方程可以写为：

$$u_i = \delta\nu_i + \varepsilon_i \tag{5-10}$$

将式（5-10）代入式（5-2）可得：

$$y_i^* = \beta\, digpayment_i + \lambda\, controls_i + \delta\nu_i + \varepsilon_i \tag{5-11}$$

式（5-11）中，$\delta = \dfrac{\mathrm{Cov}\,(u_i,\ \nu_i)}{\mathrm{Var}\,(u_i,\ \nu_i)}$，可以求得 $\varepsilon_i \sim N\,(0,\ 1-\rho^2)$，将上式两边同除以 $\sqrt{1-\rho^2}$，将 ε_i 的方差标准化为 1：

$$\frac{y_i^*}{\sqrt{1-\rho^2}} = \frac{\beta}{\sqrt{1-\rho^2}} digpayment_i + \frac{\lambda}{\sqrt{1-\rho^2}} controls_i + \frac{\delta}{\sqrt{1-\rho^2}}\nu_i + \varepsilon_i \tag{5-12}$$

考虑到上式中 ν_i 无法观测，为此首先对式（5-9）进行普通最小二乘回归（OLS），得到残差 $\hat{\nu}_i$，再以残差替代式（5-12）中的 ν_i，然后对式（5-12）进行 Probit 估计，得到变换后系数 $\left(\dfrac{\beta}{\sqrt{1-\rho^2}},\ \dfrac{\lambda}{\sqrt{1-\rho^2}},\ \dfrac{\delta}{\sqrt{1-\rho^2}}\right)$ 的估计结果。

在利用 IV Probit 估计时，通过检验原假设"$H_0: \delta = 0$"判断是否内生，如果 $\delta = 0$，则 u_i 和 ν_i 不相关。含内生变量的 Tobit 模型估计原理与 IV Probit 相同，因内生变量为二值变量，不适用于 IV Tobit 程序（Newey，1987），而尚未有公认的解决方法，为此本书暂不利用 IV Tobit 对内生变量进行处理。

5.3.2.2　工具变量法回归结果

数字支付使用对农户正规金融市场参与的工具变量回归结果如表 5-7 所示，无论是两阶段最小二乘估计（2SLS）还是工具变量 Probit 模型估计，结果均表明数字支付使用对农户正规金融市场参与有积极影响，过度识别检验和弱工具变量检验证明了所选取工具变量的有效性。数字支付使用对农户在金融市场投入更多的资金和持有更丰富的金融资产种类均有显著的正向作用。虽然在引入工具变量后，数字支付使用对金融资产收益的回归结果不再显著，但内生性检验并不显著，表明该结果并不优于引入工具变量之前的回归。

表 5-7　基于工具变量的数字支付使用对农户正规金融市场参与回归结果

	(1)	(2)	(3)	(4)	(5)
	金融资产投资		金融资产种类	金融资产金额	金融资产收益
	2SLS	IV Probit	2SLS	2SLS	2SLS
数字支付使用	0.099***	1.055***	0.092**	1.216*	0.020
	(0.031)	(0.287)	(0.040)	(0.660)	(0.123)
控制变量	已控制	已控制	已控制	已控制	已控制
N	4178	4178	4178	4178	4178
过度识别检验（P 值）	0.644	0.402	0.518	0.042**	0.637
弱工具变量检验	197.484***	13.50***	197.484***	197.484***	197.484***
内生性检验	0.064*		0.330	0.081*	0.840

注：①括号内是稳健标准误。②2SLS 模型采用 DWH 检验方法进行内生性检验，内生性检验和过度识别检验列示结果为 P 值，弱工具变量检验列示结果均为 F 统计量；IV Probit 弱工具变量检验列示结果为 Wald 检验卡方值，过度识别检验列示结果为 Wald 检验 P 值。③因工具变量与县域特征和调研年份高度相关，故回归中未控制县域特征和调研年份。④ * 、** 、*** 分别表示在 10%、5%、1%的水平上显著。

数字支付使用对农户非正规金融市场参与的工具变量回归结果如表5-8所示，过度识别检验证明无法拒绝工具变量是外生的，弱工具变量检验证明了所选取工具变量的有效性。列（1）和列（2）两种估计结果均表明数字支付使用对农户非正规金融市场参与有积极影响。列（3）回归结果表明，引入工具变量后，数字支付使用对民间借出金额的影响不再显著。由于内生性检验并不显著，表明该结果并不优于引入工具变量之前的回归。

表5-8 基于工具变量的数字支付使用对农户非正规金融市场参与回归结果

	（1）	（2）	（3）
	民间借出行为		民间借出金额
	2SLS	IV Probit	2SLS
数字支付使用	0.152***	0.880***	0.323
	(0.041)	(0.204)	(0.213)
控制变量	已控制	已控制	已控制
县域特征	已控制	已控制	已控制
调研年份	已控制	已控制	已控制
N	4178	4178	4178
过度识别检验（P值）	0.134		0.630
弱工具变量检验	229.351***	18.56***	229.351***
内生性检验（P值）	0.017**	0.001***	0.948

注：①括号内是稳健标准误。②2SLS模型采用DWH检验方法进行内生性检验，内生性检验和过度识别检验列示结果为P值，弱工具变量检验列示结果均为F统计量；IV Probit弱工具变量检验列示结果为Wald检验卡方值，过度识别检验列示结果为Wald检验P值。③**、***分别表示在5%、1%水平上显著。

5.3.3 稳健性检验

5.3.3.1 不同方法下的稳健性检验：Heckman两步法

农户是否参与金融市场是金融市场参与程度的前提。只有参与正规金融市场的农户才能有金融资产种类、金融资产金额和金融资产收益等数据，同样，有民间借出行为的农户，其民间借出金额才是可观测的，以上导致回归可能存在自选择问题。为克服这一问题，从方法上提高实证结果的稳健性，采用Heckman两步法重新进行估计。设农户参与金融市场程度为 y_1，是否参与金融市场为 z_1，需要估计的模型为：

$$y_i = x_i'\beta + \varepsilon_i \tag{5-13}$$

被解释变量 y_1 是否可观测取决于二值选择变量 z_1，只有当 $z_1 = 1$ 时，y_1 才可以被观测到。决定二值选择变量的方程为：$z_i \begin{cases} 1, & \text{如果 } z^* > 0 \\ 0, & \text{如果 } z_i^* \leq 0 \end{cases}$。$z_i^*$ 是潜变量，且有 $z_i^* = w_i' + \mu_i$。假设 $\varepsilon_i \sim N(0, \sigma^2)$，$\mu_i \sim N(0, 1)$，相关系数 $corr(\varepsilon_i, \mu_i) = \rho$。因为假设 μ_i 服从正态分布，适合用 Probit 模型估计数字支付使用对农户金融市场参与的影响。$P(z_i = 1 \mid w) = \phi(w_i'\gamma)$。可观测样本的条件期望为：

$$\begin{aligned} P(y_i = 1 \mid y_i \text{ 可观测}) = E(y_i \mid z_i^* > 0) &= E(x_i'\beta + \varepsilon_i \mid \mu_i > -w_i'\gamma) \\ &= x_i'\beta + E(\varepsilon_i \mid \mu_i > -w_i'\gamma) \\ &= x_i'\beta + \rho\sigma_\varepsilon \lambda(-w_i'\gamma) \end{aligned} \tag{5-14}$$

其中，λ 为逆米尔斯比率（Inverse Mill's Ratio，IMR），$\lambda(-w_i'\gamma) = \dfrac{\phi(-w_i'\gamma)}{1 - \phi(-w_i'\gamma)}$。

采用 Heckman（1979）提出的"两步估计法"对模型进行估计。首先用 Probit 模型估计：

$$P(z_i = 1 \mid w) = \phi(w_i'\gamma) \tag{5-15}$$

得到估计值 $\hat{\gamma}$ 并计算 $\hat{\lambda}(-w_i'\gamma)$。其次将 $\hat{\lambda}(-w_i'\gamma)$ 代入式（5-12）利用 OLS 估计：

$$E(y_i \mid z_i = 1) = x_i'\beta + \rho\sigma_\varepsilon \hat{\lambda}(-w_i'\gamma) \tag{5-16}$$

主要通过系数 β 的显著性说明数字支付使用对金融市场参与影响的稳健性。利用 Heckman 两步法计算结果如表 5-9 所示，λ_1 是根据农户是否参与正规金融市场计算的逆米尔斯比率，λ_2 是根据农户是否参与非正规金融市场计算的逆米尔斯比率。λ_1 和 λ_2 的回归系数说明，是否参与金融市场直接影响农户金融市场参与程度。表 5-9 中列（1）~列（3）证明了数字支付使用对农户持有的金融资产种类、金融资产金额以及获得的金融资产收益均有积极影响，可以判断数字支付使用有利于提高农户参与正规金融市场的程度。列（4）表明，数字支付使用对农户民间借出金额有显著的积极影响，使用数字支付的农户借出金额更大，进而说明了数字支付使用有助于提高农户非正规金融市场参与程度。Heckman 两步法回归结果均证明了数字支付使用促进农户金融市场参与程度这一结论的稳健性。

表5-9 基于 Heckman 两步法的数字支付使用对农户金融市场参与回归结果

	（1） 金融资产种类	（2） 金融资产金额	（3） 金融资产收益	（4） 民间借出金额
数字支付使用	1.015***	3.211**	1.778***	6.243***
	(0.190)	(1.353)	(0.620)	(1.343)
λ_1	2.429***	7.894**	4.468***	
	(0.474)	(3.400)	(1.560)	
λ_2				30.678***
控制变量	已控制	已控制	已控制	已控制
县域特征	已控制	已控制	已控制	已控制
调研年份	已控制	已控制	已控制	已控制
N	4178	4178	4178	4178
R^2	0.084	0.020	0.044	0.124
Log likelihood	−672.311	−9479.727	−4547.627	−10749.974

注：① **、***分别表示在5%、1%水平上显著；②括号内为稳健标准误。

5.3.3.2 不同方法下的稳健性检验：处理效应模型

由于农户是否使用数字支付 digpayment 是二值变量，为明确考虑该变量的二值特征，将第一阶段模型转换为潜变量模型，引入 $digpayment^*$ 来决定 $digpayment = 1$ 或 0。第一阶段方程为：

$$digpayment_i^* = \pi\,controls + \lambda\,instrument + \nu_i \tag{5-17}$$

代入第二阶段方程：

$$y_i = \beta digpayment_i + \lambda controls + \varepsilon_i \tag{5-18}$$

其中，$digpayment^*$ 为相应的不可观测变量，当 $digpayment^* > 0$ 时，$digpayment = 1$，否则 $digpayment = 0$。分别采用最大似然（ML）估计法和两步法进行拟合。

处理效应模型的回归结果如表5-10所示。列（1）和列（2）的回归结果表明，数字支付使用对农户参与正规金融市场和非正规金融市场均有显著的影响。在农户金融市场参与和参与程度指标的基础上，利用变异系数法和欧氏距离法计算农户参与金融市场指数、参与正规金融市场指数和参与非正规金融市场指数，以"农户所在村庄与县政府的距离"和"调研当年县级层面数字支付使用的平均水平"作为数字支付使用影响正规金融市场参与和正规金融市场参与指数的工具变量，将"调研当年县级层面数字支付使用的平均水平"和"农户是否有智能手机"作为数字支付使用影响非正规金融市场参与和非正规金融市场参与指数的工具变量,将"农户所在村庄与县政府的距离""调研当年县级层面数字支付使用的平均水平"和"农户是否有智能手机"作为数字支付使用影响金融市场参与指数的工具变量。列(3)和列(4)的回归结果表明,数字支付使用提高了农户的金融市场参与指数和正规金融市场参与指数。列(5)的回归结果显示,数字支付使用对农户非正规金融市场参与的影响系数不显著,但没通过内生性检验。

表5-10 基于处理效应模型的数字支付使用对农户金融市场参与回归结果

	(1)	(2)	(3)	(4)	(5)
	金融资产投资	民间借出行为	金融市场参与指数	正规金融市场参与指数	非正规金融市场参与指数
数字支付使用	0.070***	0.094***	0.415***	0.603***	-0.174
	(0.015)	(0.021)	(0.092)	(0.145)	(1.626)
控制变量	已控制	已控制	已控制	已控制	已控制
县域特征			已控制		已控制
调研年份		已控制			已控制
N	4178	4178	4178	4178	4178
Log likelihood	-2074.374	-3731.966	-10748.104	-11699.944	-20835.988
内生性检验	0.100	0.022**	0.230	0.010**	0.183

注:①内生性检验的原假设为误差项 v_i 和 u_i 的相关性 $\rho=0$,采用 Wald 检验,列示结果为 P 值;②**、***分别表示在5%、1%水平上显著;③括号内为稳健标准误。

5.3.3.3 不同变量下的稳健性检验

由上文可知,数字支付使用能够提升农户的正规金融市场参与和非正规金融市场参与。储蓄是农户在金融市场配置无风险性资产的体现,在一定程度上体现了农户的金融市场参与行为,可以通过定期存款账户来体现。农户参与正规金融市场之前往往需要开具银行存款账户,根据行为经济学中有关心理账户的观点,农户往往为参与金融市场开具专门用于投资的账户。如果农户使用数字支付对农户开具银行存款账户有积极影响,则能够提升结果的稳健性。

选取"农户存款账户数量""活期存款账户数量"和"定期存款账户数量"作为被解释变量,因为存款账户表现为有序的数列,利用有序 Probit 模型分析数字支付使用对银行存款账户的影响。考虑到可能存在的内生性问题,引入工具变量进行两阶段最小二乘估计。将"调研当年县级层面数字支付使用的平均水平"和"农户是否有智能手机"作为工具变量，同时控制投资者个体特征、家庭财富和家庭人口以及社会网络等变量，回归结果如表 5-11 所示。列（1）和列（2）的估计结果表明，数字支付使用对农户银行存款账户数量有显著的正向影响，使用数字支付的农户倾向于拥有更多的银行存款账户，为农户参与正规金融市场提供了前提条件。列（3）和列（4）的回归结果表明，数字支付使用对农户持有更多的定期存款账户有积极影响，即使用数字支付的农户会将一定比例的资金配置到无风险资产。列（4）和列（5）的回归结果表明，数字支付使用对农户活期存款数量存在积极影响，农户通过使用数字支付可以更方便地处理和使用活期存款，为参与金融市场提供便利。以上分析结果与前文的结论一致，证明了数字支付使用影响农户正规金融市场参与的稳健性。

表 5-11　数字支付使用对农户银行存款账户的回归结果

	（1）	（2）	（3）	（4）	（5）	（6）
	银行存款账户数量		定期存款账户数量		活期存款账户数量	
	有序 Probit	2SLS	有序 Probit	2SLS	有序 Probit	2SLS
数字支付使用	0.541***	0.928***	0.113*	0.154***	0.474***	0.321***
	（0.042）	（0.117）	（0.061）	（0.047）	（0.056）	（0.053）
控制变量	已控制		已控制		已控制	
县域特征	已控制		已控制		已控制	
调研年份	已控制		已控制		已控制	
N	4178	4178	4178	4178	4178	4178
R^2		0.227		0.140		0.110
Pseudo R^2	0.107		0.147		0.121	
Log likelihood	−5431.237		−1869.825		−2218.590	

注：①*、***分别表示在 10%、1%水平上显著；②括号内为稳健标准误。

5.4　数字支付使用影响农户参与金融市场的异质性分析

数字支付使用对不同特征农户的金融市场参与的影响可能存在差异，对差异的分析可能更具有现实意义。为此，本节重点关注数字支付使用对处于不同收入层次、有无商品房、不同年龄分布和不同受教育年限农户金融市场参与的影响差异。

5.4.1　数字支付使用对不同收入农户金融市场参与的影响

农户参与金融市场进行资产配置具有财富效应（张哲，2020），分析数字支付使用对不同收入农户金融市场参与的影响差异具有现实意义。将收入在 25% 分位（2.507 万元）以下的农户称为低收入农户（1044 户），收入处于 25%～50% 分位（2.507 万元≤收入<5 万元）的农户视为中低收入农户（960 户），收入处于 50%～75% 分位（5 万元≤收入<9 万元）的农户视为中高收入农户（1110 户），75% 分位数（9 万元）以上的农户视为高收入农户（1064 户），分别展开回归分析。同时考虑到调研当年仍有部分建档立卡贫困户，本节同时对比了数字支付使用对建档立卡贫困户（491 户）和非贫困户（3687 户）的影响差异。数字支付使用对处于不同收入层次农户的金融资产投资行为的回归结果如表 5-12 所示。由表中列（1）～列（4）可知，数字支付使用对处于低收入层次和高收入层次农户的金融资产投资行为有显著的积极影响，而对中低收入和中高收入水平农户的金融资产投资行为的影响并不显著，表明数字支付使用有利于提高低收入农户和高收入农户的正规金融市场参与水平。由列（5）和列（6）可知，数字支付使用仅对非贫困户的金融资产投资行为有积极影响，有助于提高非贫困户参与正规金融市场的概率。

表 5-12　数字支付使用对不同收入层次农户的金融资产投资行为回归结果

	（1） 0～25%	（2） 25%～50%	（3） 50%～75%	（4） 75%～100%	（5） 贫困户	（6） 非贫困户
数字支付使用	0.453* (0.267)	0.315 (0.205)	0.211 (0.192)	0.602*** (0.159)	0.284 (0.356)	0.438*** (0.099)
控制变量	已控制					
县域特征	已控制					
调研年份	已控制					
N	895	837	1025	1064	346	3687

续表

	（1）	（2）	（3）	（4）	（5）	（6）
	0~25%	25%~50%	50%~75%	75%~100%	贫困户	非贫困户
Pseudo R^2	0.203	0.148	0.223	0.130	0.367	0.168
Log likelihood	−70.264	−110.156	−140.996	−311.464	−21.677	−639.58777

注：①因存在完美预测的情况，因变量在两个虚拟变量上不同取值之间没有变化，把相应的自变量以及样本删除，导致不同收入区间样本量的变化；②贫困户是指经有关部门认定的建档立卡一般贫困户、低保贫困户或五保贫困户；③ *、 * * * 分别表示在10%、1%的水平上显著。

部分学者的研究表明，农户正规金融市场参与行为具有财富效应。而数字支付使用对低收入农户和高收入农户正规金融市场参与行为均有积极影响，那么数字支付使用能否增加低收入农户的收入？为此，进一步分析了数字支付使用对处于不同收入层次农户金融资产收益的影响，回归结果如表5-13所示。由表中列（1）~列（4）可知，数字支付使用有助于提高低收入农户的金融资产收益，但对处于其他收入层次农户的金融资产收益的影响并不显著。由列（5）和列（6）可知，数字支付使用对非贫困户和贫困户的金融资产收益均有积极影响，但是对非贫困户的影响系数明显大于贫困户，表明数字支付使用影响正规金融市场参与而产生的财富效应对贫困户和非贫困户均有影响，但对非贫困户的作用更大。

表5-13　数字支付使用对不同收入层次农户金融资产收益回归结果

	（1）	（2）	（3）	（4）	（5）	（6）
	0~25%	25%~50%	50%~75%	75%~100%	贫困户	非贫困户
数字支付使用	0.088 * * （0.034）	0.093 （0.066）	−0.165 （0.109）	0.071 （0.130）	0.428 * （0.221）	0.774 * * * （0.171）
控制变量	已控制					
县域特征	已控制					
调研年份	已控制					
N	1044	960	1110	1064	491	3687
Pseudo R^2	0.241	0.136	0.074	0.048	0.351	0.137
Log likelihood	−248.036	−426.497	−826.986	−1291.376	−28.085	−818.652

注：①贫困户是指经有关部门认定的建档立卡一般贫困户、低保贫困户或五保贫困户；② *、 * *、 * * * 分别表示在10%、5%、1%水平上显著。

非正规金融市场参与是农村较为活跃的金融活动，整体来看，数字支付使用提高了农户民间借出行为的概率，其在不同收入之间的影响分布是否相同值得进一步讨论。进一步分析了数字支付使用对处于不同收入层次农户非正规金融市场参与的影响，回归结果如表 5-14 所示。由表中列（1）~列（4）可知，数字支付使用有助于提高低收入和较低收入农户民间借出行为发生的概率，但对高收入农户和较高收入农户非正规金融市场参与的影响并不显著。由列（5）和列（6）可知，数字支付使用对贫困户非正规金融市场参与的影响并不显著，可能的原因是大，由于收入限制，是否使用数字支付和贫困户民间借出行为不存在显著的相关关系。数字支付使用对非贫困非正规金融市场参与有积极影响，使用数字支付的非贫困户发生民间借出行为的概率更大。

表 5-14　数字支付使用对不同收入层次农户非正规金融市场参与回归结果

	（1）0~25%	（2）25%~50%	（3）50%~75%	（4）75%~100%	（5）贫困户	（6）非贫困户
数字支付使用	0.251*（0.064）	0.359**（0.147）	0.105（0.142）	0.162（0.119）	0.291（0.105）	0.228***（0.203）
控制变量	已控制					
县域特征	已控制					
调研年份	已控制					
N	1044	960	1110	1064	486	3687
Pseudo R^2	0.095	0.105	0.100	0.102	0.209	0.121
Log likelihood	-241.705	-314.752	-485.964	-605.451	-109.260	-1587.020

注：①因存在完美预测的情况，因变量在两个虚拟变量上不同取值之间没有变化，把相应的自变量以及样本删除，导致不同收入区间样本量的变化；②贫困户是指经有关部门认定的建档立卡一般贫困户、低保贫困户或五保贫困户；③*、**、***分别表示在10%、5%、1%水平上显著。

5.4.2　数字支付使用对有无商品房农户金融市场参与的影响

商品房一方面通过增加财富对农户金融市场参与发挥积极作用，另一方面又通过占用资金将农户"挤出"金融市场，不利于农户资产配置行为的发生。数字支付使用对农户金融市场参与的影响在两种作用的综合影响下是否具有不同的表现？本小节分析了数字支付使用对有商品房（533户）和无商品房（3645户）

农户正规金融市场参与的影响，结果如表5-15中列（1）和列（2）所示。数字支付使用对有商品房和无商品房农户参与正规金融市场进行金融资产投资均有显著的积极影响，且影响系数差异较小，表明数字支付使用在一定程度上克服了商品房对农户正规金融市场参与的"挤出效应"，对金融市场参与的影响不会因农户拥有商品房而改变。数字支付使用对有商品房和无商品房农户金融资产种类的影响系数如列（3）和列（4）所示，数字支付使用均有利于提高有商品房和无商品房农户持有的金融资产种类，并且对有商品房农户持有金融资产种类数量的影响系数相对更大。

表5-15　数字支付使用对有无商品房农户正规金融市场参与回归结果

	（1）	（2）	（3）	（4）
	金融资产投资		金融资产种类	
	有商品房	无商品房	有商品房	无商品房
数字支付使用	0.486 ** (0.107)	0.431 *** (0.221)	0.523 ** (0.106)	0.456 *** (0.214)
控制变量	已控制		已控制	
县域特征	已控制		已控制	
调研年份	已控制		已控制	
N	524	3645	533	3645
Pseudo R^2	0.162	0.167	0.137	0.160
Log likelihood	−156.213	−504.911	−194.917	−561.280

注：①**、***分别表示在5%、1%水平上显著；②括号内是稳健标准误。

接下来分析数字支付使用对有商品房农户和无商品房农户持有金融资产金额和金融资产收益的影响，回归结果如表5-16所示。数字支付使用对拥有商品房农户持有金融资产金额和金融资产收益的影响均不显著，对无商品房农户金融资产金额和金融资产收益均有显著的正向影响。研究结果表明，由于购买商品房占用了农户家庭财富，使农户可用于投资到金融市场的资金金额受到限制，因此削弱了数字支付使用对农户金融资产金额的积极作用。对于未购买商品房的农户而言，其流动资产不会因商品房而减少，使用数字支付则显著提高了农户持有的金融资产金额，并为农户带来了显著的收益。

表 5-16　数字支付使用对有无商品房农户正规金融市场参与程度回归结果

	（1）	（2）	（3）	（4）
	金融资产金额		金融资产收益	
	有商品房	无商品房	有商品房	无商品房
数字支付使用	6.590	6.255 **	0.204	0.117 *
	（6.351）	（2.828）	（0.201）	（0.063）
控制变量	已控制		已控制	
县域特征	已控制		已控制	
调研年份	已控制		已控制	
N	533	3645	533	3645
Pseudo R^2	0.081	0.102	0.057	0.100
Log likelihood	−166.827	−484.952	−632.533	−2456.401

注：①*、**分别表示在 10%、5%水平上显著；②括号内为稳健标准误。

进一步分析数字支付使用对有商品房农户和无商品房农户参与非正规金融市场的影响，回归结果如表 5-17 所示。列（1）和列（3）结果显示，数字支付使用对有商品房农户民间借出行为和民间借出金额的影响均不显著，表明在城市购买商品房使数字支付使用对农户参与非正规金融市场的作用失效。列（2）和列（4）结果显示，数字支付使用对无商品房农户民间借出行为和民间借出金额均有显著的影响，表明数字支付使用提高了农户参与非正规金融市场的概率和程度。综合来看，拥有商品房的财富特征在数字支付使用影响农户非正规金融市场参与时发挥了抵减的作用。

表 5-17　数字支付使用对有无商品房农户非正规金融市场参与回归结果

	（1）	（2）	（3）	（4）
	民间借出行为		民间借出金额	
	有商品房	无商品房	有商品房	无商品房
数字支付使用	0.147	0.268 ***	0.226	0.329 ***
	（0.154）	（0.067）	（0.156）	（0.069）
控制变量	已控制		已控制	
县域特征	已控制		已控制	
调研年份	已控制		已控制	

续表

	（1）	（2）	（3）	（4）
	民间借出行为		民间借出金额	
	有商品房	无商品房	有商品房	无商品房
N	532	3645	532	3645
Pseudo R^2	0.135	0.124	0.156	0.135
Log likelihood	−278.349	−1419.162	−263.041	−1327.870

注：①因存在完美预测的情况，因变量在两个虚拟变量上不同取值之间没有变化，把相应的自变量以及样本删除；②＊＊＊表示在1%水平上显著；③括号内为稳健标准误。

5.4.3　数字支付使用对不同年龄农户金融市场参与的影响

根据生命周期假说，不同年龄阶段农户表现出不同的金融市场参与特征。按照农户年龄的25%分位（小于40岁，940户）、25%~50%分位（40~47岁，979户）、50%~75%分位（48~53岁，1154户）和75%分位（54岁及以上，1105户）的划分，分析了数字支付使用对不同年龄段的投资者金融市场参与的影响差异。数字支付使用对不同年龄段农户正规金融市场参与的影响如表5-18所示，表明数字支付使用对各个年龄段农户参与正规金融市场购买金融资产、进行风险资产配置均有显著的积极影响。根据影响系数的大小可知，数字支付使用对年龄小于40岁的受访者参与正规金融市场的作用最大，而对54岁及以上的受访者的作用相对较小。

表5-18　数字支付使用对不同年龄区间农户正规金融市场参与回归结果

	（1）	（2）	（3）	（4）
	40岁以下	40~47岁	48~53岁	54岁及以上
数字支付使用	0.863＊＊	0.553＊＊＊	0.558＊＊＊	0.460＊＊
	（0.372）	（0.188）	（0.165）	（0.227）
控制变量	已控制			
县域特征	已控制			
调研年份	已控制			
N	940	979	1122	966
Pseudo R^2	0.238	0.178	0.177	0.239
Log likelihood	−203.068	−166.958	−157.979	−99.094

注：①因存在完美预测的情况，因变量在两个虚拟变量上不同取值之间没有变化，把相应的自变量以及样本删除；②＊＊、＊＊＊分别表示在5%、1%水平上显著；③括号内为稳健标准误。

由以上分析可知，数字支付使用对不同年龄段农户正规金融市场参与均有积极作用。那么，数字支付使用对金融市场参与程度，如金融资产持有金额的影响是否随年龄的不同而存在差异？表5-19为数字支付使用对不同年龄段农户持有金融资产金额的回归结果，表明数字支付使用仅对40岁以下和40~47岁两组农户持有金融资产金额有积极影响，对较高年龄农户的影响并不显著。从回归系数的大小来看，数字支付使用对40岁以下农户持有金融资产金额的影响系数最大，且明显大于其他年龄组农户，表明数字支付使用对金融市场参与程度的积极作用主要体现为对低年龄农户的影响。

表5-19　数字支付使用对不同年龄区间农户持有金融资产金额回归结果

| | （1） | （2） | （3） | （4） |
	40岁以下	40~47岁	48~53岁	54岁及以上
数字支付使用	20.450*	7.878*	2.745	-1.848
	（11.460）	（4.205）	（1.678）	（1.510）
控制变量	已控制			
县域特征	已控制			
调研年份	已控制			
N	940	979	1154	1105
Pseudo R^2	0.143	0.111	0.199	0.159
Log likelihood	-203.453	-190.905	-125.598	-86.638

　　注：①因存在完美预测的情况，因变量在两个虚拟变量上不同取值之间没有变化，把相应的自变量以及样本删除；②*表示在10%水平上显著；③括号内为稳健标准误。

　　处于不同年龄段的农户往往拥有不同的资产配置行为，数字支付使用对农户非正规金融市场参与的影响是否因年龄段不同而呈现不同的特征？数字支付使用对不同年龄段农户非正规金融市场参与的回归系数如表5-20所示。数字支付使用有利于提高54岁以下农户民间借出行为发生的概率，从而对农户参与非正规金融市场有积极影响，但对54岁及以上农户的民间借出行为的影响并不显著。从回归系数的大小来看，数字支付使用对40岁以下农户的影响系数最大，其次是40~47岁农户，对48~53岁农户的影响系数虽然显著但相对较小。总体而言，数字支付使用对农户非正规金融市场参与的影响系数为正并随着农户年龄的增长逐渐减少。

表5-20　数字支付使用对不同年龄段农户非正规金融市场参与回归结果

	（1）40岁以下	（2）40~47岁	（3）48~53岁	（4）54岁及以上
数字支付使用	0.429***	0.324***	0.188*	0.133
	（0.155）	（0.117）	（0.113）	（0.136）
控制变量	已控制			
县域特征	已控制			
调研年份	已控制			
N	940	979	1154	1071
Pseudo R²	0.144	0.123	0.128	0.122
Log likelihood	−445.924	−448.475	−459.767	−317.057

注：①因存在完美预测的情况，因变量在两个虚拟变量上不同取值之间没有变化，把相应的自变量以及样本删除；②*、***分别表示在10%、1%水平上显著；③括号内为稳健标准误。

5.4.4　数字支付使用对不同受教育程度农户金融市场参与的影响

受正规教育年限是影响农户金融市场参与的重要因素，接受正规教育年限的差异可能对数字支付使用与农户金融市场参与之间的关系发挥不同作用。根据学制安排，按照接受正规教育年限不足6年（1385户）、7~9年（2036户）、10~12年（618户）、超过12年（139户）的标准进行划分，分别分析数字支付使用对不同受正规教育年限农户金融市场参与的影响差异。数字支付使用对不同受正规教育年限农户正规金融市场参与的回归结果如表5-21所示，表明数字支付使用仅对受教育年限在12年及以下的农户参与正规金融市场有积极影响。可能的原因是，数字支付使用主要解决了金融市场信息的问题和供给渠道的可触达问题，而受教育程度较高的农户在使用数字支付之前就能通过自身能力解决以上问题，为此数字支付使用对受正规教育程度高的农户的正规金融市场参与行为的影响并不显著。从影响系数的大小来看，当农户接受正规教育年限不足12年时，随着农户受正规教育年限的增长，数字支付使用对农户正规金融市场参与的影响系数呈上升趋势，与具有小学教育背景的农户相比，具有中学教育背景的农户数字支付使用对其参与正规金融市场起到的作用更大。

表5-21 数字支付使用对不同受正规教育年限农户正规金融市场参与回归结果

	（1） 6年以下	（2） 7~9年	（3） 10~12年	（4） 12年以上
数字支付使用	0.457*** （0.627）	0.520*** （0.177）	0.527** （0.137）	-0.067 （0.222）
控制变量	已控制			
县域特征	已控制			
调研年份	已控制			
N	1241	2036	555	122
Pseudo R^2	0.198	0.131	0.227	0.277
Log likelihood	-98.112	-359.293	-131.720	-42.708

注：①因存在完美预测的情况，因变量在两个虚拟变量上不同取值之间没有变化，把相应的自变量及样本删除；②**、***分别表示在5%、1%水平上显著；③括号内为稳健标准误。

进一步分析了数字支付使用对不同受正规教育年限农户非正规金融市场参与的影响差异。表5-22的回归结果显示，数字支付使用对受正规教育年限不超过12年的农户参与非正规金融市场均有显著的正向影响，有利于提高农户民间借出行为发生的概率，对受正规教育年限在12年以上的农户非正规金融市场参与的影响并不显著。从影响系数的大小来看，数字支付使用对受正规教育年限在6年及以下的农户非正规金融市场参与的影响程度最大，其次为受正规教育年限在10~12年的农户，对受正规教育年限在7~9年的农户影响系数相对较小。

表5-22 数字支付使用对不同受正规教育年限农户非正规金融市场参与回归结果

	（1） 6年及以下	（2） 7~9年	（3） 10~12年	（4） 12年以上
数字支付使用	0.324*** （0.110）	0.159* （0.084）	0.282* （0.162）	0.787 （0.542）
控制变量	已控制			
县域特征	已控制			
调研年份	已控制			
N	1385	2036	618	138

	(1) 6年及以下	(2) 7~9年	(3) 10~12年	(4) 12年以上
Pseudo R^2	0.076	0.117	0.165	0.310
Log likelihood	−400.678	−913.914	−287.942	−61.490

注：①＊、＊＊＊分别表示在10%、1%水平上显著；②括号内为稳健标准误。

5.5　本章小结

本章利用4178份农户调研数据，以金融资产投资作为反映农户正规金融市场参与的观察变量，以金融资产种类、金融资产金额和金融资产收益作为反映农户正规金融市场参与程度的观察变量，以民间借出行为作为反映农户非正规金融市场参与的观察变量，以民间借出金额作为反映农户非正规金融市场参与程度的观察变量，运用相应的模型分析了数字支付使用对农户正规金融市场参与和非正规金融市场参与的影响。考虑到内生性问题，引入工具变量，运用工具变量Probit和两阶段最小二乘估计进行回归，并运用Heckman两步法、处理效应模型以及替换被解释变量的方法提高回归结果的稳健性。本章最后根据农户异质性，分别分析了数字支付使用对不同收入、有无商品房、不同年龄和受教育年限农户的影响差异。

从数字支付使用对农户正规金融市场参与的影响来看，使用数字支付显著提高了农户参与正规金融市场进行金融资产投资的概率；数字支付使用对农户持有金融资产种类、金融资产金额以及获取金融资产收益均有积极影响；受访者年龄与农户参与金融市场的概率呈倒"U"型变动。投资理财知识、家中有商品房、家庭收入和非农社会关系均有助于促进农户金融市场参与。

从数字支付使用对非正规金融市场参与的影响来看，数字支付使用对农户民间借出行为发生的概率和借出金额均有积极影响，表明数字支付使用有助于农户非正规金融市场参与；男性、受正规教育年限长、投资理财知识丰富的受访者以及家庭收入高、有商品房和非农社会关系的农户参与非正规金融市场的概率更高。

为克服内生性的影响，引入工具变量的回归结果支持了数字支付提高农户正规金融市场参与和非正规金融市场参与的结论。Heckman 两步法和处理效应模型的回归结果证实了研究结论的稳健性。此外，数字支付使用有助于提高农户的银行存款账户数量，为农户参与金融市场提供了前提条件，再次证明了以上结果的稳健性。

根据农户收入异质性分析可知，数字支付使用仅对高收入和低收入农户参与正规金融市场有积极影响，且有助于提高低收入农户和贫困户的金融资产收益，具有财富效应。数字支付使用对低收入农户和较低收入农户非正规金融市场参与有积极影响，对较高收入和高收入农户的影响并不显著。根据有无商品房的异质性分析，数字支付使用对有商品房和无商品房农户参与正规金融市场进行金融资产投资均有显著的积极影响，但仅对无商品房农户金融市场参与程度和非正规金融市场参与有积极影响，表明商品房对农户资产配置具有"挤出效应"。根据年龄阶段的异质性分析，数字支付使用对各个年龄段农户参与正规金融市场均有显著的积极影响，尤其对年龄小于 40 岁的农户参与正规金融市场的作用最大。数字支付使用仅对 54 岁及以下农户非正规金融市场参与有积极影响。根据受教育阶段的异质性分析，数字支付使用仅对受教育年限在 12 年以下的农户参与正规金融市场有积极影响，对受正规教育年限不超过 12 年的农户参与非正规金融市场均有显著的正向影响。

本章的实证研究有助于理解数字支付使用对农户金融市场参与的积极影响以及不同特征农户的影响差异，证实了数字支付使用在农户金融市场参与中的作用。数字金融发展为农户参与正规金融市场提供了有利条件，应充分发挥数字金融促进农户金融市场参与的积极作用，帮助农户合理配置家庭资产。对政府而言，应充分发挥财政资金的引导作用，推进农村信息基础设施建设，加大数字普惠金融业务的奖补力度；从金融产品供给方而言，在依托大数据等信息科技手段的同时，应开发出更加适合农户的小额、短期、低风险的金融产品；对农户而言，应提高自身金融素养和智能化素养，在参与金融市场获取收益的同时，注意防范理财风险。

6 数字支付使用、信贷可得性和金融市场参与关系的实证研究

在对数字支付使用、信贷可得性和金融市场参与三者关系理论分析的基础上，已证实数字支付使用对信贷可得性和金融市场参与发挥积极作用。分析数字支付使用通过何种机制发挥普惠作用，才能更好地理解金融深化过程和以此产生的包容性影响，以及对收入不平等和贫困的作用（Beck and Demirgüç-Kunt, 2008）。本章在分析了数字支付使用、信贷可得性和金融市场参与三者关系的基础上，通过实证检验数字支付使用影响信贷可得性和金融市场参与的内在机制，探索数字金融普惠作用的内在规律，有利于更好地利用数字金融改善农户的金融状况。

6.1 问题提出

数字支付使用有助于提高农户信贷可得性，并对农户的金融市场参与有积极影响。那么，信贷可得性的提高又会对农户的金融市场参与带来怎样的影响呢？在本书的第 2 章，笔者基于心理账户理论和现代资产组合理论，已解释了信贷可得性通过流动性约束机制和风险厌恶程度对金融市场参与产生影响。前文已证实农户数字支付使用对信贷可得性和金融市场参与均有积极影响，本章通过实证对"假设 3：信贷可得性在数字支付使用与金融市场参与中起到中介作用"进行检验。根据中介作用的含义和信贷可得性的分类，可以将假设 3 细化为以下三个假设：

假设 3.1：信贷可得性有助于促进农户金融市场参与。

假设 3.2：正规信贷可得性在数字支付使用影响农户金融市场参与中发挥中

介作用。

假设3.3：非正规信贷可得性在数字支付使用影响农户金融市场参与中发挥中介作用。

基于金融功能理论、长尾理论、行为金融学理论、信号传递理论和数字鸿沟理论，第2章的理论分析部分已论证了数字支付使用通过信息效应、提高银行贷款知识、增加农户获取正规信贷的信心以及促进社会互动提高农户信贷可得性；数字支付使用通过供给效应、信息效应、提高投资理财知识、降低金融市场参与成本以及促进社会互动对农户金融市场参与发挥积极作用。具体来看，根据长尾理论，数字金融的发展使农户可以通过线上、线下两种不同的金融产品供给渠道获取信贷或理财服务；数字支付使用以低成本的信息供给缓解了信息不对称问题，有助于农户信贷获取和金融市场参与；信号传递理论和数字鸿沟理论分析表明，数字支付使用有助于提高农户的信贷知识和投资理财知识；数字支付使用拓展了农户的社会网络，丰富了农户的金融社交活动，有助于提高非正规金融行为（民间借入和借出）发生的概率。因相关文献已对信贷可得性影响金融市场参与的内在机制进行了实证分析（周弘和史剑涛，2021；尹志超等，2015），故本章不再赘述，重点对数字支付使用对农户信贷可得性和金融市场参与的影响机制（图6-1方框中的内容）进行检验。

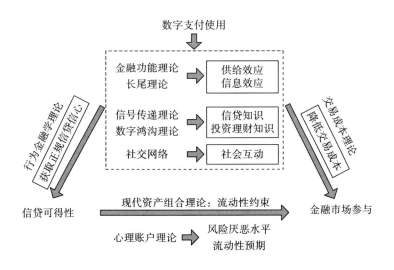

图6-1 数字支付使用、信贷可得性和金融市场参与相互作用机制

6.2 信贷可得性在数字支付使用影响农户
金融市场参与中的效应

数字支付使用除直接影响农户金融市场参与外，还可能通过改善农户信贷可得性对农户金融市场参与发挥间接影响。理论部分分析了数字支付使用通过信贷可得性对农户金融市场参与的内在机制，并提出假设3，本节则通过调研数据对这一假设进行实证检验。

6.2.1 模型选取

在对变量关系的分析中，经常需要考虑中介变量的作用（温忠麟等，2004）。如数字支付使用一方面直接影响农户金融市场参与，另一方面通过信贷可得性对农户金融市场参与也有着间接的影响。本节以影响农户信贷可得性和金融市场参与的不同渠道为中介变量（$medvar$），探讨数字支付使用通过各种间接机制对农户金融状况的影响。为解释不同渠道的间接影响，拟采用中介效应模型展开分析，具体思路如图6-2所示。以数字支付使用、信贷可得性和金融市场参与三者的关系为例，上半部分表示数字支付使用作用于农户信贷可得性，路径系数为 δ。由于不涉及第三个变量，所以系数 δ 代表了数字支付使用作用于农户金融市场参与的总效应。下半部分是加入中介变量信息效应后，自变量数字支付使用和因变量农户金融市场参与之间的关系，其中系数 α 代表数字支付使用对信贷可得性的影响，系数 β 表示信贷可得性作用于农户金融市场参与的效应，两者构成了图中变量间关系的间接效应，系数 δ' 代表在控制中介变量后，自变量作用于因变量的效应，也就是自变量和因变量之间的直接效应。那么，变量间总效应就应该等于直接效应加上间接效应，即 $\delta = \alpha\beta + \delta'$。$\delta$ 为总效应，δ' 为直接效应，$\alpha\beta$ 为中介效应，也称间接效应。中介效应分析就是要检验 $\alpha\beta$ 效应是否存在。

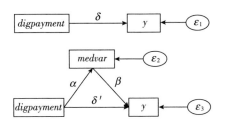

图6-2 中介效应分析思路

计算中介效应并对中介效应的显著性进行检验是使用中介模型的关键步骤。为求解中介效应，要对假设 H_0：$\alpha\beta=0$ 进行检验。常用的检验方法有逐步检验回归系数法、Sobel 检验以及 Bootstrap 检验法。各方面的具体介绍如下：

$$y_i' = \beta_1 + \delta digpayment_i + \gamma controls + \varepsilon_1 \tag{6-1}$$

$$medvar = \beta_2 + \alpha digpayment_i + \lambda controls + \varepsilon_2 \tag{6-2}$$

$$y_i'' = \beta_3 + \delta' digpayment_i + \beta medvar_i + \varphi controls + \varepsilon_3 \tag{6-3}$$

6.2.1.1 逐步检验回归系数法

逐步检验回归系数法简单易懂，是检验中介效应最常用的方法，具体步骤分为三步（Judd and Kenny，1981；Baron and Kenny，1986；温忠麟等，2004）。第一步：检验式（6-1）的系数 δ，即检验数字支付使用对农户金融市场参与的总效应。第二步：检验式（6-2）的系数 α，即检验数字支付使用和中介变量信贷可得性的关系。第三步：控制中介变量信息效应后，检验式（6-3）的系数 δ' 和系数 β。如果系数 δ 显著，即 H_0：$\delta=0$ 被拒绝；如果系数 α 显著，即 H_0：$\alpha=0$ 被拒绝，且系数 β 显著，即 H_0：$\beta=0$ 被拒绝；同时满足以上两个条件，则中介效应显著。如果在满足以上两个条件的同时，在式（6-3）中，系数 δ' 不显著，则称为完全中介。该种方法的检验力较低，如果中介效应较弱，则无法获得显著的结果（Hay，2009；MacKinnon et al.，2002）。如果该方法下的检验是显著的，检验力低并不会对结果产生影响（温忠麟等，2014），表明该方法在验证中介效应时较为保守。

6.2.1.2 Sobel 检验

Sobel 检验是目前最常用的中介效用检验方法，由 Sobel（1982，1987）根据一阶 Taylor 展开式得到的近似公式如下：

$$s_{ab} = \sqrt{\hat{\alpha}^2 s_b^2 + \hat{\beta}^2 s_a^2} \tag{6-4}$$

其中，s_a 和 s_b 分别是 $\hat{\alpha}$ 和 $\hat{\beta}$ 的标准误。检验统计量为 $z = \dfrac{\hat{\alpha}\hat{\beta}}{s_{ab}}$。Sobel 法的检验力高于逐步检验回归系数法（MacKinnon et al.，2002）。由于检验系数乘积的统计量推导需要假设 $\hat{\alpha}\hat{\beta}$ 服从正态分布，这一点是很难保证的，因为即使 $\hat{\alpha}$ 和 $\hat{\beta}$ 服从正态分布也无法保证两者的乘积服从正态分布，因而 Sobel 检验也存在一定的局限性。

6.2.1.3　Bootstrap 检验

Bootstrap 检验的原假设是 H_0：$\alpha\beta = 0$，它根据标准误的理论概念对样本进行又放回的抽样，使用该方法的前提条件是样本能够代表总体，从而得到更为准确的标准误。为保证中介效应的稳健性，本节同时采用逐步检验回归系数法、Sobel 检验和 Bootstrap 检验方法对中介效应进行检验。

6.2.1.4　乘积分布法

考虑到部分因变量为类别变量，故用 Logistic 回归取代通常的线性回归是合适的（方杰等，2017；温忠麟和叶宝娟，2014）。式（6-1）和式（6-3）可以分别表示为如下公式：

$$y_i' = \text{Logit}P\,(y_i = 1 \mid digpayment_i, controls)$$

$$= \ln \frac{P\,(y_i = 1 \mid digpayment_i, controls)}{P\,(y_i = 0 \mid digpayment_i, controls)} \tag{6-5}$$

$$y_i'' = \text{Logit}\,P\,(y_i = 1 \mid medinfor_i,\ digpayment_i, controls)$$

$$= \ln \frac{P\,(y_i = 1 \mid medinfor_i,\ digpayment_i, controls)}{P\,(y_i = 0 \mid medinfor_i,\ digpayment_i, controls)} \tag{6-6}$$

对于类别变量的中介效应检验，大致经历了三个阶段：第一阶段为检验 $\alpha\beta$，认为 $\alpha\beta$ 更接近中介效应真值，但因为尺度不同，中介效应 $\alpha\beta$ 并不等于 $\delta - \delta'$（Mackinnon and Dwyer，1993），因此不能用 $\delta-\delta'$ 表示中介效应并检验。第二阶段为检验 $\alpha\beta^{std}$，其中 β^{std} 是对 Logit 回归系数标准化后的结果[①]，标准化后中介效应 $\alpha\beta$ 与 $\delta-\delta'$ 的大小很接近。第三阶段为检验 $Z_\alpha \times Z_\beta$，其中 $Z_\alpha = \alpha/SE\,(\alpha)$，$Z_\beta = \beta/SE\,(\beta)$。Iacobucci（2012）认为，$Z_\alpha$ 和 Z_β 具有相同的尺度，适用于类别变量的中介效应模型。Mackinnon 和 Cox（2012）建议使用乘积分布法检验 $Z_\alpha \times Z_\beta$ 的显著性，可用 R 软件的 RMediation 软件包自动运行，得到 $Z_\alpha \times Z_\beta$ 的不对称置信区间，如果置信区间不包括 0，则中介效应显著。本书采用第三阶段的方法，利用 R 软

---

① 具体计算过程可参见方杰等（2017）的文章。

件对中介效应的显著性进行检验。

6.2.2 信贷可得性对农户金融市场参与的影响

以金融市场参与（包括正规金融市场参与和非正规金融市场参与）为被解释变量，以银行贷款排斥作为农户正规信贷可得性的反向观察变量，以民间信贷能力作为农户非正规信贷可得性的观察变量，分析信贷可得性对农户金融市场参与的影响，回归结果如表6-1所示。列（1）~列（4）的回归结果表明，银行贷款排斥对农户金融资产投资、持有金融资产种类和金融资产金额均有不利影响，表明正规信贷可得性是农户参与正规金融市场的重要条件；民间信贷能力对农户金融资产投资、持有金融资产种类、金融资产金额和金融资产收益均有显著的积极影响，表明非正规信贷可得性的提高有助于农户参与正规金融市场。列（5）和列（6）的回归结果表明，银行贷款排斥对农户民间借出行为和民间借出金额均有不利影响，表明正规信贷可得性对农户非正规金融市场参与发挥重要作用；民间信贷能力对农户民间借出行为和借出金额均有显著的积极影响，说明非正规信贷可得性有助于农户参与非正规金融市场。研究结果证实了假设3.1。

表6-1 信贷可得性对农户金融市场参与回归结果

	（1） 金融资产投资 Logit	（2） 金融资产种类 有序 Pobit	（3） 金融资产金额 Tobit	（4） 金融资产收益 Tobit	（5） 民间借出行为 Logit	（6） 民间借出金额 Tobit
银行贷款排斥	-0.541 * (0.299)	-0.240 * (0.129)	-10.140 ** (4.755)	0.011 (0.073)	-0.444 *** (0.134)	-2.815 *** (0.686)
民间信贷能力	0.015 * (0.008)	0.008 ** (0.004)	0.201 * (0.115)	0.012 * (0.007)	0.020 *** (0.005)	0.131 *** (0.033)
控制变量	已控制	已控制	已控制	已控制	已控制	已控制
县域特征	已控制	已控制	已控制	已控制	已控制	已控制
调研年份	已控制	已控制	已控制	已控制	已控制	已控制
N	4178	4178	4178	4178	4178	4178
Pseudo R^2	0.163	0.153	0.095	0.087	0.134	0.084
Log likelihood	-681.852	-777.775	-659.462	-3209.569	-1703.170	-3362.050

注：①＊、＊＊、＊＊＊分别表示在10%、5%、1%的水平上显著；②括号内是农户家庭层面的聚类稳健标准误。

6.2.3　信贷可得性的中介效应检验

根据前文的结果可知，数字支付使用和信贷可得性均能对农户金融市场参与产生积极影响，此外，数字支付使用又能提高农户信贷可得性。数字支付使用是否能通过信贷可得性影响农户金融市场参与以及中介作用大小则是接下来需要解决的问题。利用逐步检验回归系数法（Logit 模型）、Sobel 检验、Bootstrap 检验以及乘积分布法检验等中介模型对信贷可得性（包括正规信贷可得性和非正规信贷可得性）的中介效应进行计算和检验，并在此基础上对中介效果进行分析。

分析正规信贷可得性在数字支付使用影响农户正规金融市场参与中的中介作用。逐步检验回归系数法计算结果如表 6-2 中列（1）所示，在加入银行贷款排斥后，农户正规金融市场参与和数字支付使用之间的显著关系没有发生变化，农户正规信贷可得性与正规金融市场参与之间显著相关，说明正规信贷可得性在数字支付使用和农户金融市场参与之间起到了部分中介作用。进一步使用 Sobel 检验、Bootstrap 检验和乘积分布法检验对银行贷款排斥的中介效应进行计算和检验，结果如表中列（2）～列（4）所示。中介效应的 Sobel 检验 P 值大于 0.05，Bootstrap 检验和乘积分布法检验结果中，置信区间包含 0，无法证明中介效应成立。乘积分布法检验计算出间接效应为 0.187，并在 10% 水平上显著，证明了中介效应的存在。研究结果证实了假设 3.2。

表 6-2　正规信贷可得性对农户正规金融市场参与的中介效应

	（1）逐步检验回归系数法	（2）Sobel 检验	（3）Bootstrap 检验	（4）乘积分布法检验
数字支付使用	1.024 *** (0.220)			
银行贷款排斥	-0.495 * (0.296)			
系数 α		-0.071 *** (0.015)		-0.379 *** (0.108)
系数 β		-0.010 (0.008)		-0.495 * (0.296)
直接效应		0.043 *** (0.008)	0.043 *** (0.008)	

续表

	（1） 逐步检验回归系数法	（2） Sobel 检验	（3） Bootstrap 检验	（4） 乘积分布法检验
置信区间			(0.029, 0.058)	
间接效应		0.001 (0.001)	0.001 (0.000)	0.187* (0.128)
置信区间			(−0.000, 0.002)	(0.002, 0.417)
总效应		0.044*** (0.008)		
Sobel 检验（P 值）		0.257		

注：①＊、＊＊＊分别表示在 10%、1%的水平上显著；②括号内是回归参数的标准差；③Bootstrap 抽样次数设定为 500；④逐步检验回归过程中控制了投资者特征、财富特征和家庭人口、社会网络以及时间变量和地区变量。

分析正规信贷可得性在数字支付使用影响农户非正规金融市场参与中的中介作用。逐步检验回归系数法计算结果如表 6-3 中列（1）所示，在加入银行贷款排斥后，农户非正规金融市场参与和数字支付使用之间的显著关系没有发生变化，农户正规信贷可得性与非正规信金融市场参与之间显著相关，说明正规信贷可得性在数字支付使用和农户非正规金融市场参与之间起到了部分中介作用。进一步使用 Sobel 检验、Bootstrap 检验和乘积分布法检验对银行贷款排斥的中介效应进行计算和检验，结果如表中列（2）~列（4）所示。中介效应的 Sobel 检验 P 值小于 0.05，Bootstrap 检验和乘积分布法检验结果中，置信区间很显然不包含 0，均说明中介效应成立。Sobel 检验和 Bootstrap 检验表明，数字支付使用对农户非正规金融市场参与的总效应为 0.045，等于直接效应 0.042 加上正规信贷可得性的间接效应 0.003，中介效应占比为 6.13%。使用乘积分布法检验计算出间接效应为 0.163，再次证实了正规信贷可得性在数字支付使用与非正规金融市场参与中直接发挥中介作用。研究结果证实了假设 3.2。

表 6-3　正规信贷可得性对农户非正规金融市场参与的中介效应

	（1） 逐步检验回归系数法	（2） Sobel 检验	（3） Bootstrap 检验	（4） 乘积分布法检验
数字支付使用	0.408*** (0.108)			

	（1） 逐步检验回归系数法	（2） Sobel 检验	（3） Bootstrap 检验	（4） 乘积分布法检验
银行贷款排斥	-0.430*** （0.135）			
系数 α		-0.071*** （0.015）		-0.379*** （0.108）
系数 β		-0.038*** （0.015）		-0.430*** （0.135）
直接效应		0.042*** （0.014）	0.042*** （0.014）	
置信区间			（0.015，0.070）	
间接效应		0.003** （0.001）	0.003** （0.001）	0.163** （0.070）
置信区间			（0.001，0.005）	（0.060，0.289）
总效应		0.045*** （0.014）		
Sobel 检验（P 值）		0.020		

注：①**、***分别表示在 5%、1%的水平上显著；②括号内是回归参数的标准差；③Bootstrap 抽样次数设定为 500；④逐步检验回归过程中控制了投资者特征、财富特征和家庭人口、社会网络以及时间变量和地区变量。

分析非正规信贷可得性在数字支付使用影响农户正规金融市场参与中的中介作用。逐步检验回归系数法计算结果如表 6-4 中列（1）所示，在加入民间信贷能力后，农户正规金融市场参与和数字支付使用之间的显著关系没有发生变化，但是农户非正规信贷可得性与正规金融市场参与的关系并不显著，说明非正规信贷可得性在数字支付使用和农户金融市场参与之间并未起到中介作用。进一步使用 Sobel 检验、Bootstrap 检验和乘积分布法检验对民间信贷能力的中介效应进行计算和检验，结果如表中列（2）~列（4）所示。中介效应的 Sobel 检验 P 值大于 0.05，Bootstrap 检验和乘积分布法检验结果中，置信区间均包含 0，均说明中介效应不成立。

表6-4 非正规信贷可得性对农户正规金融市场参与的中介效应

	（1） 逐步检验回归系数法	（2） Sobel 检验	（3） Bootstrap 检验	（4） 乘积分布法检验
数字支付使用	1.033*** （0.221）			
民间信贷能力	0.013 （0.008）			
系数 α		0.268 （0.299）		0.680** （0.303）
系数 β		0.000 （0.000）		0.013 （0.008）
直接效应		0.043*** （0.008）	0.043*** （0.008）	
置信区间			（0.027，0.058）	
间接效应		0.000 （0.000）	0.000 （0.000）	0.009 （0.008）
置信区间			（-0.000，0.001）	（-0.001，0.023）
总效应		0.044*** （0.008）		
Sobel 检验（P 值）		0.475		

注：①**、***分别表示在5%、1%的水平上显著；②括号内是回归参数的标准差；③Bootstrap 抽样次数设定为500；④逐步检验回归过程中控制了投资者特征、财富特征和家庭人口、社会网络以及时间变量和地区变量。

分析非正规信贷可得性在数字支付使用影响农户非正规金融市场参与中的中介作用。逐步检验回归系数法计算结果如表6-5中列（1）所示，在加入民间信贷能力后，农户非正规金融市场参与和数字支付使用之间的显著关系没有发生变化，农户非正规信贷可得性与非正规金融市场参与之间显著相关，说明非正规信贷可得性在数字支付使用和农户非正规金融市场参与之间起到了部分中介作用。进一步使用 Sobel 检验、Bootstrap 检验和乘积分布法检验对民间信贷能力的中介效应进行计算和检验，结果如表中列（2）~列（4）所示。中介效应的 Sobel 检验 P 值大于0.05，Bootstrap 检验和乘积分布法检验结果中，置信区间包含0，均不能说明中介效应成立。乘积分布法检验计算出间接效应为0.013，并在5%的水平上显著，证明了中介效应的成立。研究结论证实了假设3.3。

表6-5　非正规信贷可得性对农户非正规金融市场参与的中介效应

	（1） 逐步检验回归系数法	（2） Sobel 检验	（3） Bootstrap 检验	（4） 乘积分布法检验
数字支付使用	0.409*** （0.108）			
民间信贷能力	0.019*** （0.005）			
系数 α		0.268 （0.299）		0.680** （0.303）
系数 β		0.003 （0.001）		0.019*** （0.005）
直接效应		0.044*** （0.014）	0.044*** （0.014）	
置信区间			（0.015，0.074）	
间接效应		0.001 （0.001）	0.001 （0.001）	0.013** （0.007）
置信区间			（-0.001，0.003）	（0.003，0.025）
总效应		0.045*** （0.014）		
Sobel 检验（P 值）		0.382		

注：①**、***分别表示在5%、1%的水平上显著；②括号内是回归参数的标准差；③Bootstrap 抽样次数设定为500；④逐步检验回归过程中控制了投资者特征、财富特征和家庭人口、社会网络以及时间变量和地区变量。

6.3　数字支付使用影响信贷可得性和金融市场参与机制的实证检验

6.3.1　变量选取

6.3.1.1　供给效应

供给效应主要通过线上供给渠道增多和低成本的接触来体现，考虑到当前直接通过网络获取信贷的农户较少，主要通过数字支付使用对农户线上金融市场参与的影响来证实供给效应的存在。为此，选取"线上投资行为"作为被解释变量，分析数字支付使用对农户线上投资行为的影响。线上投资行为具体指农户通过线上平台自主购置金融资产的行为，如农户通过支付宝平台、微信支付平台（财付通）或京东金融等平台购买基金、债券，通过证券软件购买股票、债券或基金等。如果农户通过线上平台自主购置金融资产赋值为1，否则赋值为0。

6.3.1.2 信息效应

农户信息来源渠道和信息关注方面体现了农户的信息获取能力和信息处理能力，引入信息来源渠道和信息关注方面两个变量，用以表述数字支付使用产生的信息效应。两个变量的定义如下：

信息来源渠道是指农户通过几个渠道获取信息。信息渠道通过询问农户获取信息的主要来源，设置具体选项：1. 报纸、杂志；2. 电视；3. 收音机；4. 互联网；5. 手机短信；6. 亲戚、朋友、同事；7. 其他。以信息来源数量为信息渠道赋值。

信息关注方面是指农户关注哪几个方面的信息。信息关注方面通过访问农户关注哪几方面的信息，设置具体选项：1. 补贴政策；2. 农资价格；3. 气象信息；4. 务工信息；5. 农业保险政策；6. 养老；7. 农村文化生活；8. 教育；9. 看病；10. 其他（需填列）。以关注方面的数量为信息关注赋值。

在信息获取渠道中，关注网络信息获取。为此定义"网络信息获取"：农户通过互联网获取信息，如果是赋值为1，否则赋值为0。

在信息关注内容中，侧重分析农户对金融信息的关注。为此定义"金融信息关注"：农户关注保险、金融、财经、商业和投资方面的信息，如果是取值为1，否则取值为0。

6.3.1.3 金融知识

金融知识涉及银行贷款知识和投资理财知识。其中，"投资理财知识"通过询问农户四个理财问题，以回答正确问题数量进行赋值；"银行贷款知识"通过问题"对银行贷款的条件和程序的了解程度：1. 完全不了解；2. 不是很了解；3. 了解；4. 比较了解；5. 非常了解"获取，并根据选项对银行贷款知识变量进行赋值。

6.3.1.4 社会互动

为验证数字支付使用使农户社交活动更加频繁从而影响农户金融市场参与行

为，选取"线上社交活动"为被解释变量，设置问题"如果会上网，平时上网最常见的三类活动是什么？1. 通过微信和 QQ 聊天；2. 阅读新闻；3. 游戏和娱乐；4. 购物；5. 通过互联网支付和消费；6. 互联网投资和理财；7. 不上网；8. 其他"。如果农户选择"1. 通过微信和 QQ 聊天"，则认为农户有较频繁的线上社交活动，赋值为1，否则赋值为0。以数字支付使用为解释变量，同时控制农户投资者特征、财富特征和家庭人口以及社会网络等控制变量。

礼金支出是指因婚丧嫁娶活动而发生的礼金支出，体现了亲友之间的情感支持，一定程度上反映了农户社会网络的规模和数量。

6.3.1.5 正规信贷信心

根据农户对待银行贷款的态度，设置问题"如果您有生产性资金需要（如做生意），您倾向于使用哪种贷款方式（多选）：1. 向亲戚朋友借款；2. 银行、信用社借款；3. P2P 等非正规银行网络借款；4. 其他方式；5. 放弃机会也不借款"。如果农户的回答中包含了"2. 银行、信用社借款"，则表示农户有获取正规信贷的信心。定义"正规信贷倾向"为：如果您有生产性资金需要（如做生意）是否倾向于使用银行贷款，将选择"银行、信用社借款"的农户赋值为1，否则赋值为0。若农户选择"向亲戚朋友借款"，表明农户倾向于接受非正规信贷方式。定义"非正规信贷倾向"为：如果您有生产性资金需要（如做生意）是否倾向于使用民间信贷，将选择"向亲戚朋友借款"的农户赋值为1，否则赋值为0。若农户选择"放弃机会也不借款"，则表明农户在信贷获取方面存在排斥心理。定义"自我排斥"：如果您有生产性资金需要（如做生意）是否放弃机会也不借款，选择"放弃机会也不借款"的农户赋值为1，否则赋值为0。

6.3.1.6 交易成本

数字支付使用对农户金融市场参与成本的节约可以通过数字支付使用频率来体现。数字支付使用频率越高，降低交易成本的作用越明显，农户参与正规金融市场的概率也就越大（辛馨，2017）。可以通过农户使用数字支付的频率与金融市场参与概率之间的关系来体现数字支付降低交易成本的作用。

以数字支付使用频率为解释变量。针对 2017 年和 2018 年的调研数据，数字支付使用频率如下：极少使用、偶尔使用和经常使用。2019 年调研问卷对数字支付使用频率进行了细化，使用频率如下：每周少于 1 次、每周 1~2 次、每周 3~5 次以及几乎每天都用。根据农户使用数字支付的不同频率，产生相应的虚拟变量，分别分析不同频率对农户金融市场参与的影响。相关变量的定义和描述性统计如表6-6所示。

表6-6　相关变量定义和描述性统计

维度	变量名称	变量定义	均值	标准差
供给效应	线上投资行为	是否通过线上平台自主购置金融资产（是=1，否=0）	0.0191	0.137
信息效应	信息来源渠道	通过几种渠道获取信息	1.893	0.991
	信息关注方面	关注哪几个方面的信息	2.396	1.751
	网络信息获取	是否通过互联网获取信息（是=1，否=0）	0.425	0.494
	金融信息关注	是否关注保险、金融、财经、商业和投资方面的信息（是=1，否=0）	0.0989	0.298
金融知识	银行贷款知识	对银行贷款的条件和程序的了解程度：1. 完全不了解；2. 不是很了解；3. 了解；4. 比较了解；5. 非常了解	2.355	1.264
	投资理财知识	四个理财问题，以回答正确问题数量（个）进行赋值	0.688	1.036
社会互动	线上社交活动	是否有较频繁的线上社交活动（是=1，否=0）	0.469	0.499
	礼金支出	婚丧嫁娶礼金支出（万元）	0.384	1.177
获取正规信贷的信心	正规信贷倾向	如果您有生产性资金需要（如做生意）是否倾向于使用银行贷款（是=1，否=0）	0.134	0.340
	非正规信贷方式	如果您有生产性资金需要（如做生意）是否倾向于使用民间信贷（是=1，否=0）	0.156	0.363
	自我排斥	如果您有生产性资金需要（如做生意）是否放弃机会也不借款（是=1，否=0）	0.0158	0.125
交易成本	数字支付使用频率（2017年和2018年数据）	极少使用（是=1，否=0）	0.0136	0.116
		偶尔使用（是=1，否=0）	0.0972	0.296
		经常使用（是=1，否=0）	0.154	0.361
	数字支付使用频率（2019年数据）	每周少于1次（是=1，否=0）	0.0196	0.139
		每周1~2次（是=1，否=0）	0.0354	0.185
		每周3~5次（是=1，否=0）	0.128	0.334
		几乎每天都用（是=1，否=0）	0.263	0.440

6.3.2　数字支付使用对信贷可得性的影响机制检验

6.3.2.1　信息效应

信息效应对农户的影响是多方面的，数字支付使用通过信息效应以极低的成本向农户传播各种信息，提高农户对信贷和资产配置的认识，帮助农户克服因信息匮乏而被排斥在金融市场之外的窘境。数字支付使用的信息效应还具有无形性的特点，带来的影响难以定量测算。信息效应难以采用统一口径进行测算，以信息来源渠道、网络信息获取、信息关注方面和金融信息关注等变量作为信息效应的代理变量，即本节的被解释变量，以农户数字支付使用为关键解释变量，同时控制农户个人特征和家庭特征等控制变量。

因采用测算方法的差异直接关系测算结果的大小，而代表信息效应的变量仅能说明信息效应的存在，无法准确代表信息效应，故在计算过程中重点关注回归结果是否显著，而放宽对系数大小的解释。首先，验证数字支付使用能够产生信息效应，表现为对农户信息渠道和信息关注的影响，回归结果如表 6-7 所示。表中列（1）为数字支付使用对农户信息来源渠道的回归结果，表明数字支付使用能增加农户获取信息的渠道，使用数字支付的农户获取信息的渠道相对更多。列（2）为数字支付使用对农户网络信息获取的影响，结果表明使用数字支付的农户更倾向于从网络获取信息，数字支付使用提升农户获取信息的能力。列（3）为数字支付使用对农户信息关注方面的回归结果，表明使用数字支付的农户关注的信息范围更广。列（4）为数字支付使用对农户金融信息关注的影响，表明数字支付使用提高了农户的金融信息意识和自主学习能力。控制变量的回归结果表明，男性、受正规教育年限长以及家庭年收入高的农户的信息来源渠道更多，关注的信息范围也相对更广，擅长通过网络获取信息，并更加关注金融方面的信息。

表 6-7　数字支付使用对信息效应回归结果

	（1） 信息来源渠道 有序 Probit	（2） 网络信息获取 Probit	（3） 信息关注方面 有序 Probit	（4） 金融信息关注 Probit
数字支付使用	0.351 ***	1.061 ***	0.154 ***	0.186 ***
	（0.042）	（0.054）	（0.041）	（0.068）
受访者性别	0.099 ***	0.237 ***	0.123 ***	0.334 ***
	（0.035）	（0.049）	（0.035）	（0.059）
受访者年龄	-0.003	-0.020	0.035 **	0.053 **
	（0.015）	（0.023）	（0.015）	（0.027）

续表

	（1） 信息来源渠道 有序 Probit	（2） 网络信息获取 Probit	（3） 信息关注方面 有序 Probit	（4） 金融信息关注 Probit
年龄的平方	−0.000 （0.000）	−0.000 （0.000）	−0.000 * （0.000）	−0.000 （0.000）
受正规教育年限	0.042 *** （0.006）	0.082 *** （0.009）	0.029 *** （0.006）	0.055 *** （0.011）
家庭成员数量	−0.008 （0.011）	−0.022 （0.015）	0.011 （0.011）	0.005 （0.018）
家庭年收入	0.037 *** （0.014）	0.128 *** （0.020）	0.018 （0.014）	0.013 （0.023）
县域特征	已控制	已控制	已控制	已控制
调研年份	已控制	已控制	已控制	已控制
N	4178	4178	4178	4178
Pseudo R^2	0.038	0.308	0.026	0.073
Log likelihood	−5320.787	−1970.406	−7113.468	−1249.494

注：*、**、***分别表示在10%、5%、1%水平上显著。

为克服内生性影响，选取农户"调研当年县级层面使用数字支付的平均水平"和"农户是否有智能手机"两个工具变量，虽部分结果仍未通过过度识别检验，但已是尝试多种工具变量选取方法后的最好选择。利用 2SLS 估计和工具变量 Probit 模型进行验证，回归结果如表6-8所示。在控制其他变量的前提下，列（1）表明工具变量回归结果中数字支付使用对农户信息来源渠道的影响依然显著。列（2）和列（3）的结果表明，两种工具变量估计方法均证实数字支付使用有助于农户通过网络获取信息。由列（4）可知，内生性检验拒绝了信息关注方面是外生变量的假设，克服了内生性问题后，结果依然显著。列（5）和列（6）的结果表明，两种工具变量估计方法均证实数字支付使用有助于农户关注金融方面的信息。

表6-8 基于工具变量的数字支付使用对信息效应回归结果

	（1） 信息来源渠道 2SLS	（2） 网络信息获取 2SLS	（3） 网络信息获取 IV Probit	（4） 信息关注方面 2SLS	（5） 金融信息关注 2SLS	（6） 金融信息关注 IV Probit
数字支付使用	1.188*** （0.108）	1.145*** （0.055）	3.215*** （0.162）	0.735*** （0.183）	0.124*** （0.031）	0.578*** （0.151）
控制变量	已控制	已控制	已控制	已控制	已控制	已控制
县域特征	已控制	已控制		已控制	已控制	
调研年份	已控制	已控制		已控制	已控制	
过度识别检验	0.000***	0.000***	0.000***	0.000***	0.362	0.001***
弱工具变量检验	295.953***	295.953***	393.13***	295.953***	295.953***	14.67***
内生性检验	0.000***	0.000***	0.000***	0.000***	0.000***	0.013**

注：①除列（3）和列（5）外，括号内是农户家庭层面的聚类稳健标准误；②2SLS模型采用DWH检验方法进行内生性检验，内生性检验和过度识别检验列示结果为P值，弱工具变量检验所列示结果均为F统计量；IV Probit弱工具变量检验列示结果为Wald检验卡方值，过度识别检验列示结果为Wald检验P值；③**、***分别表示在5%、1%水平上显著。

表6-9为数字支付使用、网络信息获取和正规信贷可得性的实证结果。列（1）为数字支付使用和网络信息获取对银行贷款排斥的回归结果，数字支付使用和网络信息获取对银行贷款排斥的影响系数同时为负且显著，可以得出数字支付使用能通过网络信息获取降低农户面临的银行贷款排斥的结论，即数字支付使用通过促使农户在网络获取信息从而实现正规信贷可获得；列（2）为数字支付使用和网络信息获取对农户银行贷款行为的回归结果，数字支付使用和网络信息获取对银行贷款行为的影响系数同时为正且显著，表明数字支付使用能通过网络信息获取提高农户贷款概率；列（3）为数字支付使用和网络信息获取对银行贷款额度的回归结果，网络信息获取对银行贷款额度的影响虽然不显著但系数为正；列（4）为数字支付使用和网络信息获取对银行授信额度的回归结果，数字支付使用和网络信息获取对银行授信额度的影响系数均为正且显著，表明使用数字支付和从网络获取信息的农户，其银行授信额度往往较高；列（5）是数字支付使用和网络信息获取对农户正规信贷可得性指数的回归结果，表明数字支付使用能通过网络信息获取提高农户综合的正规信贷可得性水平。

表6-9　数字支付使用、网络信息获取与农户正规信贷可得性回归结果

	（1） 银行贷款排斥 Probit	（2） 银行贷款行为 Probit	（3） 银行贷款额度 Tobit	（4） 银行授信额度 Tobit	（5） 正规信贷可得性指数 Tobit
数字支付使用	-0.128** （0.063）	0.284*** （0.060）	7.061*** （1.666）	4.981*** （1.073）	1.764*** （0.334）
网络信息获取	-0.236*** （0.061）	0.191*** （0.056）	2.404 （1.482）	4.673*** （1.022）	1.442*** （0.317）
控制变量	已控制	已控制	已控制	已控制	已控制
县域特征	已控制	已控制	已控制	已控制	已控制
调研年份	已控制	已控制	已控制	已控制	已控制
N	4178	4178	4178	4178	4178
Pseudo R^2	0.109	0.109	0.051	0.099	0.033
Log likelihood	-1857.830	-2081.846	-4403.436	-6426.488	-12748.772

注：**、***分别表示在5%、1%水平上显著。

6.3.2.2　银行贷款知识

为验证数字支付使用增加了农户正规信贷的知识，以银行贷款知识为被解释变量，以农户数字支付使用为解释变量，采取逐步增加控制变量的方法证明结果的稳健性。因银行贷款知识为有序变量，故使用有序 Probit 模型进行回归分析。回归结果如表6-10所示，列（1）~列（3）表明，无论是否控制农户个人特征和家庭特征等控制变量，数字支付使用对农户银行贷款知识均有显著的正向影响。为克服内生性影响，选取农户"调研当年县级层面使用数字支付的平均水平"和"农户是否有智能手机"两个工具变量，利用 2SLS 分析数字支付使用对农户金融知识的影响，工具变量回归支持了数字支付使用提高了农户银行贷款知识这一结论的稳健性。此外，男性受访者的银行贷款一般高于女性受访者，年龄与银行贷款知识的获取呈倒"U"型关系变动，受教育年限和家庭年收入对农户获取银行贷款知识有积极作用。

表6-10　数字支付使用对农户银行贷款知识回归结果

	（1） 有序 Probit	（2） 有序 Probit	（3） 有序 Probit	（4） 2SLS
数字支付使用	0.619*** （0.035）	0.479*** （0.040）	0.457*** （0.042）	1.100*** （0.127）

续表

	（1） 有序 Probit	（2） 有序 Probit	（3） 有序 Probit	（4） 2SLS
受访者性别		0.441 *** （0.036）	0.413 *** （0.037）	0.367 *** （0.040）
受访者年龄		0.099 *** （0.015）	0.121 *** （0.015）	0.127 *** （0.016）
年龄的平方		−0.001 *** （0.000）	−0.001 *** （0.000）	−0.001 *** （0.000）
受正规教育年限		0.022 *** （0.006）	0.038 *** （0.006）	0.021 *** （0.007）
家庭成员数量		−0.008 （0.011）	0.022 ** （0.011）	0.017 （0.011）
家庭年收入		0.092 *** （0.014）	0.063 *** （0.015）	0.038 ** （0.016）
县域特征			已控制	已控制
调研年份			已控制	已控制
N			4178	4178
R^2				0.171
Pseudo R^2	0.028	0.052	0.080	
Log likelihood	−5977.080	−5826.657	−5656.682	

注：** 、*** 分别表示在 5%、1% 水平上显著。

数字支付使用、银行贷款知识和正规信贷可得性的实证结果如表 6-11 所示。列（1）为数字支付使用和银行贷款知识对银行贷款排斥的回归结果，数字支付使用和银行贷款知识对银行贷款排斥的影响系数同时为负且显著，根据逐步检验回归系数法的思想，可以得出数字支付使用能通过改善银行贷款知识降低农户面临的银行贷款排斥的结论，即数字支付使用通过提高农户银行贷款知识从而克服农户银行贷款排斥问题；列（2）为数字支付使用和银行贷款知识对农户银行贷款行为的回归结果，数字支付使用和银行贷款知识对银行贷款行为的影响系数同时为正且显著，表明数字支付使用能通过银行贷款知识提高农户贷款概率；列（3）为数字支付使用和银行贷款知识对银行贷款额度的回归结果，表明数字支付使用和银行贷款知识的掌握有助于农户获取更高的银行贷款金额；列（4）为数字支付使用和银行贷款知识对银行授信额度的回归结果，影响系数均为正且显

著，表明使用数字支付和贷款知识丰富的农户，其银行授信额度往往较高；列
（5）是数字支付使用和银行贷款知识对农户正规信贷可得性指数的回归结果，
表明数字支付使用能通过银行贷款知识提高农户综合的正规信贷可得性水平。

表6-11　数字支付使用、银行贷款知识与农户正规信贷可得性程度回归结果

	（1） 银行贷款排斥 Probit	（2） 银行贷款行为 Probit	（3） 银行贷款金额 Tobit	（4） 银行授信金额 Tobit	（5） 农户正规信贷可得性指数 Tobit
数字支付使用	−0.127** （0.062）	0.160*** （0.061）	3.194** （1.446）	3.542*** （0.901）	1.148*** （0.289）
银行贷款知识	−0.231*** （0.023）	0.484*** （0.021）	9.701*** （0.832）	6.675*** （0.514）	2.393*** （0.117）
控制变量	已控制	已控制	已控制	已控制	已控制
县域特征	已控制	已控制	已控制	已控制	已控制
调研年份	已控制	已控制	已控制	已控制	已控制
N	4178	4178	4178	4178	4178
Pseudo R^2	0.131	0.233	0.092	0.129	0.051
Log likelihood	−1812.821	−1792.941	−4211.338	−6209.106	−12506.273

注：**、***分别表示在5%、1%水平上显著。

6.3.2.3　获取正规信贷信心

以"正规信贷倾向""非正规信贷倾向"和"信贷排斥"为被解释变量，分
析数字支付使用是否提高了农户正规信贷信心。以"正规信贷倾向"为被解释
变量的回归结果如表6-12中列（1）和列（2）所示。数字支付使用提高了农户
通过银行或信用社等正规渠道获取信贷的意愿，增加了农户获取正规信贷的信
心。此外，受访者受教育年限、劳动人口比重和家庭年收入与农户通过正规信贷
渠道满足信贷需求存在正相关关系。以"非正规信贷倾向"为被解释变量的回
归结果如列（3）和列（4）所示。数字支付使用对农户通过非正规渠道满足信
贷需求的影响为负，主要是由于数字支付使用提高了农户获取正规信贷的信心，
对民间借贷起到替代作用。以"自我排斥"为被解释变量的回归结果如列（5）
和列（6）所示，表明数字支付使用降低了农户的自我排斥，对鼓励农户通过贷
款获取外部资金起到积极作用。以上结果均证实了数字支付使用有利于增加农户

获取正规信贷的信心。

表 6-12　数字支付使用与农户获取贷款方式回归结果

	（1）	（2）	（3）	（4）	（5）	（6）
	正规信贷倾向		非正规信贷倾向		自我排斥	
数字支付使用	0.690***	0.456***	−0.443***	−0.304***	−0.510***	−0.299*
	(0.076)	(0.096)	(0.074)	(0.096)	(0.121)	(0.169)
受访者性别		0.017		0.055		−0.164
		(0.082)		(0.081)		(0.130)
受访者年龄		−0.009		0.057		−0.009
		(0.037)		(0.036)		(0.064)
年龄的平方		0.000		−0.001*		0.000
		(0.000)		(0.000)		(0.001)
受正规教育年限		0.043***		−0.036***		−0.027
		(0.013)		(0.012)		(0.019)
家庭成员数量		0.023		0.001		−0.071
		(0.027)		(0.027)		(0.049)
劳动人口比重		0.465**		−0.516***		0.231
		(0.192)		(0.190)		(0.308)
家庭年收入		0.149***		−0.114***		0.014
		(0.037)		(0.036)		(0.049)
礼金支出		0.051		−0.082		−0.041
		(0.074)		(0.077)		(0.102)
非农社会关系		−0.060		0.074		0.165
		(0.082)		(0.081)		(0.130)
县域特征		已控制				已控制
N	1252	1252	1252	1252	1252	1252
Pseudo R²	0.049	0.179	0.021	0.141	0.035	0.139
Log likelihood	−818.133	−706.650	−848.584	−744.624	−249.289	−222.595

注：*、**、***分别表示在10%、5%、1%水平上显著。

6.3.2.4　社会互动

家庭金融所具有的社会性要求有关家庭金融问题的研究要纳入社会学的研究

视角，吸收经济社会学的研究范式——在社会和文化背景中理解经济现象。家庭资产负债配置容易受到周围人的影响，其中互动和信任是两个主要概念（唐珏和朱启贵，2008）。社交活跃的家庭往往参与金融市场进行资产配置的概率更大（Hong et al.，2004）。如非正规金融投资就是依托于中国农村特殊的社会文化形成的。数字技术作为一种新的技术，对农户传统的社交方式产生了冲击，也带来了新的改变，如微信群的出现使农户社交活动呈现出新的方式，朋友之间的金融活动往来更加方便，社交和金融的关系也更加密切，降低了社交活动中资金往来的成本，使民间借出即非正规金融市场参与更加容易。

为验证数字支付使用对社交互动的积极影响，以"线上社交活动"和"礼金支出"为被解释变量，以"农户数字支付使用"为解释变量，同时控制农户个人特征和家庭特征等控制变量。为克服内生性影响，选取农户"调研当年县级层面使用数字支付的平均水平"和"农户是否有智能手机"两个工具变量，利用两阶段最小二乘（2SLS）分析数字支付使用对农户线上社交活动和礼金支出的影响，回归结果如表 6-13 所示。数字支付使用对农户线上社交活动和礼金支出均有积极影响，工具变量回归支持了这一结果的稳健性。此外，女性线上社交活动更加活跃，家庭年收入对农户礼金支出有正向影响。

表 6-13　数字支付使用对农户社会互动回归结果

	（1）	（2）	（3）	（4）
	线上社交活动		礼金支出	
	Probit	2SLS	OLS	2SLS
数字支付使用	0.962 ***	1.475 ***	0.117 ***	0.265 **
	（0.052）	（0.067）	（0.037）	（0.126）
受访者性别	−0.030	−0.119 ***	0.069 **	0.054
	（0.047）	（0.021）	（0.029）	（0.039）
受访者年龄	−0.012	0.000	0.006	0.007
	（0.021）	（0.008）	（0.018）	（0.016）
年龄的平方	−0.000	0.000 **	−0.000	−0.000
	（0.000）	（0.000）	（0.000）	（0.000）
受正规教育年限	0.057 ***	−0.013 ***	0.007 *	0.004
	（0.008）	（0.004）	（0.004）	（0.007）

续表

	(1)	(2)	(3)	(4)
	线上社交活动		礼金支出	
	Probit	2SLS	OLS	2SLS
家庭成员数量	−0.010 (0.014)	−0.007 (0.006)	−0.010 (0.009)	−0.010 (0.011)
家庭年收入	0.100*** (0.018)	−0.024*** (0.008)	0.115*** (0.019)	0.108*** (0.015)
县域特征	已控制	已控制	已控制	已控制
调研年份	已控制	已控制	已控制	已控制
N	4178	4178	4178	4178
R^2			0.067	0.064
Pseudo R^2	0.232			
Log likelihood	−2218.443		−6465.059	

注: *、**、***分别表示在10%、5%、1%水平上显著。

农户线上社交活动与数字支付使用的内生性较为严重,两者受多个共同因素影响,因遗漏变量而导致的内生性问题尤为突出。为将内生性的影响降到最低,此处采用多种方法应对内生性问题。首先采用工具变量回归的方法,借鉴张呈磊(2021)采用滞后一期作为工具变量的做法,选取"滞后一期的数字支付使用"和"调研当年县级层面使用数字支付的平均水平"为工具变量,采用2SLS进行估计的结果如表6-14中列(1)所示,采用工具变量Probit模型回归结果如列(2)所示,均表明引入工具变量后的回归结果依然显著。为克服遗漏变量的影响,选取面板模型进行估计。在回归中,使用农户家庭层面的聚类稳健标准误,允许同一农户存在相关性,而不同个体之间不相关,能够解决不随时间而变但随个体而异的遗漏变量问题。同时引入时间固定效应,以解决遗漏变量问题。列(3)为个体固定效应模型回归结果,列(4)为控制个体固定效应和时间固定效应的双向固定效应模型的回归结果,均表明数字支付使用对农户线上社交活动有积极影响。考虑到线上社交活动为二值变量,选取面板二值选择模型进行估计(面板Logit),估计结果如列(5)所示,数字支付使用对线上社交活动的影响依然是显著的,再次支持了上述研究结果的稳健性。

表 6-14　数字支付使用与农户线上社交活动的内生性分析

	（1） 2SLS	（2） IV Probit	（3） 固定效应模型	（4） 双向固定效应模型	（5） 面板二值选择模型
数字支付使用	0.809*** （0.210）	2.115*** （0.448）	0.200*** （0.046）	0.171*** （0.049）	0.929*** （0.250）
控制变量	已控制	已控制	已控制	已控制	已控制
县域特征	已控制				
调研年份	已控制			已控制	
N	612	612	1215	1215	478
R^2	0.180		0.076	0.084	
Pseudo R^2					0.115
Log likelihood			−243.615	−238.635	−149.373

注：①括号内是回归参数的标准误；②***表示在1%水平上显著。

采用逐步检验回归系数法分析农户数字支付使用、社会互动和非正规信贷可得性的关系，实证结果如表 6-15 所示。列（1）、列（3）和列（5）为数字支付使用和线上社交活动对非正规信贷可得性的回归结果。列（2）、列（4）和列（6）为数字支付使用、礼金支出和非正规信贷可得性的实证结果。数字支付使用和礼金支出对民间信贷能力的回归系数同时为正且显著，可以得出数字支付使用能通过扩大农户社交规模提高农户民间信贷能力的结论；数字支付使用和礼金支出对民间借款金额的回归系数均为正且显著，表明使用数字支付通过扩大农户社交规模，有助于农户通过非正规渠道获取更多借款。

表 6-15　数字支付使用、社会互动与农户非正规信贷可得性回归结果

	（1）	（2）	（3）	（4）	（5）	（6）
	民间信贷能力 NB 模型		民间借款行为 Probit		民间借款金额 Tobit	
数字支付使用	0.083** （0.041）	0.096** （0.039）	0.110* （0.061）	0.116** （0.058）	0.766 （0.504）	1.104** （0.479）
线上社交活动	0.039 （0.037）		0.018 （0.053）		0.912* （0.493）	
礼金支出		0.124*** （0.031）		0.010 （0.017）		0.344* （0.194）

续表

	(1)	(2)	(3)	(4)	(5)	(6)
	民间信贷能力 NB 模型		民间借款行为 Probit		民间借款金额 Tobit	
控制变量	已控制		已控制		已控制	
县域特征	已控制		已控制		已控制	
调研年份	已控制		已控制		已控制	
N	4178	4178	4178	4178	4178	4178
Pseudo R^2	0.018	0.018	0.071	0.071	0.029	0.029
Log likelihood	−12378.902	−12379.615	−2038.725	−2038.781	−3619.476	−3621.444

注：＊、＊＊、＊＊＊分别表示在10%、5%、1%水平上显著。

6.3.3 数字支付使用对金融市场参与的影响机制检验

6.3.3.1 供给效应

供给效应通过提供更多的金融渠道来反映，主要是线上金融供给渠道的出现提高了金融产品的触达性。农户可以借助数字支付平台，在有网络和手机的条件下直接触碰到各种金融服务。数字支付平台往往内嵌了金融产品销售渠道，向农户提供更多参与金融活动的机会，帮助农户克服农村地区实体金融服务不足的问题。

以"线上投资行为"为被解释变量，"数字支付使用"为解释变量，同时控制投资者特征、财富特征和家庭人口以及社会网络等控制变量，分析数字支付使用对农户线上投资行为的影响，回归结果如表6-16所示。为提高回归结果的稳健性，采用逐步加入控制变量的方法进行回归。不控制其他变量的回归结果如列（1）所示，数字支付使用对农户线上投资行为有显著的正向作用。控制投资者特征后的回归结果如列（2）所示，数字支付使用与农户线上投资行为存在显著的正相关关系。列（3）在列（2）的基础上进一步控制了农户的财富特征和家庭人口，列（4）在列（3）的基础上控制了社会网络方面的影响，列（5）在列（4）的基础上进一步控制了农户所在的县域特征和调研年份，数字支付使用对农户线上投资行为的影响系数虽然有所降低，但影响系数始终为正并依然显著。以上结果证实了数字支付使用对农户线上投资行为有积极影响，使用数字支付的农户更倾向于在线上购买金融产品，进行金融资产投资。此外，回归结果还表明，农户受正规教育年限、投资理财知识、家庭成员数量和购买商品房与农户线上投资行为存在显著的正相关关系。

表 6-16　数字支付使用对农户线上投资行为回归结果

	（1）	（2）	（3）	（4）	（5）
数字支付使用	1.099***	0.837***	0.754***	0.743***	0.658***
	（0.149）	（0.149）	（0.158）	（0.160）	（0.170）
受访者性别		0.033	0.028	0.042	0.150
		（0.112）	（0.115）	（0.115）	（0.124）
受访者年龄		0.054	0.037	0.040	0.042
		（0.045）	（0.044）	（0.045）	（0.045）
年龄的平方		−0.001	−0.001	−0.001	−0.001
		（0.001）	（0.001）	（0.001）	（0.001）
受正规教育年限		0.082***	0.065***	0.062**	0.053**
		（0.025）	（0.025）	（0.024）	（0.024）
投资理财知识		0.133***	0.118***	0.115***	0.148***
		（0.042）	（0.043）	（0.043）	（0.046）
家庭成员数量			−0.035	−0.038	−0.058*
			（0.034）	（0.033）	（0.035）
家庭年收入			0.154***	0.147***	0.158***
			（0.058）	（0.057）	（0.059）
商品房			0.351***	0.326***	0.331***
			（0.117）	（0.117）	（0.125）
礼金支出				0.000	0.000
				（0.000）	（0.000）
非农社会关系				0.144	0.192*
				（0.106）	（0.107）
县域特征					已控制
调研年份					已控制
N	4178	4178	4178	4178	4018
Pseudo R^2	0.113	0.169	0.198	0.202	0.243
Log likelihood	−350.784	−328.941	−317.158	−315.877	−296.951

注：①*、**、***分别表示在10%、5%、1%的水平上显著；②括号内是农户家庭层面的聚类稳健标准误；③因列（5）存在完美预测的情况，因变量在两个虚拟变量上不同取值之间没有变化，把相应的自变量以及样本删除。

数字支付使用和农户线上投资行为可能存在因遗漏变量、反向因果和测量误差而产生的内生性问题，如数字支付使用和线上投资行为可能受共同变量的影响，农户也可能为了在线上购买金融产品而使用数字支付。为克服反向因果而产生的内生性问题，使用滞后一期数字支付使用对农户线上投资行为进行回归分析。回归结果如表 6-17 中列（1）所示，滞后一期的数字支付使用对农户线上投资行为有积极影响。同时分析数字支付使用和滞后一期数字支付使用对农户线上投资行为的影响，回归结果如列（2）所示。数字支付使用和滞后一期的数字支付使用均能提升农户线上投资行为发生的概率。为了将反向因果的干扰降到最低，提升回归结果的稳健性，进一步分析了上一期未发生线上投资行为，在调研当期才开始进行线上投资行为，数字支付使用对当期线上投资行为的影响，回归结果如列（3）所示，表明数字支付使用对调研当期农户的线上投资行为有积极影响。列（4）和列（5）通过工具变量回归的方法解决内生性问题。以"农户所在村庄与县政府的距离"和"调研当年县级层面数字支付使用的平均水平"为工具变量，列（4）采用两阶段最小二乘估计、列（5）采用工具变量 Probit 模型，分别计算了数字支付使用对农户线上投资行为的影响，回归结果均表明数字支付使用对农户线上投资行为的影响依然显著。以上回归结果证实了数字支付使用农户对线上投资行为影响的稳健性，说明数字支付使用能够通过线上金融供给渠道影响农户正规金融市场参与。

表 6-17　数字支付使用与农户线上投资行为的内生性分析

	（1）Probit	（2）Probit	（3）Probit	（4）2SLS	（5）IV Probit
数字支付使用		1.325 *** (0.501)	1.140 *** (0.441)	0.062 *** (0.023)	1.477 *** (0.416)
滞后一期的数字支付使用	0.782 ** (0.333)	0.657 ** (0.312)			
控制变量	已控制	已控制	已控制	已控制	已控制
县域特征	已控制	已控制	已控制		
调研年份	已控制	已控制	已控制		
N	478	478	468	4178	4178
Pseudo R^2	0.272	0.334	0.285		

续表

	（1） Probit	（2） Probit	（3） Probit	（4） 2SLS	（5） IV Probit
Log likelihood	−40.826	−37.314	−34.583		
过度识别检验（P 值）				0.263	0.077*
弱工具变量检验				192.949***	13.50***
内生性检验				0.010***	0.046**

注：①*、**、***分别表示在10%、5%、1%的水平上显著；②除列（5）外括号内是农户家庭层面的聚类稳健标准误；③2SLS 模型采用 DWH 检验方法进行内生性检验，内生性检验和过度识别检验列示结果为 P 值，弱工具变量检验列示结果均为 F 统计量；IV Probit 弱工具变量检验列示结果为 Wald 检验的卡方值，过度识别检验列示结果为 Wald 检验 P 值；④因工具变量与县域特征和调研年份高度相关，故回归中未控制县域特征和调研年份。

6.3.3.2 信息效应

有研究已经初步认识到信息不对称对金融市场参与的作用（李俊青等，2020）。采用逐步检验回归系数法分析数字支付使用、信息效应和正规金融市场参与的关系，实证结果如表6-18所示。列（1）为数字支付使用和网络信息获取对金融资产投资的回归结果。列（2）为数字支付使用和金融信息关注对金融资产投资的回归结果。数字支付使用、网络信息获取和金融信息关注对金融资产投资的影响显著为正，可以得出数字支付使用能通过信息效应促进农户金融资产投资的结论，即数字支付使用通过促使农户在网络获取信息和关注金融信息而提高参与金融市场的概率。列（3）和列（4）分别为数字支付使用和网络信息获取、数字支付使用和金融信息关注对农户持有金融资产种类的回归结果，数字支付使用、网络信息获取和金融信息关注对金融资产种类的影响系数同时为正且显著，表明数字支付使用能通过信息效应促进农户资产配置的多元化。列（5）和列（6）分别为数字支付使用和网络信息获取、数字支付使用和金融信息关注对农户金融资产收益的回归结果，数字支付使用、网络信息获取的影响系数均显著为正，表明数字支付使用能通过网络信息效应提高农户资产配置的收益率。

表6-18　数字支付使用、信息效应与农户正规金融市场参与回归结果

	(1)	(2)	(3)	(4)	(5)	(6)
	金融资产投资 Probit		金融资产种类 有序Probit		金融资产收益 Tobit	
数字支付使用	0.445*** (0.096)	0.508*** (0.096)	0.477*** (0.096)	0.541*** (0.096)	0.137** (0.067)	0.195*** (0.070)
网络信息获取	0.172** (0.083)		0.179** (0.082)		0.162** (0.063)	
金融信息关注		0.180* (0.105)		0.226** (0.105)		0.109 (0.119)
控制变量	已控制	已控制	已控制	已控制	已控制	已控制
县域特征	已控制	已控制	已控制	已控制	已控制	已控制
调研年份	已控制	已控制	已控制	已控制	已控制	已控制
N	4178	4178	4178	4178	4178	4178
Pseudo R^2	0.165	0.165	0.152	0.153	0.081	0.081
Log likelihood	−680.166	−680.470	−778.841	−778.387	−3228.990	−3230.900

注：*、**、***分别表示在10%、5%、1%水平上显著。

6.3.3.3　投资理财知识

以"投资理财知识"为被解释变量，以"农户数字支付使用"为解释变量，分析数字支付使用对农户投资理财知识的影响。因"银行贷款知识"和"投资理财知识"变量均为有序变量，故使用有序Probit模型进行回归分析。采取逐步增加控制变量的方法验证结果的稳健性，回归结果如表6-19所示。根据列（1）～列（3）的结果可知，无论是否控制农户个人特征、家庭特征、调研年份或县域特征等控制变量，数字支付使用对农户投资理财知识的影响均是显著的。为克服内生性影响，选取农户"调研当年县级层面使用数字支付的平均水平"和"农户是否有智能手机"两个工具变量，利用2SLS分析数字支付使用对农户投资理财知识的影响，回归结果如列（4）所示，表明数字支付使用对农户的投资理财知识有积极影响。以上研究结果均支持数字支付使用提高了农户投资理财知识这一结果的稳健性。此外，男性受访者的投资理财知识一般高于女性受访者，年龄与投资理财知识的获取呈倒"U"型关系变动，受教育年限和家庭年收入与农户的投资理财知识存在正相关关系。

表6-19 数字支付使用对农户投资理财知识回归结果

	（1） 有序 Probit	（2） 有序 Probit	（3） 有序 Probit	（4） 2SLS
数字支付使用	0.680 *** （0.038）	0.420 *** （0.046）	0.467 *** （0.049）	0.872 *** （0.106）
受访者性别		0.412 *** （0.040）	0.412 *** （0.042）	0.239 *** （0.033）
受访者年龄		0.039 ** （0.017）	0.041 ** （0.018）	0.023 * （0.013）
年龄的平方		-0.001 *** （0.000）	-0.001 *** （0.000）	-0.000 （0.000）
受正规教育年限		0.085 *** （0.007）	0.085 *** （0.008）	0.042 *** （0.006）
家庭成员数量		-0.024 ** （0.012）	-0.007 （0.012）	-0.007 （0.009）
家庭年收入		0.098 *** （0.016）	0.073 *** （0.016）	0.025 ** （0.013）
县域特征			已控制	已控制
调研年份			已控制	已控制
N			4178	4178
R^2				0.151
Pseudo R^2	0.036	0.080	0.101	
Log likelihood	-4446.222	-4245.364	-4146.038	

注：*、**、***分别表示在10%、5%、1%水平上显著。

　　采用逐步检验回归系数法分析数字支付使用、投资理财知识和正规金融市场参与的关系，实证结果如表6-20所示。列（1）为数字支付使用和投资理财知识对金融资产投资的回归结果，数字支付使用、投资理财知识对金融资产投资的影响导致显著为正，可以得出数字支付使用能通过提高投资理财知识促进农户金融资产投资的结论，即数字支付使用通过改善农户的投资理财知识可以提高其参与金融市场的概率。列（2）为数字支付使用和投资理财知识对农户持有金融资产种类的回归结果，数字支付使用、投资理财知识对金融资产种类的影响系数同时为正且显著，表明数字支付使用能通过投资理财知识促进农户资产配置的多元化。列（3）为数字支付使用和投资理财知识对农户金融资产金额的回归结果，数字支付使用和投资理财知识对农户金融资产金额的影响系数均显著为正，表明数字支付使用能通过投资理财知识提高农户资产配置的金额。列（4）为数字支付使用和投资理财知识对农户金融资产收益的回归结果，变量的影响系数均显著为正，表明数字支付使用能通过投资理财知识提高农户资产配置的收益率。

表6-20　数字支付使用、投资理财知识与农户正规金融市场参与回归结果

	（1） 金融资产投资 Probit	（2） 金融资产种类 有序 Probit	（3） 金融资产金额 Tobit	（4） 金融资产收益 Tobit
数字支付使用	0.455 *** （0.096）	0.489 *** （0.097）	6.117 ** （2.636）	0.130 ** （0.065）
投资理财知识	0.150 *** （0.033）	0.159 *** （0.033）	4.195 *** （1.330）	0.168 *** （0.045）
控制变量	已控制	已控制	已控制	已控制
县域特征	已控制	已控制	已控制	已控制
调研年份	已控制	已控制	已控制	已控制
N	4178	4178	4178	4178
Pseudo R^2	0.175	0.162	0.092	0.086
Log likelihood	−672.020	−769.470	−661.610	−3214.003

注：＊＊、＊＊＊分别表示在5%、1%水平上显著。

6.3.3.4　交易成本

交易频率影响到交易成本的分摊以及交易的稳定性和可调整性。支付频率越高，交易次数越多，交易成本也就越低，进而收益越高（辛馨，2017）。考虑到若支付频率越高，农户参与金融市场的金融成本和转换成本较低，有助于农户持有更多的金融资产种类，为此以"金融资产投资"表示农户正规金融市场参与，以"民间借出行为"表示农户非正规金融市场参与，两者作为金融市场参与的观察变量。选取"农户金融市场参与"作为被解释变量，根据数字支付使用的具体频率产生相应的虚拟变量，分析不同频率的数字支付使用对农户金融市场参与的影响。运用2017年和2018年调研数据的回归结果如表6-21所示。由列（1）～列（3）的回归结果可知，极少使用数字支付对农户参与正规金融市场的

影响不显著，偶尔使用数字支付和频繁使用数字支付对农户正规金融市场参与有积极影响。根据回归系数的大小可知，频繁使用数字支付对农户正规金融市场参与的影响大于偶尔使用数字支付的影响。可以认为，频繁使用数字支付节约的交易费用更多，因而对正规金融市场参与的作用相对更大。由列（4）~列（6）的回归结果可知，极少使用数字支付对农户参与非正规金融市场的影响不显著，偶尔使用数字支付和频繁使用数字支付对农户非正规金融市场参与有积极影响。频繁使用数字支付对农户非正规金融市场参与的影响大于偶尔使用数字支付的影响，表明频繁使用数字支付农户更容易发生民间借出行为。

表 6-21　数字支付使用不同频率对农户金融市场参与影响差异（2017 年和 2018 年）

	（1）	（2）	（3）	（4）	（5）	（6）
	正规金融市场参与			非正规金融市场参与		
极少使用	−0.234 （0.429）			−0.253 （0.237）		
偶尔使用		0.412** （0.160）			0.220** （0.092）	
频繁使用			0.543*** （0.129）			0.270*** （0.088）
控制变量	已控制	已控制	已控制	已控制	已控制	已控制
县域特征	已控制	已控制	已控制	已控制	已控制	已控制
调研年份	已控制	已控制	已控制	已控制	已控制	已控制
N	1608	2002	2322	1873	2216	2454
Pseudo R^2	0.168	0.179	0.237	0.102	0.110	0.146
Log likelihood	−107.303	−173.667	−285.656	−645.710	−829.722	−988.532

注：①为避免相互干扰，在计算一种使用数字支付频率对农户金融市场参与的影响时，剔除其他两种使用频率的农户问卷，如计算频繁使用数字支付对农户金融市场参与的影响时，剔除偶尔使用和极少使用数字支付的农户问卷；②因存在完美预测的情况，因变量在两个虚拟变量上不同取值之间没有变化，把相应的自变量以及样本删除；③**、***分别表示在5%、1%水平上显著。

为了提高回归结果的稳健性，利用 2019 年的调研数据再次对数字支付使用频率与农户金融市场参与进行回归分析，回归结果如表 6-22 所示。列（1）~列（4）表明，农户使用数字支付的频率为每周小于 1 次时，数字支付使用对农户正规金融市场参与的影响并不显著，当频率为每周1~2次或每天均使用时，数字支付使用对农户金融市场参与的积极影响才得以发挥。虽然当农户使用数字支付的频率为每周3~5次时，数字支付使用对农户正规金融市场参与的影响也并不显著，但整体来看，随着数字支付使用频率的增加，数字支付使用对农户正规金融市场参与的影响也随之增大。列（5）~列（8）为数字支付使用频率对农户非正规金融市场参与的影响。农户使用数字支付的频率为每天均使用时，数字支付使用对农户非正规金融市场参与的影响系数最大。以上结果均表明，数字支付使用频率越高，农户参与金融市场的概率就越大，在一定程度上说明了数字支付使用能通过降低交易成本对农户金融市场参与行为产生积极影响。

表6-22　数字支付使用不同频率对农户金融市场参与影响差异（2019年）

	（1）	（2）	（3）	（4）	（5）	（6）	（7）	（8）
	正规金融市场参与：金融产品投资				非正规金融市场参与			
每周<1次	0.040 (0.377)				0.449 ** (0.213)			
每周1~2次		0.476 * (0.288)				0.388 * (0.210)		
每周3~5次			0.310 (0.307)				0.272 (0.206)	
每天均使用				0.565 *** (0.186)				0.628 *** (0.136)
控制变量	已控制	已控制	已控制	已控制	已控制	已控制	已控制	已控制
县域特征	已控制	已控制	已控制	已控制	已控制	已控制	已控制	已控制
N	937	462	515	375	462	570	578	937
Pseudo R^2	0.188	0.165	0.158	0.131	0.126	0.142	0.128	0.160
Log likelihood	−214.165	−60.806	−60.034	−46.145	−122.961	−128.615	−137.784	−357.172

注：①为避免相互干扰，在计算一种使用数字支付频率对农户金融市场参与的影响时，剔除其他三种使用频率的农户问卷；②因存在完美预测的情况，因变量在两个虚拟变量上不同取值之间没有变化，把相应的自变量以及样本删除；③ * 、 ** 、 *** 分别表示在10%、5%、1%水平上显著。

6.3.3.5　社会互动

线上社交活动主要影响农户之间的互动和信任，对非正规金融市场参与可能会产生影响。采用逐步检验回归系数法分析数字支付使用、社会互动和非正规金融市场参与的关系，实证结果如表 6-23 所示。列（1）和列（3）为数字支付使用、社会互动和民间借出行为的回归结果，数字支付使用和线上社交活动的回归系数均显著为正，可以得出数字支付使用能通过线上互动对农户民间借出行为产生积极影响的结论，即数字支付使用通过增进社会互动而提高其参与非正规金融市场的概率。列（2）和列（4）为数字支付使用、社会互动与农户民间借出金额的回归结果，数字支付使用和线上社交活动的影响系数同时为正且显著，表明数字支付使用能通过线上社交活动提高农户借出金额。

表 6-23 数字支付使用、社会互动与农户非正规金融市场参与回归结果

	（1）	（2）	（3）	（4）
	民间借出行为 Probit		民间借出金额 Tobit	
数字支付使用	0.165 *** （0.063）	0.242 *** （0.061）	2.250 *** （0.622）	2.759 *** （0.636）
线上社交活动	0.239 *** （0.056）		1.667 *** （0.550）	
礼金支出		0.016 （0.019）		0.207 （0.162）
控制变量	已控制		已控制	
县域特征	已控制		已控制	
调研年份	已控制		已控制	
N	4178	4178	4178	4178
Pseudo R^2	0.134	0.129	0.083	0.082
Log likelihood	−1703.535	−1712.265	−3366.949	−3371.273

注：*** 表示在 1%水平上显著。

6.4　本章小结

本章在金融功能理论、长尾理论、行为金融学理论、信号传递理论、数字鸿

沟理论和现代资产组合理论等理论分析的基础上，运用调研数据和相应的模型论证了数字支付使用影响农户信贷可得性和金融市场参与的内在机制。数字支付使用通过供给效应、信息效应、金融知识（信贷知识和投资理财知识）以及社会互动对农户信贷可得性和金融市场参与均发挥作用。此外，数字支付使用通过增加农户获取正规信贷的信心，提高农户正规信贷可得性；通过降低金融市场参与成本，提高了农户参与金融市场概率。信贷可得性对农户金融市场的参与有积极影响，在数字支付使用和农户金融市场参与中发挥中介作用。影响机制的实证结果如下：

信贷可得性通过流动性约束机制和风险厌恶程度对金融市场参与产生影响，通过实证分析检验了数字支付使用、信贷可得性和金融市场参与三者之间的内在关系。银行贷款排斥和民间借贷能力对农户正规金融市场参与和非正规金融市场参与均有显著的影响，表明信贷可得性对农户金融市场参与有积极作用。中介效应分析表明，正规信贷可得性在数字支付使用与农户正规金融市场参与的关系中发挥中介作用，且在数字支付使用与农户非正规金融市场参与的关系中发挥中介作用；而非正规信贷可得性仅在数字支付使用与农户非正规金融市场参与的关系中发挥中介作用。

（1）关于供给效应，数字支付使用对农户线上投资行为有积极影响，使用数字支付的农户可以通过线上金融供给渠道购买金融产品，帮助农户克服农村地区实体金融服务不足的问题。考虑到内生性问题，引入工具变量的回归结果支持了这一结论的稳健性。

（2）关于信息效应，工具变量回归证明了数字支付使用对农户的信息来源渠道、网络信息获取、信息关注方面和金融信息关注均有显著的积极影响。数字支付使用通过网络信息获取和金融信息关注，提高了农户金融资产投资概率，增加了持有的金融资产种类，并且网络信息获取对农户金融资产收益有积极影响。数字支付使用能通过网络信息获取降低农户面临的银行贷款排斥，对农户贷款行为、银行贷款金额和银行授信额度均有积极影响。

（3）关于金融知识，数字支付使用提高了农户的银行贷款知识和投资理财知识。数字支付使用通过投资理财知识对农户金融资产投资、持有的金融资产种类和金融资产金额以及金融资产收益均有积极影响。数字支付使用通过银行贷款知识有助于减轻农户面临的银行贷款排斥，对银行贷款行为、银行贷款金额、银行授信额度以及综合的正规信贷可得性指数具有积极影响。

（4）关于社会互动，数字支付使用对农户线上社交活动和礼金支出均有显著的积极影响，表明数字支付使用增加了农户的线上社会互动并扩大了社会网络规模，在回归中采用多种工具变量回归和固定效应模型验证了结果的稳健性。数字支付使用通过线上社交活动对农户的民间借出行为和借出金额有积极影响，促进了农户的非正规金融市场参与。数字支付使用通过礼金支出提高了农户的民间信贷能力和民间借出金额，有助于提高农户的非正规信贷可得性。

（5）关于获取正规信贷的信心，数字支付使用提高了农户的正规信贷倾向，在一定程度上抵减了非正规信贷倾向，表明数字支付使用提高了农户获取正规信贷的信心，帮助农户克服了对信贷的自我排斥。

（6）关于交易成本，数字支付使用频率对农户正规金融市场参与和非正规金融市场参与均有积极影响，数字支付使用越频繁，对农户正规金融市场参与的影响系数越大，说明数字支付使用能够通过降低交易成本促进农户金融市场参与。

7 影响农户数字支付使用的因素研究

已证实数字支付使用对农户金融状况的改善有积极影响，但如果缺少基本的金融知识和互联网技能，可能就无法熟练有效地使用数字支付功能。了解使用数字支付的农户特点，有助于理解农户使用数字金融行为背后的经济学意义，为建立促进数字普惠金融发展的政策体系提供依据。

7.1 问题提出

数字支付是数字金融的重要内容和有力支撑，可以克服正规金融普惠中的障碍，实现金融公平，被称为"一种变革性解决方案"（Settle，2020），是数字普惠金融发展的重要渠道。根据 FIS 发布的《全球支付报告》，在 2020 年全球电子商务支付方式中，电子/手机钱包占比达到 44.5%，并在农村地区也得到广泛采用。数字支付的使用并非没有门槛，不但需要借助网络和通信设备，还需要使用者具备一定的知识和技能（郭峰和王瑶佩，2020）。对于缺少这些条件的农村地区，农户还面临着数字鸿沟的制约（马九杰和吴本健，2014），导致农村地区数字普惠金融发展水平整体较低（蒋庆正等，2019）。分析农户使用数字金融的行为、探讨农户使用数字支付的影响因素，对理解数字金融普惠作用与农村数字金融发展失衡的问题及其改进具有重要意义。

然而，当前针对农户数字金融行为的研究相对较少，已有研究以单一因素分析为主（尹志超和仇化，2019），或通过回归获取经济因素对农户使用数字支付行为的影响结果（冷晨昕和陈前恒，2017），缺少对经济变量影响农户使用数字支付内在规律的深入分析。总体来看，现有研究难以跟上数字金融在农村快速发展的步伐。为此，本书在对农户使用数字支付现状进行统计分析的基础上，把握数字金融在农村发展的最新动态，分析农户不使用数字支付的原因，了解数字金融在农村推广面临的现实困难，同时在借鉴现有研究成果的基础上，从个体特征、家庭特征、村庄特征以及风险态度等方面分析农户使用数字支付的影响因素，深入探讨重要变量影响农户使用数字支付的内在规律，为理解农户数字金融行为，更好地发挥数字金融在金融普惠和乡村振兴中的积极作用提供参考。

7.2 农户数字支付使用影响因素实证分析

7.2.1 变量选取

7.2.1.1 被解释变量

由于是分析农户使用数字支付行为，因此将数字支付使用作为被解释变量。通过设置以下问题获取该变量："您使用过如下哪种支付方式（可多选）？1. 微信支付；2. 支付宝；3. 电脑网上银行转账；4. 手机银行转账；5. 各种电子钱包类产品（百度钱包、京东钱包、翼支付等）；6. 其他移动支付产品；7. 都没有"。若农户选择7，则表示该农户未使用数字支付，赋值为0；选择其他选项则为使用数字支付，赋值为1。

7.2.1.2 影响因素选取

为分析农户使用数字支付的影响因素，本书在充分借鉴冷晨昕和陈前恒（2017）、蒋庆正和李红等（2019）、周广肃和梁琪（2018）、张勋等（2019）、齐红倩和李志创（2019）等研究的基础上，选取受访者个体特征、农户家庭特征和村庄特征作为控制变量，同时控制调研年份。个体特征主要包括性别、年龄、受教育年限；家庭特征包括家庭成员数量、家中是否有人外出务工、家庭收入以及家中是否有大学生；村庄特征主要通过所在村庄距离县政府的距离来表示。

为消除奇异值产生的影响，对家庭年收入进行了1%水平的缩尾处理。为克服数据差异过大和异方差问题，在实证分析过程中对该变量进行自然对数处理。因数据来源于三年的实地调研，为区别于时间趋势带来的影响，同时控制了访问年份的时间因素。各变量定义与描述性统计如表7-1所示。

表 7-1 影响因素的描述性统计

变量名称	变量定义	均值	标准差
受访者性别	受访者的性别（男性=1；女性=0）	0.544	0.498
受访者年龄	受访者的实际年龄	46.51	9.373
受正规教育年限	受访者实际接受教育的年限	7.986	3.300
家庭成员数量	家庭中经济上相互依赖、生活在一起的成员数量	4.539	1.634
家中有人外出务工	家中是否有人外出务工（是=1；否=0）	0.554	0.497
大学生	家庭中是否有在读大学生（有=1；无=0）	0.230	0.421
家庭年收入	家庭上一年的实际收入的对数，包括农业收入和其他收入（元，已对数化处理）	10.38	1.326
与县政府的距离	本村到县政府的距离（千米）	18.70	14.33
风险态度	如果您有一笔现金，您愿意选择哪种投资项目？1. 存入银行；2. 稳妥的低风险低收益项目；3. 从事有一定风险的小生意；4. 高风险高收益的其他买卖（仅针对2019年数据）	1.559	0.837

注：家庭劳动力人口定义为18~60岁的身体健康者。

7.2.2 模型设定

以数字支付使用为被解释变量，以受访者个体特征、农户家庭特征和村庄特征为解释变量，对农户数字支付使用行为进行分析。所采用的模型如下：

7.2.2.1 Logit 模型

农户有使用数字支付和不使用数字支付两种选择，本书选择二值 Logit 模型分析农户使用数字支付的影响因素。农户使用数字支付的概率总是处于 $[0, 1]$ 中，在给定解释变量 x 的情况下，考虑 y 的两点分布：

$$P(y=1|x) = F(X, \beta)$$
$$P(y=0|x) = 1-F(X, \beta) \tag{7-1}$$

其中，y 为农户使用数字支付的情况，X 和 β 为影响农户使用数字支付的经济因素和估计参数向量。在 Logit 模型中，连接函数 $F(x, \beta)$ 为逻辑分布的累计分布函数，则模型可以进一步表示为：

$$P = P(y=1|x) = F(x, \beta) = \Lambda(x'\beta) \equiv \frac{\exp(\alpha+x'\beta)}{1+\exp(\alpha+x'\beta)} \tag{7-2}$$

7.2.2.2 样条回归模型

二值回归模型无法应对自变量斜率改变这一问题，如当 $x \leq a$ 时，模型形式为 $\beta_0 + \beta_1 x$，而当 $x > a$ 时，正确的模型设定形式为 $\beta_2 + \beta_3 x$。面对这一问题，可采用样条回归模型把数据集分布划分为不同的部分，然后针对每一部分拟合线性或非线性的低阶多项式函数（James et al.，2013），该模型能够克服简单划分区间分别回归产生的"跳跃"问题和多项式回归无法捕捉到斜率突然变化的问题（Marsh and Cormier，2001）。因此，本书采用样条回归模型对部分连续变量进行深入分析，以便准确描述相关因素对农户使用数字支付影响的内在规律。

线性样条模型方面，为了保证节点处的连续性，避免两条回归线之间的突然跳跃，需要满足 $\beta_0 + \beta_1 x + \beta_2 (x-a) \times I [x>a] = \beta_0 + \beta_1 x_1 + \beta_2 x_2$（Jr. Harrell，2014）。式中，$x_2 = \beta_2 (x_1 - a) \times I [x>a]$，$I$ 为指示性函数，当 $x > a$ 时取值为 1，否则取值为 0。当 $x \leq a$ 时，斜率为 β_1，当 $x > a$ 时，斜率为 $\beta_1 + \beta_2$。更一般地，如有 a、b、c 三个节点：

$$y = \beta_0 + \beta_1 x + \beta_2 (x-a)_+ + \beta_3 (x-b)_+ + \beta_4 (x-c)_+ \tag{7-3}$$

其中，$u > 0$ 时，$(u)_+ = u$，否则 $(u)_+ = 0$。具体形式如下：

$$
\begin{aligned}
y &= \beta_0 + \beta_1 x & x \leq a \\
&= \beta_0 + \beta_1 x + \beta_2 (x-a) & a < x \leq b \\
&= \beta_0 + \beta_1 x + \beta_2 (x-a) + \beta_3 (x-b) & b < x \leq c \\
&= \beta_0 + \beta_1 x + \beta_2 (x-a) + \beta_3 (x-b) + \beta_4 (x-c) & c < x
\end{aligned} \tag{7-4}
$$

当自变量与因变量之间呈较弯曲的函数关系时，限制三次样条比线性样条回归更具有优势，此时可获得一个连续平滑函数，该函数在第一个节点之前是线性的，在相邻节点之间是分段三次多项式，在最后一个节点之后又是线性的。以 t_1，t_2，…，t_k 为节点的受限三次样条模型需要估计 $k-1$ 个参数，估计模型表示如下：

$$y = \beta_0 + \beta_1 x_1 + \beta_2 x_2 + \cdots + \beta_{k-1} x_{k-1} \tag{7-5}$$

其中，$x_1 = x$；当 $j = 1$，…，$k-2$ 时，估计参数 β_{j+1} 所对应的变量值为：

$$x_{j+1} = (x-t_j)_+^3 - (x-t_{k-1})_+^3 (t_k - t_j) / (t_k - t_{k-1}) + (x-t_k)_+^3 (t_{k-1} - t_j) / (t_k - t_{k-1}) \tag{7-6}$$

7.2.3 农户使用数字支付影响因素实证结果

7.2.3.1 影响因素回归结果

考虑本书所使用的数据为混合面板数据，对所有回归的标准误的估计均使用聚类稳健标准误，即同一个体允许存在相关性，而不同个体则不相关。采用

Logit 模型分析不同因素对农户使用数字支付的影响，结果如表 7-2 所示，表中给出了回归系数和平均边际效应（AME）。列（1）和列（2）为利用 2017~2019 年调研数据回归结果，可知男性、年龄相对较小、受正规教育年限越长的受访者越倾向于使用数字支付；家中有大学生、家庭年收入与使用数字支付的概率呈正相关关系；家中有人外出务工不利于农户使用数字支付，可能的原因是外出务工的家庭成员长期在外，家中留守的多为儿童或老人，故不利于留守在家的成员使用数字支付。家庭成员数量对农户使用数字支付的影响不显著。家庭与县政府的距离越远越不利于数字支付使用，主要是由于县政府所在地信息化程度更高，适合应用数字支付的场景更多，因此距离县政府越近越容易使用数字支付，也说明了农村基础设施还有待进一步完善。运用 2017 年和 2018 年调研数据进行回归的结果如列（3）和列（4）所示，回归结果与列（1）和列（2）基本无差异。利用 2019 年调研数据的回归结果如列（5）和列（6）所示，家中有人外出务工和距离县政府的距离对农户使用数字支付的影响不再显著，可能是由于农村数字支付使用条件有所改善，应用场景更加广泛。农户的风险态度越积极，使用数字支付的概率越大，即数字支付使用需要一定的风险承受能力。

表 7-2　农户数字支付使用影响因素回归结果

	（1）	（2）	（3）	（4）	（5）	（6）
	2017~2019 年数据		2017 年和 2018 年数据		2019 年数据	
	回归系数	边际效应	回归系数	边际效应	回归系数	边际效应
受访者性别	0.559 *** (0.086)	0.085 *** (0.013)	0.470 *** (0.101)	0.071 *** (0.015)	0.735 *** (0.150)	0.110 *** (0.022)
受访者年龄	−0.148 *** (0.006)	−0.022 *** (0.001)	−0.143 *** (0.007)	−0.022 *** (0.001)	−0.157 *** (0.012)	−0.024 *** (0.001)
受正规教育年限	0.184 *** (0.016)	0.028 *** (0.002)	0.176 *** (0.020)	0.026 *** (0.003)	0.195 *** (0.026)	0.029 *** (0.004)
家庭成员数量	0.032 (0.027)	0.005 (0.004)	0.046 (0.032)	0.007 (0.005)	−0.005 (0.049)	−0.001 (0.007)
家中有人外出务工	−0.211 ** (0.087)	−0.032 ** (0.013)	−0.278 *** (0.103)	−0.042 *** (0.015)	−0.075 (0.158)	−0.011 (0.024)

续表

	（1）	（2）	（3）	（4）	（5）	（6）
	2017~2019 年数据		2017 年和 2018 年数据		2019 年数据	
	回归系数	边际效应	回归系数	边际效应	回归系数	边际效应
大学生	0.414***	0.063***	0.448***	0.067***	0.351**	0.053**
	（0.095）	（0.014）	（0.112）	（0.017）	（0.170）	（0.025）
家庭年收入	0.335***	0.051***	0.361***	0.054***	0.282***	0.042***
	（0.037）	（0.005）	（0.044）	（0.006）	（0.068）	（0.010）
与县政府的距离	-0.005*	-0.001*	-0.007**	-0.001**	-0.002	-0.000
	（0.003）	（0.000）	（0.004）	（0.001）	（0.005）	（0.001）
风险态度					0.467***	0.070***
					（0.100）	（0.015）
调研年份	控制	控制	控制	控制		
N	4178	4178	2926	2926	1252	1252
Pseudo R^2	0.327	0.327	0.305	0.305	0.315	0.315
Log likelihood	-1935.969	-1935.969	-1349.771	-1349.771	-570.287	-570.287

注：①列（1）~列（4）括号内是农户家庭层面聚类稳健标准误，列（5）和列（6）括号内是回归参数的稳健标准差；②收入为家庭总收入取对数；③*、**、***分别表示在 10%、5%、1%水平上显著。

7.2.3.2 稳健性检验

为验证结果的可靠性，本书将被解释变量替换为数字支付使用频率，针对 2017 年和 2018 年的调研数据，具体定义如下：如果不使用数字支付，取值为 0；极少使用，取值为 1；偶尔使用，取值为 2；经常使用，取值为 3。2019 年调研问卷对数字支付使用频率进行了细化，具体定义如下：如果不使用数字支付，取值为 0；使用频率每周少于 1 次，取值为 1；使用频率每周 1~2 次，取值为 2；使用频率每周 3~5 次，取值为 3；几乎每天都用，取值为 4。数字支付使用频率为有序变量，采用有序 Logit 模型回归的结果如表 7-3 所示。模型结果表明，各门限值参数显示统计结果彼此间显著不同，对数字支付使用频率的划分合理；2019 年农户所在村庄和县政府距离与数字支付使用频率存在反向关系，农村数字支付使用条件与县城相比仍存在一定差距；其他解释变量仍具有高度的统计显著性，表明回归结果稳健。

表7-3 农户数字支付使用频率影响因素回归结果

	（1）	（2）	（3）	（4）
	2017年和2018年数据		2019年数据	
	回归系数	边际效应	回归系数	边际效应
受访者性别	0.518***	0.049***	0.614***	0.132***
	（0.093）	（0.009）	（0.120）	（0.026）
受访者年龄	-0.129***	-0.012***	-0.105***	-0.023***
	（0.006）	（0.001）	（0.008）	（0.002）
受正规教育年限	0.158***	0.015***	0.130***	0.028***
	（0.018）	（0.002）	（0.020）	（0.004）
家庭成员数量	0.015	0.001	0.005	0.001
	（0.030）	（0.003）	（0.038）	（0.008）
家中有人外出务工	-0.297***	-0.028***	-0.168	-0.036
	（0.094）	（0.009）	（0.122）	（0.026）
大学生	0.358***	0.034***	0.247*	0.053*
	（0.108）	（0.010）	（0.134）	（0.029）
家庭年收入	0.363***	0.034***	0.285***	0.061***
	（0.041）	（0.004）	（0.054）	（0.011）
与县政府的距离	-0.008**	-0.001**	-0.012***	-0.003***
	（0.003）	（0.000）	（0.004）	（0.001）
风险态度			0.346***	0.074***
			（0.071）	（0.015）
调研年份	控制	控制		
N	2926	2926	1252	1252
Pseudo R^2	0.222	0.222	0.153	0.153
Log likelihood	-2208.689	-2208.689	-1417.853	-1417.853

注：①列（1）和列（2）括号内是农户家庭层面聚类稳健标准误，列（3）和列（4）括号内是回归参数的稳健标准差；②*、**、***分别表示在10%、5%、1%水平上显著。

7.2.4 影响因素的进一步讨论

为深入分析各因素影响农户使用数字支付的内在规律，在Logit回归基础上，运用样条回归模型对受访者年龄、受访者受正规教育年限、家庭年收入和社会关系等连续变量或离散变量做进一步讨论。

7.2.4.1　受访者年龄

调研样本中的受访者年龄在 16~60 岁，较长的年龄跨度是否会隐藏一些信息？不同年龄区间内农户使用数字支付的行为是否会存在较大差异？为此，借鉴 Jr. Harrell（2014）的做法，根据样本分布特征选取 40 岁（25%分位）、48 岁（50%分位）和 54 岁（75%分位）为节点确定了四个年龄区间。利用样条回归模型计算的结果如表 7-4 所示。结果表明，四个年龄区间受访者使用数字支付的概率与年龄均呈负相关关系，但负相关关系在年龄区间（48，54]内最为明显，其次为区间（40，48]和区间[16，40]。尤其值得注意的是，2019 年数据回归结果显示，当受访者年龄大于 54 岁后，其年龄与是否使用数字支付的关系不显著。

表 7-4　不同年龄区间对农户数字支付使用回归结果

	（1）	（2）	（3）	（4）
	2017 年和 2018 年数据		2019 年数据	
	回归系数	边际效应	回归系数	边际效应
受访者年龄区间 Ⅰ [16，40]	-0.127*** （0.021）	-0.019*** （0.003）	-0.144*** （0.049）	-0.021*** （0.007）
受访者年龄区间 Ⅱ （40，48]	-0.147*** （0.024）	-0.022*** （0.003）	-0.134*** （0.040）	-0.020*** （0.006）
受访者年龄区间 Ⅲ （48，54]	-0.166*** （0.033）	-0.025*** （0.005）	-0.254*** （0.044）	-0.038*** （0.006）
受访者年龄区间 Ⅳ （54，60]	-0.119** （0.049）	-0.018** （0.007）	-0.015 （0.057）	-0.002 （0.009）
其他变量	控制	控制	控制	控制
调研年份	控制	控制		
N	2926	2926	1252	1252
Pseudo R^2	0.305	0.305	0.320	0.320
Log likelihood	-1349.081	-1349.081	-566.554	-566.554

注：①列（1）和列（2）括号内是农户家庭层面聚类稳健标准误，列（3）和列（4）括号内是回归参数的稳健标准差；②**、***分别表示在 5%、1%水平上显著。

7.2.4.2　受访者接受正规教育年限

分析各阶段受正规教育年限对农户使用数字支付影响的差异。根据我国正规教育各阶段的学制年限，以 6 年、9 年和 12 年为节点，将受访者受教育年限分为小学阶段、初中阶段、高中或中专阶段、大学或大专及以上四个受教育阶段。样条回归模型计算结果如表 7-5 所示。2017 年和 2018 年回归结果表明，受访者受教育程度在初中及以上对其数字支付使用才有显著的积极影响，尤其是当农户接受高中或中专教育后，使用数字支付的概率增长较为明显。2019 年数据则表明，小学阶段的教育对农户使用数字支付的影响也是显著的，而当受教育年限高于 12 年时，教育对农户使用数字支付的影响不再显著。以上结果表明，数字支付由中等教育水平农户向初等教育水平农户渗透，普及性进一步提高。

表 7-5　不同受教育年限区间对农户数字支付使用回归结果

	（1）	（2）	（3）	（4）
	2017 年和 2018 年数据		2019 年数据	
	回归系数	边际效应	回归系数	边际效应
受访者受正规教育年限 I （0，6］小学	0.059 (0.042)	0.009 (0.006)	0.186*** (0.054)	0.028*** (0.008)
受访者受正规教育年限 II （6，9］初中	0.251*** (0.044)	0.038*** (0.006)	0.207*** (0.065)	0.031*** (0.010)
受访者受正规教育年限 III （9，12］高中或中专	0.172*** (0.048)	0.026*** (0.007)	0.314*** (0.091)	0.047*** (0.013)
受访者受正规教育年限 IV （12，16］大学或大专及以上	0.307** (0.136)	0.046** (0.020)	−0.142 (0.124)	−0.021 (0.018)
其他变量	控制	控制	控制	控制
调研年份	控制	控制		
N	2926	2926	1252	1252
Pseudo R^2	0.307	0.307	0.319	0.319
Log likelihood	−1345.262	−1345.262	−567.503	−567.503

注：①列（1）和列（2）括号内是农户家庭层面聚类稳健标准误，列（3）和列（4）括号内是回归参数的稳健标准差；②**、***分别表示在 5%、1% 水平上显著。

7.2.4.3　家庭年收入

多次验证后，受限三次样条模型能够较好地反映家庭年收入与农户使用数字支付行为之间的规律，以 25%、50%、75% 和 95% 分位数确定了四个节点，根据式（7-6）得到 3 个收入值所对应的回归参数，如表 7-6 所示。2017 年和 2018 年调研数据回归结果显示，收入处于较高水平的农户的家庭年收入的对数对农户数字使用支付的影响是显著为正的。全部调研数据则显示，收入在低分位点和较高分位点的农户的家庭年收入的对数对农户使用数字支付的影响均是显著为正的。随着收入的增加，收入对农户使用数字支付的影响逐渐变小甚至为负，这表明使用数字支付的行为对收入虽有一定的要求，但对收入的要求门槛并不高。绝大部分农户能满足使用数字支付的经济条件，为数字金融在农村发挥普惠作用奠定了基础。

表 7-6 不同收入区间对农户数字支付使用回归结果

	（1）	（2）	（3）	（4）
	2017 年和 2018 年数据		2017~2019 年调研数据	
	回归系数	边际效应	回归系数	边际效应
家庭年收入 I	0.104 (0.066)	0.015 (0.010)	0.104* (0.056)	0.016* (0.008)
家庭年收入 II	1.776*** (0.482)	0.264*** (0.471)	1.539*** (0.406)	0.232*** (0.061)
家庭年收入 III	−5.397*** (1.810)	−0.803*** (0.269)	−4.567*** (1.523)	−0.687*** (0.229)
其他变量	控制	控制	控制	控制
调研年份	控制	控制	控制	控制
N	2926	2926	4178	4178
Pseudo R^2	0.311	0.311	0.332	0.332
Log likelihood	−1337.849	−1337.849	−1921.977	−1921.977

注：①*、***分别表示在 10%、1%水平上显著；②若以 x 表示家庭年收入，q 表示分位数，则家庭年收入I、家庭年收入II和家庭年收入III可分别表示为 x_1、x_2、x_3，其中：$x_1 = x$；$x_2 = (x - x_{q=0.25})_+^3 - (x - x_{q=0.75})_+^3 (x_{q=0.95} - x_{q=0.25})/(x_{q=0.95} - x_{q=0.75}) + (x - x_{q=0.95})_+^3 (x_{q=0.75} - x_{q=0.25})/(x_{q=0.95} - x_{q=0.75})$；$x_3 = (x - x_{q=0.50})_+^3 - (x - x_{q=0.75})_+^3 (x_{q=0.95} - x_{q=0.50})/(x_{q=0.95} - t_{k-1}) + (x - x_{q=0.95})_+^3 (x_{q=0.75} - x_{q=0.50})/(x_{q=0.95} - x_{q=0.75})$。

7.3 本章小结

本章通过 Logit 模型测算了个体特征、家庭特征和村庄特征等因素对农户使用数字支付的影响，发现男性、年龄相对较小和受正规教育年限越长的受访者越倾向于使用数字支付；家中有大学生、家庭年收入与使用数字支付的概率呈正相关关系；家中有人外出务工和距离县政府的距离对农户数字支付使用的不利影响逐渐消失；家庭成员数量对农户使用数字支付的影响不显著；此外，农户的风险态度越积极，使用数字支付的概率越大。

本章通过样条回归模型进一步分析了年龄、受教育年限和收入在不同区间内对农户数字支付使用的影响差异，发现在整个年龄区间，农户使用数字支付的概率与年龄均呈负相关关系，但负相关关系在年龄区间（48，54]内最为明显；当受访者年龄大于 54 岁后，其是否使用数字支付与年龄的相关性便大大降低。受访者接受中学阶段教育对农户使用数字支付的正向影响最为显著；当受教育年限高于 12 年时，教育对农户使用数字支付的影响不再显著；数字支付由中等教育水平农户向初等教育水平农户渗透，普及性进一步提高。只有收入处于较低分位点的农户的家庭年收入的对数对农户使用数字支付的影响是显著为正的；随着收入的增加，其对农户使用数字支付的影响逐渐变小，表明数字支付使用对收入的门槛要求不断降低。

8 研究结论及政策建议

本书基于金融功能理论、长尾理论和行为经济学理论等多方理论，综合运用统计分析法、比较分析法和计量分析法，使用微观调研数据，较为全面地研究了数字支付使用、农户信贷可得性和金融市场参与的相互作用机制，相对系统地诠释了数字支付使用对农户金融状况改善的重要意义。本章在对前文研究结果进行归纳总结的基础上，结合农村金融发展理论，提出了最大化发挥数字金融在金融普惠中作用的对策建议，最后对有待进一步研究的问题进行了说明。

8.1 研究结论

本书首先对所涉及的相关概念进行了界定，基于金融功能理论、长尾理论、行为金融学理论、信号传递理论、数字鸿沟理论和现代资产组合理论等分析了数字支付使用影响农户信贷可得性、金融市场参与以及信贷可得性影响金融市场参与的内在机制，构建了本书的整体理论框架；其次，描述了数字金融在农村的发展过程，分析了数字金融在农村的发展现状和农户的数字金融行为，回顾了农村金融探索历程，从农户金融市场参与和信贷可得性两个维度阐述了农户金融行为特征，并定义和描述了农户面临的投资理财排斥和银行贷款排斥的情况；再次，运用调研数据，实证分析了数字支付使用对农户信贷可得性的影响，包括对正规信贷可得性的影响和非正规信贷可得性的影响，同时关注了对内生性问题的解决和结果的稳健性，并依照农户信贷可得性程度和收入分布特征进行异质性分析；然后，运用调研数据，实证分析了数字支付使用对农户金融市场参与的影响，包括对正规金融市场参与的影响和非正规金融市场参与的影响，在分析过程中注重解决内生性问题和回归结果的稳健性，并依照农户收入、有无商品房、所处年龄阶段和受教育程度等特征进行异质性分析；接着，对数字支付使用、信贷可得性和金融市场参与之间的相互作用进行机制检验；最后，对农户使用数字支付的影响因素展开分析。

主要研究结论如下：

结论一：数字金融在农村的发展主要表现在农户使用数字支付日益普遍，数字金融的其他功能尚未普及。随着对农村金融改革的探索，农户中获取银行贷款和参与金融市场的比例有所上升，但农户依然面临较为严重的投资理财金融知识排斥和银行贷款条件排斥。

数字金融在农村的发展经历了鼓励发展、审慎发展和规范发展三个阶段；数字金融在农村的发展主要体现为农户对数字支付的使用，2019年已有61.74%的调研农户使用数字支付；农户使用互联网理财和网络借贷的比例均有所上升，但占调研农户比例均未超过5%；因缺乏相应的知识和技能导致农户对数字金融的不了解和不会用是农户不使用数字金融的主要原因。

我国的农村金融改革已取得了一定成果，农户的金融状况不断改善。从信贷情况看，有24.75%的受访农户从银行获取贷款，银行贷款均值为2.359万元；收入太低、无抵押或担保以及缺乏贷款知识是农户无法享受正规信贷服务的重要原因；农户可以向大约七个人或机构借贷资金，21.88%的农户通过民间信贷获取资金，平均获得借款0.615万元。从金融市场参与情况看，农户户均拥有存款账户1.55个，为农户参与金融市场提供了基础条件；参与金融市场进行资产配置的农户比例仍然较低，占调研农户的比例不足6%；没有相关金融知识是农户无法进行金融产品投资的主要原因；17.95%的农户有民间借出行为，平均借出金额为0.629万元。根据农户未参与金融市场进行资产配置和未通过正规信贷渠道获取贷款的原因，本书界定并分析了农户面临的银行贷款排斥和投资理财排斥，表明农户在投资理财方面主要面临知识排斥，在银行贷款方面主要面临条件排斥。

结论二：数字支付使用对提高农户正规信贷可得性和非正规信贷可得性均有积极作用。对正规信贷可得性而言，数字支付使用有助于降低农户银行贷款排斥，对农户的银行贷款行为、银行贷款金额以及银行授信额度均有积极影响。对非正规信贷可得性而言，数字支付使用有助于提高农户民间信贷能力。数字支付使用对农户信贷可得性的影响具有异质性。

从数字支付使用对正规信贷可得性的影响来看，数字支付使用有利于减轻农户的银行贷款排斥，对银行贷款概率、银行贷款金额以及获得银行授信额度均有积极影响，数字支付使用有利于提升农户综合的正规信贷可得性水平；受访者受正规教育年限、家庭年收入和非农社会关系对缓解农户银行贷款排斥有积极影响；男性受访者的正规信贷可得性往往较高，受访者年龄与其正规信贷可得性之间呈倒"U"型关系，受访者受正规教育年限、家庭年收入和非农社会关系对农户信贷可得性均有显著的积极影响。

从数字支付使用对非正规信贷可得性的影响来看，数字支付使用有助于提高农户的民间信贷能力，对民间借款行为和民间借款金额均有显著的积极影响，提高了农户非正规信贷可得性。男性受访者的民间信贷能力更强。虽然受正规教育年限长的受访者一般民间信贷能力较强，但其民间借款行为发生概率较低。家庭年收入对农户民间信贷能力有积极影响，而对民间借款行为的影响系数为负。礼金支出对提高农户民间信贷能力和民间借款金额都有积极影响。

工具变量回归结果支持了数字支付使用提高农户正规信贷可得性和民间信贷能力的结论。使用内生转换模型的分析结果表明，使用数字支付农户所面临的银行贷款排斥与其反事实相比降低了 0.189，而不使用数字支付农户所面临的银行贷款排斥与其反事实相比增加了 0.106。使用数字支付农户的民间信贷能力与其反事实相比提高了 0.435，而不使用数字支付农户的民间信贷能力与其反事实相比降低了 0.084。此外，数字支付使用提高了农户使用信用卡的概率，与农户持有信用卡数量存在正相关关系，再次证明了以上结果的稳健性。

根据农户异质性分析可知，数字支付使用虽然对分布在各个水平的农户信贷可得性指数均有正向影响，但表现出"马太效应"，平均而言对高信贷可得性农户的影响系数更大，尤其是对正规信贷可得性而言，"马太效应"更为明显；从收入异质性来看，数字支付使用有助于提高低收入农户的信贷可得性，但对贫困户的影响并不显著。

结论三：数字支付使用对促进农户正规金融市场参与和非正规金融市场参与均有积极作用。对正规金融市场参与而言，数字支付使用有助于农户金融资产投资，对农户持有金融资产种类、金融资产金额以及获取金融资产收益均有积极影响。对非正规金融市场参与而言，数字支付使用对农户民间借出行为和民间借出金额均有显著的积极影响。数字支付使用对农户金融市场参与的影响具有异质性。

从数字支付使用对农户正规金融市场参与的影响来看，使用数字支付显著提高了农户金融资产投资的概率；数字支付使用对农户持有金融资产种类、金融资产金额以及获取金融资产收益均有积极影响；受访者年龄与农户参与金融市场的概率呈倒"U"型关系。投资理财知识、家中有商品房、家庭收入和非农社会关系均有助于促进农户金融市场参与。

从数字支付使用对非正规金融市场参与的影响来看，数字支付使用对农户民间借出行为发生的概率和借出金额均有积极影响，表明数字支付使用有助于农户非正规金融市场参与；男性、受正规教育年限长、投资理财知识丰富的受访者以及家庭收入高、有商品房和非农社会关系的农户民间参与非正规金融市场的概率更高。

考虑内生性的影响，多种工具变量的回归结果支持了数字支付使用提高农户正规金融市场参与和非正规金融市场参与的结论。Heckman 两步法和处理效应模型的回归结果证实了研究结论的稳健性。此外，数字支付使用有助于增加农户的银行存款账户数量，为农户参与金融市场提供了前提条件，再次证明了以上结果的稳健性。

根据农户收入异质性分析可知，数字支付使用仅对高收入和低收入农户正规金融市场参与有积极影响，且有助于提高低收入农户的金融资产收益，具有财富效应；根据有无商品房的异质性分析可知，数字支付使用对有商品房和无商品房农户参与正规金融市场均有显著的积极影响，但仅对无商品房农户金融市场参与程度和非正规金融市场参与有积极影响，表明商品房对农户资产配置具有"挤出效应"；根据年龄阶段的异质性分析可知，数字支付使用对各个年龄段农户参与正规金融市场均有显著的积极影响，尤其是对年龄小于 40 岁的农户参与正规金融市场的作用最大，数字支付使用仅对 54 岁以下农户非正规金融市场参与有积极影响；根据受教育阶段的异质性分析可知，数字支付使用仅对受教育年限在 12 年以下的农户参与正规金融市场有积极影响，对受正规教育年限不超过 12 年的农户参与非正规金融市场均有显著的正向影响。

结论四：信贷可得性对农户金融市场参与有积极影响，在数字支付使用和农户金融市场参与的关系中发挥中介作用。数字支付使用通过信息效应、提高银行贷款知识、增加农户获取正规信贷的信心以及促进社会互动提高农户信贷可得性；数字支付使用通过供给效应、信息效应、提高投资理财知识、降低金融市场参与成本以及促进社会互动对农户金融市场参与发挥积极作用。

信贷可得性通过流动性约束机制和风险厌恶程度对金融市场参与产生影响，

银行贷款排斥和民间借贷能力对农户正规金融市场参与和非正规金融市场参与均有显著的影响。中介效应分析表明，正规信贷可得性在数字支付使用与农户的正规金融市场参与的关系中发挥中介作用，且在数字支付使用与农户的非正规金融市场参与的关系中发挥中介作用；而非正规信贷可得性仅在数字支付使用与农户的非正规金融市场参与的关系中发挥中介作用。

数字支付使用对农户的信息来源渠道、网络信息获取、信息关注方面和金融信息关注均有显著的积极影响，并通过网络信息获取降低农户面临的银行贷款排斥，对农户贷款行为、银行贷款金额和银行授信额度均有积极影响。数字支付使用通过丰富农户的银行贷款知识，有助于减轻农户面临的银行贷款排斥，对银行贷款行为、银行贷款金额、银行授信额度以及综合的正规信贷可得性指数具有积极影响。数字支付使用提高了农户获取正规信贷的信心，帮助农户克服了对信贷的"自我排斥"，提高了农户通过正规金融机构获取信贷的倾向，同时在一定程度上抵减了非正规信贷倾向。数字支付使用对农户线上社交活动和礼金支出均有显著的积极影响，增加了农户的线上社会互动并扩大了社会网络规模。数字支付使用通过扩大农户的社会网络规模提高了农户的民间信贷能力和民间借款金额，对农户非正规信贷可得性产生积极影响。

数字支付使用对农户线上投资行为有积极影响，使用数字支付的农户可以通过线上金融供给渠道购买金融产品，帮助农户克服农村地区实体金融服务不足的难题。数字支付使用通过网络信息获取和金融信息关注，提高了农户金融资产投资的概率和持有金融资产的种类。数字支付使用丰富了农户的投资理财知识，对农户金融资产投资、持有金融资产的种类和金融资产金额以及金融资产收益均有积极影响。数字支付使用能够通过降低交易成本促进农户金融市场参与，数字支付使用频率对农户正规金融市场参与和非正规金融市场参与均有积极影响，数字支付使用越频繁，对农户正规金融市场的影响系数越大。数字支付使用通过线上社交活动对农户民间借出行为和借出金额有积极影响，促进了农户的非正规金融市场参与。

结论五：农户数字支付使用的影响因素来自多个方面，男性、年龄相对较小和受正规教育年限越长的受访者，收入高、有大学生的家庭使用数字支付的概率更高。年龄、受教育年限和收入在不同区间内对农户数字支付使用的影响存在差异。

数字支付使用需要一定的物质条件和知识基础，研究发现，男性、年龄相对较小和受正规教育年限越长的受访者越倾向于使用数字支付；家中有大学生、家庭年收入与使用数字支付的概率呈正向相关关系；家中有人外出务工和距离县政府的距离对农户数字支付使用的不利影响逐渐消失；家庭成员数量对农户使用数字支付的影响不显著；此外，农户的风险态度越积极，使用数字支付的概率越大。

样条分析结果表明，农户使用数字支付的概率在农户的整个年龄区间内均与年龄呈负相关关系，负相关关系在年龄区间（48，54]内最为明显；当受访者年龄大于54岁后，其是否使用数字支付与年龄的相关性便大大降低。受访者接受中学阶段教育对农户使用数字支付的正向影响最为显著；当受教育年限高于12年时，教育对农户使用数字支付的影响不再显著；数字支付由中等教育水平农户向初等教育水平农户渗透，普及性进一步提高。只有收入处于较低分位点的农户的家庭年收入的对数对农户使用数字支付的影响是显著为正的；随着收入的增加，其对农户使用数字支付的影响逐渐变小，表明数字支付使用对收入的门槛要求不断降低。

8.2　政策建议

根据本书的研究结论，为充分发挥数字金融的普惠作用，提高农户信贷可得性和金融市场参与水平，推进金融服务乡村振兴工作，提出以下政策建议：

第一，重视数字金融在农村的发展和应用，鼓励农户使用数字支付。数字支付使用通过供给效应、信息效应和知识效应等机制影响农户正规信贷可得性和正规金融市场参与，通过社会互动提高了农户非正规信贷可得性，并促进农户非正规金融市场参与。应发挥数字支付的便利性、及时性和低成本等优势，弥补传统金融市场在农村发展的不足。根据实证结果可知，女性、年龄较大、受教育程度低以及收入较低的农民群体在数字支付使用方面可能存在较大障碍，应有针对性地设计数字金融普及方案，破除弱势群体可能存在的文化程度较低和数字技能不足等障碍，推动数字金融积极向边远地区和弱势群体拓展。除此之外，应加大对农业农村数字基础设施建设的政策和资金支持，增强农村通信能力；降低农村地区上网费用，开展网络普及行动，提高农村地区数字普惠金融的整体发展水平。

第二，加强有关正规金融业务的宣传教育，丰富农户的金融知识。根据现状分析可知，仍有相当比例的农户因"不知道如何申请贷款"而面临银行贷款排斥，因"没有相关知识、没有听说过"而面临投资理财排斥。实证分析也表明，银行贷款知识和投资理财知识是显著影响农户正规信贷可得性和金融市场参与的重要因素，对农户提高银行授信额度和金融资产收益均有积极影响。因此，应通过金融知识的普及和金融教育下乡等措施改善农户的金融状况，重视农户金融素养的提升。具体而言，应充分运用广播等传统手段和微信公众号等信息手段等方式加强金融知识在农村的宣传和普及；动员农村商业银行或农村信用社等金融机构开展更多的"下乡送知识"等教育活动。

第三，关注特殊群体的金融需求，重视正规教育、收入以及社会网络等因素对改善农户金融状况的作用。根据研究结果可知，受正规教育年限、收入和社会网络对农户正规信贷可得性、民间信贷能力、正规金融市场参与以及金融资产投资收益均有积极影响，受教育年限低、收入低或社会网络缺失的农户在信贷获取和资产配置方面存在诸多障碍。受正规教育年限和收入还是影响农户数字支付使用的关键因素，直接关系农户是否能通过数字金融改善自身金融状况，为此应充分重视正规教育、收入和社交网络在改善农户金融状况方面的作用。具体而言，可以在村委会下设金融帮扶小组，重点帮助未接受正规教育或受教育年限较低、收入较低以及社会网络缺失的农户，了解该部分群体的金融需求，采取针对性的方法改善该部分群体的金融状况；加大九年义务教育普及力度，帮助有条件的农村家庭学生继续深造，提高农村家庭学生平均受教育年限，获取更高的教育边际产出；鼓励跨村或跨乡乃至跨县的活动，扩大农户的社交规模和范围，充分发挥社会网络在改善农户非正规金融活动中的积极作用；大力发展农村经济，提高农户收入，从根本上改善农户的金融状况，实现经济发展和金融促进的良好互动。

第四，充分发挥多种金融模式的作用，利用多方面力量改善农户金融状况。数字金融和数字支付是解决农村金融问题的有效路径，然而仍有30%以上的农户不会使用数字支付。此外，数字支付使用对农户信贷可得性的影响存在"马太效应"，对较低收入农户的影响有限。这说明数字支付使用无法缩小不同收入群体之间、城乡之间的金融差距，无法从根本上扭转农村金融相对落后的局面，因此不能完全寄希望于数字金融解决农村金融问题。因此，应充分发挥传统金融、民间金融、互助组织等多种金融模式的作用，从多方面改善农户金融状况。具体而言，应针对农户特点精准开展信贷投放，不断提升传统金融机构金融服务水平；

丰富农村金融服务设施，下沉金融服务重心，切实提升农村地区金融服务的覆盖率和可得性；在加大传统金融机构对农户扶持力度的同时，发挥农村合作金融和金融互助组织的作用，重点帮扶有能力、讲信用的农户解决金融排斥问题，形成多种金融方式相互补充、相互配合的普惠金融发展局面，最终提高金融服务乡村振兴的能力和水平。

第五，树立风险意识，审慎对待数字金融的不同业务内容。数字金融包括数字支付、网络借贷和互联网理财等多种金融服务，不同金融服务种类对农户的影响可能不同。数字支付使用对农户的知识要求不高，金融风险也较低，因此普惠性更强。而网络借贷或互联网理财则要求较高的风险意识和一定的金融知识，对缺乏风险意识、金融知识不足的农户而言，使用不慎将带来惨重的损失，如部分农户的投资理财损失高达上万元。实证结果也表明，农户的风险态度越积极，使用数字支付的概率越大，从而增加了农户通过数字金融进行投资理财而面临的风险。因此，在促进数字支付使用的同时，应提高农户的金融风险意识，审慎对待互联网理财。

8.3 研究不足与展望

第一，在内生性问题的处理方面，工具变量的选取可能存在问题。在实证过程中，本书使用了 Probit 模型、有序 Probit 模型、Tobit 模型、NB 模型等计量方法，计算和验证数字支付使用影响农户信贷可得性和金融市场参与的程度和机制。虽然已针对内生性问题进行了说明，使用两阶段最小二乘法、IV Probit 模型、内生转换模型、Heckman 两步法、固定效应模型等估计方法进行了处理，但在工具变量的选择上可能仍存在一定的问题。本书中工具变量的选择是在借鉴前人研究成果的基础上对现实数据妥协的结果，虽然通过过度识别检验，但外生性仍有待进一步考究。在今后的研究中，应探究更为合适的工具变量。

第二，在研究内容方面，本书从信贷和金融市场参与的需求方——农户视角展开讨论，回归过程中控制了县域特征，在一定程度上对金融资源的供给进行了控制，但由于没有银行、信用社等金融服务供给方的相关数据，对金融服务供给方面的考虑可能存在不足。此外，应关注数字支付使用对城乡居民的影响差异分析。本书主要分析了数字支付使用、信贷可得性和金融市场参与之间的相互作用,以农户为研究对象的做法使研究内容局限于农村和农户视角。在城乡金融资源分布不均的背景下,如何利用数字支付手段实现城乡之间的金融公平,避免数字鸿沟,直接关系普惠金融发展全局,也是全面建设社会主义现代化国家的必然要求。在今后的研究中,应重点关注数字支付使用对城乡居民信贷可得性和金融市场参与的影响差异,如何利用数字支付或数字金融手段缩小城乡居民金融差距将是未来研究的重要内容。

参考文献

［1］巴塞尔委员会监管和实施委员会金融科技课题组．金融科技发展对银行及其监管机构的影响［Z］．中国银行业监督管理委员会，2017.

［2］巴曙松，湛鹏．互动与融合互联网金融时代的竞争新格局［J］．中国农村金融，2012（24）：15-17.

［3］蔡海龙，关佳晨．不同经营规模农户借贷需求分析［J］．农业技术经济，2018（4）：90-97.

［4］曹凤岐．互联网金融对传统金融的挑战［J］．金融论坛，2015，20（1）：3-6.

［5］曾省晖，吴霞，李伟，廖燕平，刘茜．我国包容性金融统计指标体系研究［Z］．中国人民银行工作论文，2014.

［6］陈东，刘金东．农村信贷对农村居民消费的影响——基于状态空间模型和中介效应检验的长期动态分析［J］．金融研究，2013（6）：160-172.

［7］陈虹宇，周倬君．乡村政治精英家庭金融资产配置行为研究［J］．农业技术经济，2021（3）：105-120.

［8］陈鹏，刘锡良．中国农户融资选择意愿研究——来自10省2万家农户借贷调查的证据［J］．金融研究，2011（7）：128-141.

［9］陈永伟，史宇鹏，权五燮．住房财富、金融市场参与和家庭资产组合选择——来自中国城市的证据［J］．金融研究，2015（4）：1-18.

［10］陈志武．互联网金融到底有多新［J］．新金融，2014（4）：9-13.

［11］程恩江，刘西川．小额信贷缓解农户正规信贷配给了吗？——来自三个非政府小额信贷项目区的经验证据［J］．金融研究，2010（12）：190-206.

［12］崔海燕．互联网金融对中国居民消费的影响研究［J］．经济问题探索，2016（1）：162-166.

［13］单德朋，王英．金融可得性、经济机会与贫困减缓——基于四川集中

连片特困地区扶贫统计监测县级门限面板模型的实证分析［J］. 财贸研究, 2017, 28 (4)：50-60.

［14］丁忠民, 玉国华, 王定祥. 土地租赁、金融可得性与农民收入增长——基于 CHFS 的经验［J］. 农业技术经济, 2017 (4)：63-75.

［15］董志勇. 行为经济学［M］. 北京：北京大学出版社, 2005.

［16］杜强, 潘怡. 普惠金融对我国地区经济发展的影响研究——基于省际面板数据的实证分析［J］. 经济问题探索, 2016 (3)：178-184.

［17］段军山, 崔蒙雪. 信贷约束、风险态度与家庭资产选择［J］. 统计研究, 2016, 33 (6)：62-71.

［18］樊文翔. 数字普惠金融提高了农户信贷获得吗?［J］. 华中农业大学学报 (社会科学版), 2021 (1)：109-119.

［19］范敏霞, 汤自英, 赵梦蕾, 周琦轩. 互联网金融对居民金融投资活动的影响［J］. 西南金融, 2015 (12)：43-48.

［20］方观富, 许嘉怡. 数字普惠金融促进居民就业吗——来自中国家庭跟踪调查的证据［J］. 金融经济学研究, 2020, 35 (2)：75-86.

［21］方杰, 温忠麟, 张敏强. 类别变量的中介效应分析［J］. 心理科学, 2017, 40 (2)：471-477.

［22］方胜, 吴义勇. 互联网金融在金融扶贫中的角色定位［J］. 农村金融研究, 2017 (3)：56-60.

［23］冯大威, 高梦桃, 周利. 数字普惠金融与居民创业：来自中国劳动力动态调查的证据［J］. 金融经济学研究, 2020, 35 (1)：91-103.

［24］冯永琦, 蔡嘉慧. 数字普惠金融能促进创业水平吗?——基于省际数据和产业结构异质性的分析［J］. 当代经济科学, 2021 (1)：1-14.

［25］甘宇, 徐芳. 信贷排斥的城乡差异——来自 2629 个家庭的经验证据［J］. 财经科学, 2018 (2)：43-51.

［26］高梦滔, 毕岚岚, 师慧丽. 流动性约束、持久收入与农户消费——基于中国农村微观面板数据的经验研究［J］. 统计研究, 2008 (6)：48-55.

［27］葛永波, 陈虹宇, 赵国庆. 金融排斥视角下非农就业与农村家庭金融资产配置行为研究［J］. 当代经济科学, 2021, 43 (3)：16-31.

［28］葛永波, 周倬君, 马云倩. 新型农村金融机构可持续发展的影响因素与对策透视［J］. 农业经济问题, 2011 (12)：48-54.

[29] 郭峰，王靖一，王芳，孔涛，张勋，程志云．测度中国数字普惠金融发展：指数编制与空间特征 [J]．经济学（季刊），2020，19（4）：1401-1418.

[30] 郭峰，王瑶佩．传统金融基础、知识门槛与数字金融下乡 [J]．财经研究，2020，46（1）：19-33.

[31] 郭峰．普惠金融视角下的互联网支付：不仅仅是支付 [Z]．上海新金融研究院工作论文系列，2017.

[32] 郭士祺，梁平汉．社会互动、信息渠道与家庭股市参与——基于2011年中国家庭金融调查的实证研究 [J]．经济研究，2014，49（S1）：116-131.

[33] 郭田勇，丁潇．普惠金融的国际比较研究——基于银行服务的视角 [J]．国际金融研究，2015（2）：55-64.

[34] 郭学军．贫困地区农户金融素质、信贷约束与家庭金融资产选择 [D]．西安理工大学，2019.

[35] 郝朝艳，平新乔，张海洋，梁爽．农户的创业选择及其影响因素——来自"农村金融调查"的证据 [J]．中国农村经济，2012（4）：57-65.

[36] 何广文，何婧，郭沛．再议农户信贷需求及其信贷可得性 [J]．农业经济问题，2018（2）：38-49.

[37] 何广文，刘甜．乡村振兴背景下农户创业的金融支持研究 [J]．改革，2019（9）：73-82.

[38] 何广文．从农村居民资金借贷行为看农村金融抑制与金融深化 [J]．中国农村经济，1999（10）：42-48.

[39] 何婧，李庆海．数字金融使用与农户创业行为 [J]．中国农村经济，2019（1）：112-126.

[40] 何婧，田雅群，刘甜，李庆海．互联网金融离农户有多远——欠发达地区农户互联网金融排斥及影响因素分析 [J]．财贸经济，2017，38（11）：70-84.

[41] 何韧，刘兵勇，王婧婧．银企关系、制度环境与中小微企业信贷可得性 [J]．金融研究，2012（11）：103-115.

[42] 何睿．安徽省农村普惠金融发展水平的测度与影响因素分析 [D]．安徽财经大学，2018.

[43] 何维，王小华．家庭金融资产选择及影响因素研究进展 [J]．金融评

论，2021，13（1）：95-120.

［44］贺建风，王傲磊，余慧伦．社会资本与家庭金融市场参与［J］．金融经济学研究，2018，33（6）：104-116.

［45］贺莎莎．农户借贷行为及其影响因素分析——以湖南省花岩溪村为例［J］．中国农村观察，2008（1）：39-50.

［46］贺娅萍，徐康宁．互联网对城乡收入差距的影响：基于中国事实的检验［J］．经济经纬，2019，36（2）：25-32.

［47］侯建昀，霍学喜．信贷可得性、融资规模与农户农地流转——以专业化生产农户为例［J］．中国农村观察，2016（6）：29-39.

［48］胡帮勇．贫困地区农村金融发展对农户福利影响研究［D］．南京农业大学，2014.

［49］胡枫，陈玉宇．社会网络与农户借贷行为——来自中国家庭动态跟踪调查（CFPS）的证据［J］．金融研究，2012（12）：178-192.

［50］黄益平，黄卓．中国的数字金融发展：现在与未来［J］．经济学（季刊），2018，17（4）：1489-1502.

［51］黄益平．数字普惠金融的机会与风险［J］．新金融，2017（8）：4-7.

［52］黄祖辉，刘西川，程恩江．贫困地区农户正规信贷市场低参与程度的经验解释［J］．经济研究，2009，44（4）：116-128.

［53］江春．论金融的实质及制度前提［J］．经济研究，1999（7）：33-39.

［54］蒋庆正，李红，刘香甜．农村数字普惠金融发展水平测度及影响因素研究［J］．金融经济学研究，2019，34（4）：123-133.

［55］焦瑾璞，黄亭亭，汪天都，张韶华，王瑱．中国普惠金融发展进程及实证研究［J］．上海金融，2015（4）：12-22.

［56］金烨，李宏彬．非正规金融与农户借贷行为［J］．金融研究，2009（4）：63-79.

［57］京东数字科技研究院．数字金融［M］．北京：中信出版集团，2019.

［58］冷晨昕，陈前恒．贫困地区农村居民互联网金融使用现状及影响因素分析［J］．财贸研究，2017，28（11）：42-51.

［59］李继尊．关于互联网金融的思考［J］．管理世界，2015（7）：1-7.

［60］李建军，韩珣．普惠金融、收入分配和贫困减缓——推进效率和公平的政策框架选择［J］．金融研究，2019（3）：129-148.

［61］李建军，李俊成．普惠金融与创业："授人以鱼"还是"授人以渔"？
［J］．金融研究，2020（1）：69-87．

［62］李建军，卢盼盼．中国居民金融服务包容性测度与空间差异［J］．经济地理，2016，36（3）：118-124．

［63］李建军，彭俞超，马思超．普惠金融与中国经济发展：多维度内涵与实证分析［J］．经济研究，2020，55（4）：37-52．

［64］李建伟．普惠金融发展与城乡收入分配问题研究［D］．首都经济贸易大学，2017．

［65］李俊青，李响，梁琪．私人信息、公开信息与中国的金融市场参与
［J］．金融研究，2020（4）：147-165．

［66］李明贤，唐文婷．农村金融成长路径、农户金融参与和融资约束缓解
［J］．管理世界，2017（4）：178-179．

［67］李琦．互联网金融领域信用与风险的理论与实证分析［D］．重庆大学，2015．

［68］李锐，项海容．基于两期生命周期模型的农户金融行为的计量分析
［J］．管理世界，2006（9）：33-37．

［69］李锐，朱喜．农户金融抑制及其福利损失的计量分析［J］．经济研究，2007（2）：146-155．

［70］李似鸿．金融需求、金融供给与乡村自治——基于贫困地区农户金融行为的考察与分析［J］．管理世界，2010（1）：74-87．

［71］李涛，徐翔，孙硕．普惠金融与经济增长［J］．金融研究，2016
（4）：1-16．

［72］李心丹，肖斌卿，俞红海，宋建华．家庭金融研究综述［J］．管理科学学报，2011，14（4）：74-85．

［73］李雅宁，耿建芳，王欢欢．贵州省普惠金融发展对农村减贫效应的研究［J］．中国软科学，2020（S1）：65-71．

［74］李延敏．不同类型农户借贷行为特征［J］．财经科学，2008（7）：23-30．

［75］李原．从新常态到新时代——2011～2016年金融学重点研究进展
［J］．经济体制改革，2018（3）：12-18．

［76］梁平汉，江鸿泽．金融可得性与互联网金融风险防范——基于网络传销案件的实证分析［J］．中国工业经济，2020（4）：116-134．

［77］刘丹，方锐，汤颖梅．数字普惠金融发展对农民非农收入的空间溢出效应［J］．金融经济学研究，2019，34（3）：57-66.

［78］刘丹．农户异质性视角下正规金融与非正规金融的关系——基于江苏省1202户农户的调研数据［J］．南京农业大学学报（社会科学版），2017（6）：110-119.

［79］刘国强．我国消费者金融素养现状研究——基于2017年消费者金融素养问卷调查［J］．金融研究，2018（3）：1-20.

［80］刘海二．手机银行可以解决农村金融难题吗——互联网金融的一个应用［J］．财经科学，2014（7）：32-40.

［81］刘宏，马文瀚．互联网时代社会互动与家庭的资本市场参与行为［J］．国际金融研究，2017（3）：55-66.

［82］刘锦怡，刘纯阳．数字普惠金融的农村减贫效应：效果与机制［J］．财经论丛，2020（1）：43-53.

［83］刘澜飚，沈鑫，郭步超．互联网金融发展及其对传统金融模式的影响探讨［J］．经济学动态，2013（8）：73-83.

［84］刘同山．农民合作社的幸福效应：基于ESR模型的计量分析［J］．中国农村观察，2017（4）：32-42.

［85］刘西川，陈立辉，杨奇明．农户正规信贷需求与利率：基于TobitⅢ模型的经验考察［J］．管理世界，2014（3）：75-91.

［86］刘西川，程恩江．中国农业产业链融资模式——典型案例与理论含义［J］．财贸经济，2013（8）：47-57.

［87］刘西川，杨奇明，陈立辉．农户信贷市场的正规部门与非正规部门：替代还是互补？［J］．经济研究，2014（11）：145-158.

［88］刘西川．村级发展互助资金的目标瞄准、还款机制及供给成本——以四川省小金县四个样本村为例［J］．农业经济问题，2012（8）：65-72.

［89］刘英，罗明雄．互联网金融式及风险监管思考［J］．中国市场，2013（43）：29-36.

［90］刘营军，张龙耀，赵阳．金融知识对农户金融行为的影响研究——基于江苏省522个农户调查数据［J］．江苏农业科学，2018（3）：288-293.

［91］柳松，魏滨辉，苏柯雨．互联网使用能否提升农户信贷获得水平——基于CFPS面板数据的经验研究［J］．经济理论与经济管理，2020（7）：

58-72.

[92] 隆宗佐，曾福生．拓展农村消费市场的金融支撑研究［J］．农业经济问题，2002（4）：45-47.

[93] 卢亚娟，张龙耀，许玉韫．金融可得性与农村家庭创业——基于CHARLS 数据的实证研究［J］．经济理论与经济管理，2014（10）：89-99.

[94] 露西·F. 阿科特，理查德·迪弗斯．行为金融：心理、决策和市场［M］．北京：机械工业出版社，2012.

[95] 罗兴，吴本健，马九杰．农村互联网信贷："互联网+"的技术逻辑还是"社会网+"的社会逻辑？［J］．中国农村经济，2018（8）：2-16.

[96] 吕勇斌，李仪．金融包容对城乡收入差距的影响研究——基于空间模型［J］．财政研究，2016（7）：22-34.

[97] 马九杰，吴本健．互联网金融创新对农村金融普惠的作用：经验、前景与挑战［J］．农村金融研究，2014（8）：5-11.

[98] 迈因特．发展中国家经济学［M］．台北：台湾银行经济研究室，1984.

[99] 慕丽杰，郭昆宇．网络还是网点？——农村普惠金融发展两种路径效率的比较分析［J］．农村金融研究，2020（4）：37-46.

[100] 牛荣．陕西省农户借贷行为研究［M］．北京：中国金融出版社，2015.

[101] 潘爽，魏建国，胡绍波．互联网金融与家庭正规信贷约束缓解——基于风险偏好异质性的检验［J］．经济评论，2020（3）：149-162.

[102] 彭刚，黄卫平．发展经济学教程［M］．北京：中国人民大学出版社，2018.

[103] 彭克强，刘锡良．农民增收、正规信贷可得性与非农创业［J］．管理世界，2016（7）：88-97.

[104] 齐红倩，李志创．我国农村金融发展对农村消费影响的时变特征研究［J］．农业技术经济，2018（3）：110-121.

[105] 齐红倩，李志创．中国普惠金融发展水平测度与评价——基于不同目标群体的微观实证研究［J］．数量经济技术经济研究，2019，36（5）：101-117.

[106] 邱黎源，胡小平．正规信贷约束对农户家庭消费结构的影响——基于全国 4141 户农户的实证分析［J］．农业技术经济，2018（8）：16-25.

[107] 冉光和，蓝震森，李晓龙．农村金融服务、农民收入水平与农村可持续消费［J］．管理世界，2016（10）：176-177.

[108] 史金艳．行为金融理论与应用［M］．大连：大连理工大学出版社，2010.

[109] 史清华，陈凯．欠发达地区农民借贷行为的实证分析——山西745户农民家庭的借贷行为的调查［J］．农业经济问题，2002（10）：29-35.

[110] 宋汉光，周豪，余霞民．金融发展不均衡、普惠金融体系与经济增长［J］．金融发展评论，2014（5）：122-133.

[111] 宋晓玲．数字普惠金融缩小城乡收入差距的实证检验［J］．财经科学，2017（6）：14-25.

[112] 粟芳，方蕾．中国农村金融排斥的区域差异：供给不足还是需求不足？——银行、保险和互联网金融的比较分析［J］．管理世界，2016（9）：70-83.

[113] 孙玉环，张汀昱，王雪妮，李丹阳．中国数字普惠金融发展的现状、问题及前景［J］．数量经济技术经济研究，2021，38（2）：43-59.

[114] 谭燕芝，胡万俊．社会资本、家庭财富与农户正规信贷配给［J］．金融论坛，2017（5）：37-49.

[115] 谭燕芝，罗午阳．农户金融行为偏好与借贷行为——来自中国家庭追踪调查的证据［J］．区域经济评论，2015（5）：96-103.

[116] 唐珺，朱启贵．家庭金融理论研究范式述评［J］．经济学动态，2008（5）：115-119.

[117] 田杰，陶建平．农村金融排除对城乡收入差距的影响——来自我国1578个县（市）面板数据的实证分析［J］．中国经济问题，2011（5）：56-64.

[118] 童馨乐．农户借贷行为及其对收入的影响研究［D］．南京农业大学，2012.

[119] 涂先进，谢家智，张明．二元金融对家庭消费的虚拟财富效应分析［J］．中央财经大学学报，2018（5）：34-45.

[120] 涂先进，谢家智，张明．金融借贷对农户消费的虚拟财富效应——基于消费分层视角［J］．中南财经政法大学学报，2018（2）：90-96.

[121] 汪昌云，钟腾，郑华懋．金融市场化提高了农户信贷获得吗？——基于农户调查的实证研究［J］．经济研究，2014，49（10）：33-45.

［122］汪炜，郑扬扬．互联网金融发展的经济学理论基础［J］．经济问题探索，2015（6）：170-176.

［123］王慧玲，孔荣．正规借贷促进农村居民家庭消费了吗？——基于PSM方法的实证分析［J］．中国农村经济，2019（8）：72-90.

［124］王磊玲，罗剑朝．农户家庭金融行为的区域差异研究［J］．统计与决策，2012（10）：112-115.

［125］王若诗，胡士华．社会互动的不同渠道对农户金融市场投资行为的影响研究［J］．经济经纬，2020，37（6）：39-47.

［126］王晓青．社会网络、民间借出款与农村家庭金融资产选择——基于中国家庭金融调查数据的实证分析［J］．财贸研究，2017，28（5）：47-54.

［127］王馨．互联网金融助解"长尾"小微企业融资难问题研究［J］．金融研究，2015（9）：128-139.

［128］王性玉，任乐，赵辉，姚唯一．农户信誉特征、还款意愿传递与农户信贷可得——基于信号传递博弈的理论分析和实证检验［J］．管理评论，2019，31（5）：77-88.

［129］王修华，傅勇，贺小金，谭开通．中国农户受金融排斥状况研究——基于我国8省29县1547户农户的调研数据［J］．金融研究，2013（7）：139-152.

［130］王修华，关键，谷溪．中国农村金融包容的省际差异及影响因素［J］．经济评论，2016（4）：50-62.

［131］王阳，漆雁斌．农户金融市场参与意愿与影响因素的实证分析——基于3238家农户的调查［J］．四川农业大学学报，2013，31（4）：474-480.

［132］王阳．财富分层、社会网络与家庭金融资产选择：基于中国家庭金融调查（CHFS）数据的实证研究［M］．北京：中国经济出版社，2019.

［133］王瑶佩，郭峰．区域数字金融发展与农户数字金融参与：渠道机制与异质性［J］．金融经济学研究，2019，34（2）：84-95.

［134］王智茂．互联网使用、金融资产配置与家庭消费升级［D］．天津财经大学，2020.

［135］韦路，张明新．第三道数字鸿沟：互联网上的知识沟［J］．新闻与传播研究，2006（4）：43-53.

［136］魏昭，宋全云．互联网金融下家庭资产配置［J］．财经科学，2016

（7）：52-60.

[137] 温信祥，王昌盛，张晓东．从肯尼亚移动货币看移动支付在中国农村金融服务中的应用前景［J］．国际金融，2014（11）：17-22.

[138] 温忠麟，叶宝娟．中介效应分析：方法和模型发展［J］．心理科学进展，2014，22（5）：731-745.

[139] 温忠麟，张雷，侯杰泰，刘红云．中介效应检验程序及其应用［J］．心理学报，2004，36（5）：614-620.

[140] 乌家培，谢康，肖静华．信息经济学［M］．北京：高等教育出版社，2007.

[141] 吴本健，毛宁，郭利华．"双重排斥"下互联网金融在农村地区的普惠效应［J］．华南师范大学学报（社会科学版），2017（1）：94-100.

[142] 吴卫星，汪勇祥．基于搜寻的有限参与、事件风险与流动性溢价［J］．经济研究，2004（8）：85-93.

[143] 吴卫星，易尽然，郑建明．中国居民家庭投资结构：基于生命周期、财富和住房的实证分析［J］．经济研究，2010，45（S1）：72-82.

[144] 吴晓求．互联网金融：成长的逻辑［J］．财贸经济，2015（2）：5-15.

[145] 吴雨，李成顺，李晓，弋代春．数字金融发展对传统私人借贷市场的影响及机制研究［J］．管理世界，2020，36（10）：53-64.

[146] 吴雨，李晓，李洁，周利．数字金融发展与家庭金融资产组合有效性［J］．管理世界，2021，37（7）：92-104.

[147] 吴玉宇．村镇银行社会网络资本形成与作用机制研究［D］．中南大学，2010.

[148] 伍旭川，肖翔．基于全球视角的普惠金融指数研究［J］．南方金融，2014（6）：15-20.

[149] 项质略，张德元．金融可得性与异质性农户创业［J］．华南农业大学学报（社会科学版），2019，18（4）：80-90.

[150] 肖晶．中国中小金融机构的发展对金融包容的影响研究［D］．对外经济贸易大学，2016.

[151] 肖龙铎，张兵．金融可得性、非农就业与农民收入——基于CHFS数据的实证研究［J］．经济科学，2017（2）：74-87.

［152］肖远企 . 金融的本质与未来［Z］. 中国银行业监督管理委员会，2018.

［153］肖作平，张欣哲 . 制度和人力资本对家庭金融市场参与的影响研究——来自中国民营企业家的调查数据［J］. 经济研究，2012，47（S1）：91-104.

［154］谢家智，涂先进，叶盛 . 金融借贷、心理财富与农户消费［J］. 金融经济学研究，2017，32（6）：85-94.

［155］谢家智，吴静茹 . 数字金融、信贷约束与家庭消费［J］. 中南大学学报（社会科学版），2020，26（2）：9-20.

［156］谢平，刘海二 . ICT、移动支付与电子货币［J］. 金融研究，2013（10）：1-14.

［157］谢平，邹传伟，刘海二 . 互联网金融的基础理论［J］. 金融研究，2015（8）：1-12.

［158］谢平，邹传伟 . 互联网金融模式研究［J］. 金融研究，2012（12）：11-22.

［159］谢绚丽，沈艳，张皓星，郭峰 . 数字金融能促进创业吗？——来自中国的证据［J］. 经济学（季刊），2018，17（4）：1557-1580.

［160］谢忠秋 . Cov-AHP：层次分析法的一种改进［J］. 数量经济技术经济研究，2015，32（8）：137-148.

［161］辛立秋，朱晨曦，谢禹，苑莹 . 金融包容对农民增收的影响研究——以黑龙江省为例［J］. 财政研究，2017（12）：45-59.

［162］辛馨 . 第三方支付与家庭金融资产选择［D］. 中央财经大学，2017.

［163］熊德平 . 农村金融与农村金融发展：基于交易视角的概念重构［J］. 财经理论与实践，2007（2）：8-13.

［164］熊德平 . 农村金融与农村经济协调发展研究［M］. 北京：社会科学文献出版社，2009.

［165］熊学萍，阮红新，易法海 . 农户金融行为、融资需求及其融资制度需求指向研究——基于湖北省天门市的农户调查［J］. 金融研究，2007（8）：167-181.

［166］徐丽鹤，吕佳玮，何青 . 信用卡、风险应对与城镇家庭股市参与［J］. 金融研究，2019（3）：149-167.

［167］徐丽鹤，袁燕．财富分层、社会资本与农户民间借贷的可得性［J］．金融研究，2017（2）：131-146.

［168］徐良平，黄俊青，覃展辉．金融与经济关系研究的功能范式：一个初步分析框架［J］．经济评论，2004（1）：63-67.

［169］徐小阳，路明慧．基于社会认知理论的互联网金融理财产品购买行为研究［J］．软科学，2017（5）：108-113.

［170］徐章星，张兵，刘丹．数字金融发展、企业信贷错配与劳动就业——一个有调节的中介效应［J］．财经论丛，2020（12）：40-49.

［171］闫慧，孙立立.1989年以来国内外数字鸿沟研究回顾：内涵、表现维度及影响因素综述［J］．中国图书馆学报，2012，38（5）：82-94.

［172］杨波，王向楠，邓伟华．数字普惠金融如何影响家庭正规信贷获得？——来自CHFS的证据［J］．当代经济科学，2020，42（6）：74-87.

［173］杨汝岱，陈斌开，朱诗娥．基于社会网络视角的农户民间借贷需求行为研究［J］．经济研究，2011，46（11）：116-129.

［174］易行健，周利．数字普惠金融发展是否显著影响了居民消费——来自中国家庭的微观证据［J］．金融研究，2018（11）：47-67.

［175］殷浩栋，王瑜，汪三贵．贫困村互助资金与农户正规金融、非正规金融：替代还是互补？［J］．金融研究，2018（5）：120-136.

［176］尹豪．我国居民家庭金融市场参与研究［D］．对外经济贸易大学，2019.

［177］尹志超，仇化．金融知识对互联网金融参与重要吗［J］．财贸经济，2019，40（6）：70-84.

［178］尹志超，公雪，郭沛瑶．移动支付对创业的影响——来自中国家庭金融调查的微观证据［J］．中国工业经济，2019（3）：119-137.

［179］尹志超，吴雨，甘犁．金融可得性、金融市场参与和家庭资产选择［J］．经济研究，2015，50（3）：87-99.

［180］尹志超，岳鹏鹏，陈悉榕．金融市场参与、风险异质性与家庭幸福［J］．金融研究，2019（4）：168-187.

［181］尹志超，张号栋．金融可及性、互联网金融和家庭信贷约束——基于CHFS数据的实证研究［J］．金融研究，2018（11）：188-206.

［182］臧日宏，王春燕．信贷约束与家庭投资组合有效性［J］．华南理工

大学学报（社会科学版），2020，22（6）：22-33.

[183] 张栋浩，尹志超．金融普惠、风险应对与农村家庭贫困脆弱性[J]．中国农村经济，2018（4）：54-73.

[184] 张海洋．融资约束下金融互助模式的演进——从民间金融到网络借贷[J]．金融研究，2017（3）：101-115.

[185] 张号栋，尹志超．金融知识和中国家庭的金融排斥——基于 CHFS 数据的实证研究[J]．金融研究，2016（7）：80-95.

[186] 张杰．中国农村金融制度：结构、变迁与政策[M]．北京：中国人民大学出版社，2003.

[187] 张凯，李磊宁．农民消费需求与农村金融发展关系研究——基于协整分析与误差修正模型[J]．中国农村观察，2006（3）：16-22.

[188] 张李义，涂奔．互联网金融对中国城乡居民消费的差异化影响——从消费金融的功能性视角出发[J]．财贸研究，2017，28（8）：70-83.

[189] 张林，温涛．数字普惠金融发展如何影响居民创业[J]．中南财经政法大学学报，2020（4）：85-95.

[190] 张龙耀，马倩倩，刘荣茂．金融普惠的群体差异性：市场失灵还是制度缺陷[J]．经济评论，2018（3）：103-115.

[191] 张龙耀，张海宁．金融约束与家庭创业——中国的城乡差异[J]．金融研究，2013（9）：123-135.

[192] 张三峰，王非，贾愚．信用评级对农户融资渠道选择意愿的影响——基于 10 省（区）农户信贷调查数据的分析[J]．中国农村经济，2013（7）：72-84.

[193] 张彤进．中国包容性金融发展对城乡居民收入差距的影响机制研究[D]．天津财经大学，2016.

[194] 张晓玫，董文奎，韩科飞．普惠金融对家庭金融资产选择的影响及机制分析[J]．当代财经，2020（1）：65-76.

[195] 张勋，万广华，张佳佳，何宗樾．数字经济、普惠金融与包容性增长[J]．经济研究，2019，54（8）：71-86.

[196] 张永丽，徐腊梅．互联网使用对西部贫困地区农户家庭生活消费的影响——基于甘肃省 1735 个农户的调查[J]．中国农村经济，2019（2）：42-59.

[197] 张哲．农村居民家庭金融资产配置及财富效应研究[D]．西南大

学，2020.

［198］赵允迪，王俊芹．农户农村信用社借贷需求的影响因素分析——基于河北省农户调查［J］．农业技术经济，2012（9）：43-51.

［199］郑联盛．中国互联网金融：模式、影响、本质与风险［J］．国际经济评论，2014（5）：103-118.

［200］中国人民银行征信中心与金融研究所联合课题组，纪志宏，王晓明，曹凝蓉，金中夏，伍旭川，黄余送，张晓艳．互联网信贷、信用风险管理与征信［J］．金融研究，2014（10）：133-147.

［201］周光友，罗素梅．互联网金融资产的多目标投资组合研究［J］．金融研究，2019（10）：135-151.

［202］周广肃，梁琪．互联网使用、市场摩擦与家庭风险金融资产投资［J］．金融研究，2018（1）：84-101.

［203］周弘，史剑涛．信贷约束如何影响家庭风险资产参与——来自 CFPS 数据的证据［J］．贵州财经大学学报，2021（3）：53-61.

［204］周利，廖婧琳，张浩．数字普惠金融、信贷可得性与居民贫困减缓——来自中国家庭调查的微观证据［J］．经济科学，2021（1）：145-157.

［205］周雨晴，何广文．数字普惠金融发展对农户家庭金融资产配置的影响［J］．当代经济科学，2020，42（3）：92-105.

［206］周月书，王雨露，彭媛媛．农业产业链组织、信贷交易成本与规模农户信贷可得性［J］．中国农村经济，2019（4）：41-54.

［207］朱晋川．互联网金融的产生背景、现状分析与趋势研究［J］．农村金融研究，2013（10）：5-8.

［208］朱守银，张照新，张海阳，汪承先．中国农村金融市场供给和需求——以传统农区为例［J］．管理世界，2003（3）：88-95.

［209］朱喜，李子奈．农户借贷的经济影响：基于 IVQR 模型的实证研究［J］．系统工程理论与实践，2007（2）：68-75.

［210］Adams D W, Graham D H, Von Pischke J D. Undermining Rural Development with Cheap Credit［M］. Boulder, CO.：Westview Press, 1984.

［211］Akoten J E, Sawada Y, Otsuka K. The Determinants of Credit Access and Its Impacts on Micro and Small Enterprises：The Case of Garment Producers in Kenya［J］. Economic Development and Cultural Change, 2006, 54（4）：927-944.

[212] Alkhowaiter W A. Digital Payment and Banking Adoption Research in Gulf Countries: A Systematic Literature Review [J]. International Journal of Information Management, 2020 (53): 102.

[213] Allen F, Gale D. Limited Market Participation and Volatility of Asset Prices [J]. The American Economic Review, 1994, 84 (4): 933-955.

[214] Allen F, Mcandrews J, Strahan P. E-Finance: An Introduction [J]. Journal of Financial Services Research, 2002, 22 (1/2): 5-27.

[215] Allen F, Qian M, Xie J. Understanding Informal Financing [J]. Journal of Financial Intermediation, 2018.

[216] Andersen, R. A Behavioral Model of Families' Use of Health Services [R]. Chicago, Center for Health Administration Studies, University of Chicago, 1968 (25).

[217] Anderson C. The Long Tail: How Endless Choice is Creating Unlimited Demand [M]. New York: Random House, 2007.

[218] Andrianaivo M, Kpodar K. ICT, Financial Inclusion, and Growth: Evidence from African Countries [R]. IMF Working Paper, 2011.

[219] Angeletos G, Pavan A. Efficient Use of Information and Social Value of Information [J]. Econometrica, 2007, 75 (4): 1103-1142.

[220] Attewell P. The First and Second Digital Divides [J]. Sociology of Education, 2001, 74 (3): 252-259.

[221] Baron R M, Kenny D A. The Moderator-Mediator Variable Distinction in Social Psychological Research: Conceptual, Strategic, and Statistical Considerations [J]. Journal of Personality and Social Psychology, 1986, 51 (6): 1173-1182.

[222] Beck T, Demirgüç-Kunt A, Honohan P. Access to Financial Services: Measurement, Impact, and Policies [J]. The World Bank Research Observer, 2009, 24 (1): 119-145.

[223] Beck T, Demirgüç-Kunt A, Martinez Peria M S. Reaching out: Access to and Use of Banking Services Across Countries [J]. Journal of Financial Economics, 2007, 85 (1): 234-266.

[224] Beck T, Demirgüç-Kunt A. Access to Finance: An Unfinished Agenda [J]. The World Bank Economic Review, 2008, 22 (3): 383-396.

[225] Beck T, Levine R, Loayza N. Finance and the Sources of Growth [J]. Journal of Financial Economics, 2000, 58 (1): 261-300.

[226] Beck T, Pamuk H, Ramrattan R, Uras B R. Payment Instruments, Finance and Development [J]. Journal of Development Economics, 2018 (133): 162-186.

[227] Beck, Thorsten, Haki Pamuk, Ravindra Ramrattan, and Burak R. Uras. Payment Instruments, Finance and Development [J]. Journal of Development Economics, 2018, 133 (1): 162-186.

[228] Berger, Allen N, Gregory F. Udell. Small Business Credit Availability and Relationship Lending: The Importance of Bank Organisational Structure [J]. Economic Journal, 2002, 112 (477): 32-53.

[229] Besley T, Coate S. Group Lending, Repayment Incentives and Social Collateral [J]. Journal of Development Economics, 1995, 46 (1): 1-18.

[230] Bogan V. Stock Market Participation and the Internet [J]. Journal of Financial and Quantitative Analysis, 2008, 43 (1): 191-212.

[231] Bonfadelli H. The Internet and Knowledge Gaps: A Theoretical and Empirical Investigation [J]. European Journal of Communication (London), 2002, 17 (1): 65-84.

[232] Calvet L E, Sodini P. Twin Picks: Disentangling the Determinants of Risk-Taking in Household Portfolios [J]. The Journal of Finance, 2014, 69 (2): 867-906.

[233] Campbell J Y, Cocco J, Gomes F, Maenhout P J, Viceira L M. Stock Market Mean Reversion and the Optimal Equity Allocation of a Long-Lived Investor [J]. European Finance Review, 2001, 5 (3): 269-292.

[234] Campbell J Y, Viceira L M. Strategic Asset Allocation Portfolio Choice for Long-Term Investors [M]. New York: Oxford University Press, 2002.

[235] Campbell J Y. Household Finance [J]. The Journal of Finance, 2006, 61 (4): 1553-1604.

[236] Chernozhukov V, Hansen C. Instrumental Quantile Regression Inference for Structural and Treatment Effect Models [J]. Journal of Econometrics, 2006, 132 (2): 491-525.

[237] Claessens, Stijn. Access to Financial Services: A Review of the Issues and Public Policy Objectives [J]. World Bank Research Observer, 2006, 21 (2): 207-240.

[238] Coase R. The Nature of the Firm [J]. Economica, 1937, 4 (16): 386-405.

[239] Cocco J F, Gomes F J, Maenhout P J. Consumption and Portfolio Choice over the Life Cycle [J]. Review of Financial Studies, 2005, 18 (2): 491-533.

[240] Dahlberg T, Guo J, Ondrus J. A Critical Review of Mobile Payment Research [J]. Electronic Commerce Research and Applications, 2015, 14 (5): 265-284.

[241] Dahlman C J. The Problem of Externality [J]. Journal of Law and Economics, 1979, 22 (1): 141-162.

[242] De Bondt W F M, Thaler R H. Chapter 13 Financial Decision-Making in Markets and Firms: A Behavioral Perspective [C] //Finance, Handbooks in Operations Research and Management Science, Amsterdam: North Houand, 1995 (9): 385-410.

[243] de Luna I R, Liébana-Cabanillas F, Sánchez-Fernández J, Muñoz-Leiva F. Mobile Payment Is Not All the Same: The Adoption of Mobile Payment Systems Depending on the Technology Applied [J]. Technological Forecasting and Social Change, 2018.

[244] Debreu G. Theory of Value: An Axiomatic Analysis of Economic Equilibrium [M]. New Haven: Yale University Press, 1959.

[245] Diamond P, Vartiainen H. Behavioral Economics and Its Applications [M]. Princeton: Princeton University Press, 2012.

[246] Diniz E, Birochi R, Pozzebon M. Triggers and Barriers to Financial Inclusion: The Use of ICT-Based Branchless Banking in An Amazon County [J]. Electronic Commerce Research and Applications, 2012, 11 (5): 484-494.

[247] Duvendack M, Mader P. Impact of Financial Inclusion on Low-and Middle-Income Countries: A Systematic Review of Reviews [J]. Journal of Economic Surveys, 2020, 34 (3): 594-629.

[248] Friedman M. A Theory of the Consumption Function [M]. Princeton:

Princeton University Press, 1957.

［249］ Fungáčová Z, Weill L. Understanding Financial Inclusion in China
［J］. China Economic Review, 2015 (34): 196-206.

［250］ Gai K, Qiu M, Sun X. A Survey on Fintech ［J］. Journal of Network
and Computer Applications, 2018 (103): 262-273.

［251］ Gao Y, Yu S, Shiue Y. The Performance of the P2P Finance Industry in
China ［J］. Electronic Commerce Research and Applications, 2018 (30): 138-
148.

［252］ Goldsmith R W. Financial Structure and Development ［M］. New Ha-
ven: Yale University Press, 1969.

［253］ Gollier C. The Economics of Risk and Time ［M］. Cambridge: MIT
Press, 2001.

［254］ Guirkinger C. Understanding the Coexistence of Formal and Informal Credit
Markets in Piura, Peru ［J］. World Development, 2008, 36 (8): 1436-1452.

［255］ Guiso L, Haliassos M, Jappelli T. Household Portfolios ［M］. Cam-
bridge: MIT Press, 2002.

［256］ Hayashi F. The Effect of Liquidity Constraints on Consumption: A Cross-
Sectional Analysis ［J］. The Quarterly Journal of Economics, 1985, 100 (1): 183-
206.

［257］ Hayes A F. Beyond Baron and Kenny: Statistical Mediation Analysis in the
New Millennium ［J］. Communication Monographs, 2009, 76 (4): 408-420.

［258］ He J, Li Q. Can Online Social Interaction Improve the Digital Finance
Participation of Rural Households? ［J］. China Agricultural Economic Review, 2020,
12 (2): 295-313.

［259］ Heckman J J. Sample Selection Bias as a Specification Error ［J］. Econ-
ometrica, 1979, 47 (1): 153-161.

［260］ Hicks J R. A Suggestion for Simplifying the Theory of Money ［J］. Eco-
nomica, 1935, 2 (5): 1-19.

［261］ Hirschman E C. Differences in Consumer Purchase Behavior by Credit
Card Payment System ［J］. Journal of Consumer Research, 1979, 6 (1): 58-66.

［262］ Hoff, Stiglitz. Money Lenders and Bankers: Price-Increasing Subsidies in

A Monopolistically Competitive Market [J] . Journal of Development Economics, 1998, 55 (2): 485-518.

[263] Hong H, Kubik J D, Stein J C. Social Interaction and Stock-Market Participation [J] . The Journal of Finance, 2004, 59 (1): 137-163.

[264] Hou X, Gao Z, Wang Q. Internet Finance Development and Banking Market Discipline: Evidence from China [J] . Journal of Financial Stability, 2016 (22): 88-100.

[265] Iacobucci D. Mediation Analysis and Categorical Variables: The Final Frontier [J] . Journal of Consumer Psychology, 2012, 22 (4): 582-594.

[266] Jagtiani J, Lemieux C. Do Fintech Lenders Penetrate Areas that Are Underserved by Traditional Banks? [J] . Journal of Economics and Business, 2018.

[267] James G, Witten D, Hastie T, Tibshirani R. An Introduction to Statistical Learning with Applications in R [M] . New York: Springer, 2013.

[268] Johnson S, Arnold S. Inclusive Financial Markets: Is Transformation Under Way in Kenya? [J] . Development Policy Review, 2012, 30 (6) .

[269] Jr. Harrell F E. Regression Modeling Strategies [M] . New York: Springer, 2014.

[270] Judd C M, Kenny D A. Process Analysis: Estimating Mediation in Treatment Evaluations [J] . Evaluation Review, 1981, 5 (5): 602-619.

[271] Kahneman D, Knetsch J L, Thaler R H. Anomalies: The Endowment Effect, Loss Aversion, and Status Quo Bias [J] . Journal of Economic Perspectives, 1991, 5 (1): 193-206.

[272] Kaino T. Rural Credit Markets in Myanmar: A Study of Formal and Non-Formal Lenders [J] . Asian Journal of Agriculture and Development, 2005, 4 (1): 3-15.

[273] Karlan D, Mobius M, Rosenblat T, Szeidl A. Trust and Social Collateral [J] . The Quarterly Journal of Economics, 2009, 124 (3): 1307-1361.

[274] Kelly M. All Their Eggs in One Basket: Portfolio Diversification of US Households [J] . Journal of Economic Behavior & Organization, 1995, 27 (1): 87-96.

[275] Kempson E, Whyley C. Kept out or Opted out? —Undersanding and

Combating Financial Exclusion [M] . The Policy Press, 1991.

[276] Kochar A. An Empirical Investigation of Rationing Constraints in Rural Credit Markets in India [J] . Journal of Development Economics, 1997, 53 (2): 339-371.

[277] Kon, Y. , D. J. Storey. A Theory of Discouraged Borrowers [J] . Small Business Economics, 2003, 21 (1): 37-49.

[278] Koo H K. Consumption and Portfolio Selection with Labor Income: A Continuous Time Approach [J] . Mathematical Finance, 1998, 8 (1): 49-65.

[279] Levine R. Chapter 12 Finance and Growth: Theory and Evidence [J] . Handbook of Economic Growth, 2005: 865-934.

[280] Leyshon A, Thrift N. The Restructuring of the U. K. Financial Services Industry in the 1990s: A Reversal of Fortune [J] . Journal of Rural Studies, 1993, 9 (3): 223-241.

[281] Li J, Wu Y, Xiao J J. The Impact of Digital Finance on Household Consumption: Evidence from China [J] . Economic Modelling, 2019.

[282] Lintner J. The Valuation of Risk Assets and the Selection of Risky Investments in Stock Portfolios and Capital Budgets [J] . The Review of Economics and Statistics, 1965, 47 (1): 13-37.

[283] Lokshin M, Sajaia Z. Maximum Likelihood Estimation of Endogenous Switching Regression Models [J] . The Stata Journal, 2004, 4 (3): 282-289.

[284] Mackinnon D P, Cox M G. Commentary on "Mediation Analysis and Categorical Variables: The Final Frontier" by Dawn Iacobucci [J] . Journal of Consumer Psychology, 2012, 22 (4): 600-602.

[285] Mackinnon D P, Dwyer J H. Estimating Mediated Effects in Prevention Studies [J] . Evaluation Review, 1993, 17 (2): 144-158.

[286] Mackinnon D P, Lockwood C M, Hoffman J M, West S G, Sheets V. A Comparison of Methods to Test Mediation and Other Intervening Variable Effects [J] . Psychological Methods, 2002, 7 (1): 83-104.

[287] Markowitz H. Portfolio Selection [J] . The Journal of Finance, 1952, 7 (1): 77-91.

[288] Marschak J. Money and the Theory of Assets [J] . Econometrica, 1938,

6 (4)：311-325.

[289] Marsh L C, Cormier D R. Spline Regression Models (No. 137) [M] . Thousand Oaks：Sage, 2001.

[290] Martins R, Serra F R, Leite A D S, Ferreira M P, Li D. Transactions Cost Theory Influence in Strategy Research：A Review Through a Bibliometric Study in Leading Journals [Z] . Center of Research in International Business & Strategy,2010.

[291] Mckinnon R I. Money and Capital in Economic Development [M] . Washington, D. C. ：Brookings Institution, 1973.

[292] Merton R C, Bodie Z. A Conceptual Framework for Analyzing the Financial System [J] . The Global Financial System：A Functional Perspective, 1995：3-31.

[293] Merton R C, Bodie Z. Deposit Insurance Reform：A Functional Approach [J] . Carnegie-Rochester Conference Series On Public Policy, 1993 (38)：1-34.

[294] Mohieldin M S, Wright P W. Formal and Informal Credit Markets in Egypt [J] . Economic Development and Cultural Change, 2000, 48 (3)：657-670.

[295] Mookerjee, Rajen and Paul Kalipioni. Availability of Financial Services and Income Inequality：The Evidence from Many Countries [J] . Emerging Markets Review, 2010, 11 (4)：404-408.

[296] Mossin J. Equilibrium in a Capital Asset Market [J] . Econometrica, 1966, 34 (4)：768-783.

[297] Munk C. A Mean-Variance Benchmark for Household Portfolios over the Life Cycle [J] . Journal of Banking & Finance, 2020 (116)：105833.

[298] Nakashima T. Creating Credit by Making Use of Mobility with Fintech and Iot [J] . IATSS Research, 2018, 42 (2)：61-66.

[299] Newey W K. Efficient Estimation of Limited Dependent Variable Models with Endogenous Explanatory Variables [J] . Journal of Econometrics, 1987, 36 (3)：231-250.

[300] Ozili P K. Impact of Digital Finance on Financial Inclusion and Stability [J] . Borsa Istanbul Review, 2018.

[301] Pal S. Household Sectoral Choice and Effective Demand for Rural Credit in India [J] . Applied Economics, 2002, 34 (14)：1743-1755.

[302] Park A, Brandt L, Giles J. Competition under Credit Rationing: Theory and Evidence From Rural China [J] . Journal of Development Economics, 2003, 71 (2): 463-495.

[303] Peress J. Information vs. Entry Costs: What Explains US Stock Market E-volution? [J] . Journal of Financial and Quantitative Analysis. 2005, 3 (40): 563-594.

[304] Petersen M A, Rajan R G. Does Distance Still Matter the Information Revolution in Small Business Lending [J] . Journal of Finance, 2002, 57 (6): 2533-2570.

[305] Pradhan R P, Arvin M, Nair M, Bennett S, Bahmani S. ICT-Finance-Growth Nexus: Empirical Evidence from the Next-11 Countries [J] . Cuadernos De Economía, 2017, 40 (113): 115-134.

[306] Qian M, Huang Y. Political Institutions, Entrenchments, and the Sustainability of Economic Development - A Lesson from Rural Finance [J] . China Economic Review, 2016 (40): 152-178.

[307] Rajan R, Zingales L. Financial Development and Growth [J] . American Economic Review, 1998, 88 (3): 559-586.

[308] Samuelson W, Zeckhauser R. Status Quo Bias in Decision Making [J] . Journal of Risk and Uncertainty, 1988, 1 (1): 7-59.

[309] Sarma M, Pais J. Financial Inclusion and Development [J] . Journal of International Development, 2011, 23 (5): 613-628.

[310] Sarma M. Index of Financial Inclusion [R] . Working Paper, 2008.

[311] Sawadogo R, Semedo G. Financial Inclusion, Income Inequality, and Institutions in Sub-Saharan Africa: Identifying Cross-Country Inequality Regimes [J] . International Economics, 2021 (167): 15-28.

[312] Sepehrdoust H. Impact of Information and Communication Technology and Financial Development on Economic Growth of OPEC Developing Economies [J] . Kasetsart Journal of Social Sciences, 2018.

[313] Shahrokhi M. E-Finance: Status, Innovations, Resources and Future Challenges [J] . Managerial Finance, 2008, 34 (6): 365-398.

[314] Sharpe W F. Capital Asset Prices: A Theory of Market Equilibrium under Conditions of Risk [J] . The Journal of Finance, 1964, 19 (3): 425-442.

［315］Shaw E S. Financial Deepening in Economic Development ［M］. New York: Oxford University Press, 1973.

［316］Shefrin H, Statman M. The Disposition to Sell Winners too Early and Ride Losers Too Long: Theory and Evidence ［J］. The Journal of Finance, 1985, 40 (3): 777-790.

［317］Shiller R J. From Efficient Markets Theory to Behavioral Finance ［J］. The Journal of Economic Perspectives, 2003, 17 (1): 83-104.

［318］Sobel M E. Asymptotic Confidence Intervals for Indirect Effects in Structural Equation Models ［J］. Sociological Methodology, 1982 (13): 290-312.

［319］Sobel M E. Direct and Indirect Effects in Linear Structural Equation Models ［J］. Sociological Methods & Research, 1987, 16 (1): 155-176.

［320］Statman M. Behavioral Finance: Past Battles and Future Engagements ［J］. Financial Analysts Journal, 1999, 55 (6): 18.

［321］Stiglitz J E, Weiss A. Credit Rationing in Markets with Imperfect Information ［J］. The American Economic Review, 1981, 71 (3): 393-410.

［322］Stoica O, Mehdian S, Sargu A. The Impact of Internet Banking on the Performance of Romanian Banks: DEA and PCA Approach ［J］. Procedia Economics and Finance, 2015 (20): 610-622.

［323］Suri T, Jack W. The Long-Run Poverty and Gender Impacts of Mobile Money ［J］. Science (New York, N. Y.), 2016, 354 (6317): 1288-1292.

［324］Tichenor P J, Donohue G A, Olien C N. Mass Media Flow and Differential Growth in Knowledge ［J］. Public Opinion Quarterly, 1970, 34 (2): 159-170.

［325］Tobin J. Estimation of Relationships for Limited Dependent Variables ［J］. Econometrica, 1958, 26 (1): 24-36.

［326］Tsai, W. Knowledge Transfer in Intraorganizational Networks: Effects of Network Position and Absorptive Capacity on Business Unit Innovation and Performance ［J］. Academy of Management Journal, 2001, 44 (5): 996-1004.

［327］Tunay K B, Tunay N, Akhisar İ. Interaction between Internet Banking and Bank Performance: The Case of Europe ［J］. Procedia - Social and Behavioral Sciences, 2015 (195): 363-368.

［328］Tversky A, Kahneman D. Availability: A Heuristic for Judging Frequency and Probability [J] . Cognitive Psychology, 1973, 2 (5): 207-232.

[329] Vissing Jørgensen A. Limited Asset Market Participation and the Elasticity of Intertemporal Substitution [J] . The Journal of Political Economy, 2002, 110 (4): 825-853.

[330] Wang J. From Aperture Satellite to "Internet Finance": Institutionalization of ICTs in China's Financial Sector Since 1991 [J] . Telecommunications Policy, 2018, 42 (7): 566-574.

[331] Williamson O E. Markets and Hierarchies: Analysis and Antitrust Implications: A Study in the Economics of Internal Organization [Z] . 1975.

[332] Williamson O E. The Economic Institutions of Capitalism [M] . New York: The Free Press, 1985.

[333] Williamson O E. Visible and Invisible Governance [J]. The American Economic Review, 1994, 84 (2): 323-326.

[334] Williamson S D. Costly Monitoring, Loan Contracts, and Equilibrium Credit Rationing [J] . The Quarterly Journal of Economics, 1987, 102 (1): 135-146.

[335] Yadav S, Otsuka K, David C C. Segmentation in Rural Financial Markets: the Case of Nepal [J] . World Development, 1992, 20 (3): 423-436.

[336] Yaron A, Zhang H H. Fixed Costs and Asset Market Participation [J] . Revista De Análisis Económico-Economic Analysis Review, 2000, 15 (1): 89-109.

[337] Zeldes S P. Consumption and Liquidity Constraints: An Empirical Investigation [J] . Journal of Political Economy. 1989, 97 (2): 305-346.

[338] Zingales L. Presidential Address: Does Finance Benefit Society? [J] . The Journal of Finance, 2015, 70 (4): 1327-1363.

附录：调研问卷

中国农村普惠金融调查问卷

声　明

《中国农村普惠金融调查问卷》属于本调查项目的内部培训资料，仅供参与本项目的人员使用，请勿遗失和外传。未经本项目组许可，请勿作他用。

调查问卷所得数据为受访者个人隐私，切勿向其他人员透露。保密：根据《统计法》第三章第十四条，本资料"属于私人、家庭的单项调查资料，非经本人同意，不得泄露"。

中国农业大学经济管理学院

××年××月××日

调查日期：20××年××月××日　　问卷编号：_____

调查员姓名：_____　　调查员学号：_____

调查地点：_____省_____市_____区（县）_____乡（镇）_____街道（村、社区）_____组

受访者姓名：_____　　电话号码：_____

目　录

主问卷——农户基础问卷

1. 城市商品房问卷

2. 银行和农村信用社贷款问卷

3. 其他金融机构及民间借款问卷

4. 股票资产问卷

5. 其他金融投资问卷

6. 互联网融资和投资问卷

7. 信用卡问卷

主问卷——农户基础问卷（节选）

［A101］访问对象性别：_____

1. 男性；2. 女性

［A102］是否户主：_____

1. 是；2. 否

［A103］访问对象的年龄_____周岁

［A104］受正规教育年限（全脱产学习）_____

［A105］婚姻状况：_____

1. 已婚；2. 单身；3. 丧偶；4. 离异；5. 其他；6. 不愿意回答

［A106］家庭成员数量（经济上相互依赖，生活在一起的成员）：_____

［A107］家庭劳动力人数（定义为18~60岁的身体健康者）_____

［A108］家庭成员外出务工人员数（定义为1年中6个月以上务工人员）

［A109］是否有在读或毕业大学生（是=1；否=0）_____

［A110］家庭是否为有关部门认定的贫困户、低保户或五保户（可多选）_____

1. 贫困户（建档立卡）；2. 低保户；3. 五保户；4. 都不是

［A111］家庭中是否有人从事以下行业（可多选）：_____

1. 在本地或外地企业长期就业；2. 个体工商户（在本地或外地做买卖）；3. 当教师或医生；4. 在县、乡、村当干部；5. 无

［B101］2018年，您家从事农业生产的总收入是多少？（单位：元）：_____（以2019年问卷为例）

［B102］2018年，您家从事农业生产的总成本是多少？（单位：元）_____（以2019年问卷为例）

［B201］您当前的创业情况为（主要包括工商业生产经营项目，如个体小手

工业经营和企业经营等）。_____

1. 没有打算（跳至 B301）；2. 正在创业；3. 有创业意愿（跳至 B301）；4. 曾经创业但现已不做（跳至 B301）

［B207］这个项目 2018 年的总收入多少？（单位：元）_____

（以 2019 年问卷为例）

［B208］这个项目 2018 年的总成本是多少？（单位：元）_____

（以 2019 年问卷为例）

［B301］2018 年您家里是否有人务工过？_____

1. 是 = 1；2. 否 = 0（跳至 B303）

（以 2019 年问卷为例）

2018 年全家务工总收入（单位：万元）_____

（以 2019 年问卷为例）

［B401］2018 年，银行存款和理财收入等金融投资收入是多少？（单位：万元）_____。其中，银行存款利息_____；基金和理财收入_____；股票投资_____；互联网投资_____；其他投资（请注明）_____

（以 2019 年问卷为例）

［B402］2018 年您从子女、父母等处获得转移收入多少钱？（单位：万元）_____（注：跟农户再次确认，将农业生产、工商业生产经营、外出务工、资产性收入和转移支付净收益加总）

（以 2019 年问卷为例）

［B403］总的来说，您家 2018 年总收入是多少？（单位：万元）_____

（以 2019 年问卷为例）

［C101］您在几个银行开设存款账户？_____（如果选 0，跳转至 C105）

［C102］存款主要集中在哪个银行？_____

［C103］存款主要是以_____方式存放。

1. 定期存款；2. 活期存款；3. 银行理财产品

［C105.1.1］您使用过如下哪种支付方式？（可多选）_____

1. 电脑网上银行转账；2. 手机银行转账；3. 微信支付；4. 支付宝；5. 各种电子钱包类产品（百度钱包、京东钱包、翼支付等）；6. 其他移动支付产品（请注明）；7. 都没有（跳至 C108）

［C105.2.1］这些支付方式的使用频率如何？（按上述选项次序对应填

写）_____

1. 几乎每天都用；2. 每周用 3~5 次；3：每周用 1~2 次；4. 每周使用少于 1 次；5. 从不用

（2019 年问卷）

［C106］这些支付方式的使用频率如何？（按上述选项次序对应填写）_____（跳至 C201）1. 经常；2. 偶尔；3. 仅使用过 1~2 次

（2017 年和 2018 年问卷）

［C108］为什么不使用这些支付方式？_____

1. 完全不知道；2. 听说过，但不会使用；3 听说过，但没有智能手机和电脑；4. 听说过，但没有使用的场景；5. 其他（请注明_____）

［C201］您家是否投资了下列金融产品？（可多选）_____

1. 债券；2. 基金；3. 信托和资产管理类产品；4. 非人民币资产；5. 黄金；6. 衍生品；7. 商业保险；8. 股票；9. 互联网理财产品（如将钱存入余额宝、微信零钱通）；10. 互联网众筹产品；11. 都没有

→选择 1~7，询问"5. 其他金融投资问卷"

→选择 9 或者 10，询问"6. 互联网融资和投资产品问卷中投资部分"

［C202］如果没有选择"［C201］8. 股票"，那么您家没有股票账户的原因是什么？（可多选）_____

1. 炒股风险太高；2. 炒股收益太低；3. 不知道如何开户；4. 证券公司离得太远；5. 不知道到哪里开户；6. 开户程序烦琐；7. 没有相关知识；8. 曾经亏损；9. 没有听说过；10. 资金有限；11. 其他（请注明）_____

［C203］如果没有选择"［C201］9. 互联网理财产品；10. 互联网众筹产品"，若未尝试过上述互联网金融产品（借贷、理财及众筹），为什么不使用？_____

1. 完全不知道；2 听说过，但觉得不安全；3. 听说过，但不会操作；4. 听说过，但觉得不方便；5. 听说过，但觉得收益率不高；6. 其他（请注明_____）

［C301］2018 年您家有没有借钱给别人，这里的别人指的是家庭成员以外的人或机构？_____

1. 有；2. 没有（跳至 C401）

［C302.1］如果有，2018 年总共借出_____万元。

［C302.2］如果有，2018 年总共借出_____笔。

［C401］您家共有几套房子？（不包括年底前已经拆迁的房子）_____

［C402］您家是否在城市购买商品房？

1. 是（询问"城市商品房问卷"）；2. 否

［C501］您家有没有自有汽车？（非运营车辆）包括常见轿车、面包车等_____

1. 有；2. 没有（跳至C601）

［D101］您对银行贷款的条件和程序了解吗？_____

1. 完全不了解；2. 不是很了解；3. 了解；4. 比较了解；5. 非常了解

［D102］您是否受到过银行的信用评级？_____

1. 是；2. 否（跳至D104）

［D103］如果是银行的信用评级户，您的授信额度是多少？（单位：元）_____

［D104］2018年您家是否有从银行或农村信用社获得以下贷款？（可多选）_____

1. 有贷款（询问"银行和农信社贷款问卷"后，跳至D107）；2. 没有申请过；3. 申请过但被拒绝（跳至D106）

［D105］若选择"［D104］2. 没有申请过"，原因是什么？_____（跳至D107）

1. 不需要；2. 不知道如何申请；3. 没有抵押品；4. 找不到担保人；5. 不认识银行或信用社的人；6. 能从别的地方借到钱；7. 申请过程太长；8. 利率高；9. 期限短；10. 担心还不起；12. 其他（请注明）_____

［D106］若选择"［D104］3. 申请过但被拒绝"，原因是什么？_____

1. 无抵押或担保而没贷到；2. 没有人情关系贷不到；3. 收入太低不给贷款；4. 有老贷款没有归还，不给贷；5. 其他（请注明）_____

［D109］您是否使用过互联网借款或众筹？_____

1. 使用花呗、京东白条等消费金融购买商品（询问"互联网融资和投资问卷中融资部分"，跳至D111）；2. 使用过互联网借款或众筹（询问"互联网融资和投资问卷中融资部分"，跳至D111）；3. 都没有

［D110］没有尝试过互联网借款或众筹的原因是什么？_____

1. 有资金已满足需要；2. 已从银行等金融机构获得借款；3. 利率太高；4. 担心抵押担保物不安全；5. 申请也会被拒绝；6. 不安全、不可靠；7. 没接触

过，不了解；8. 其他（请注明）_____

［D111］2018 年除银行和农信社以外，您家是否向其他人或机构借过钱？_____

1. 是（询问"其他金融机构及民间借款问卷"）；2. 否

［D113］如果您有生产性资金需要（如做生意），您倾向于使用哪种贷款方式？_____

1. 向亲戚朋友借款；2. 银行、信用社借款；3. P2P 等非正规银行网络借款；4. 其他方式；5. 放弃机会也不借款。

［E104］您手机是否能够上网？_____

1. 有智能手机且能上网；2. 有智能手机不能上网；3. 没有智能手机不能上网；4. 没有手机

［E105］您家电脑能够上网吗？_____

1. 有电脑能上网；2. 有电脑不能上网；3. 没有电脑

［E106］如果会上网，平时上网最常见的三类活动是什么？按照重要顺序，选择三项_____

1. 通过微信和 QQ 聊天；2. 阅读新闻；3. 游戏和娱乐；4. 购物；5. 通过互联网支付和消费；6. 互联网投资和理财；7. 不上网；8. 其他（请注明_____）

［F101］假设您在银行存了 100 元钱，银行利率 2%，存了 5 年，那么 5 年后，您的账户里有多少钱？_____

1. 等于 110；2. 大于 110；3. 小于 110；4. 不知道

［F102］若银行利率为 10%，通货膨胀率为 12%，那么一年后我们将钱取出，可以买到？_____

1. 更多东西；2. 一样多的东西；3. 更少东西；4. 不知道

［F103］若美元兑人民币的汇率为 1∶6，那么 600 元人民币相当于多少美元？_____

1. 100；2. 3600；3. 60；4. 不知道

［F104］固定收益的金融产品是_____

1. 股票；2. 债券；3. 基金；4. 不知道

［F105］如果您家里有人生病，急需资金，您可以向_____人求助

［F106］您获取信息的主要来源有哪些方式？（可多选）_____

1. 报纸、杂志；2. 电视；3. 收音机；4. 互联网；5. 手机短信；6. 亲戚、

朋友、同事；7. 其他（请注明）_____

［F107］您主要关注哪方面的信息？（可多选）_____

1. 补贴政策；2. 农资价格；3. 气象信息；4. 务工信息；5. 农业保险政策；
6. 养老；7. 农村文化生活；8. 教育；9. 看病；10. 其他（请注明）_____

［F108］如果您有一笔现金，您愿意选择哪种投资项目？_____

1. 存入银行；2. 稳妥的低风险低收益项目；3. 从事有一定风险的小生意；
4. 高风险高收益的其他买卖

城市商品房问卷（节选）

［F101］这套房子是如何获得的？_____

1. 购买商品房/小产权房；2. 购买经济适用房；3. 继承或赠与；4. 低于市场价从单位购买；5. 集资建房；6. 自建/扩建；7. 拆迁换房；8. 其他（请注明）_____

→1、2 跳至 F102，其他跳至 F107

［F106］您买房的目的是什么？_____

1. 自住；2. 投资；3. 结婚；4. 孩子上学

［F107］当初获得这套房子时，您家一共花了多少钱？　（单位：万元）_____

［F108］目前，这套房子值多少钱？（单位：万元）_____

银行和农信社贷款问卷（节选）

［G101.1］借款银行_____

［G102.1］贷款金额_____

［G103.1］借款日_____

［G104.1］到期日_____

［G105.1］贷款风险保障的方式是什么？（可多选）_____

1. 抵押（A. 城镇房地产；B. 农村宅基地；C. 土地经营权；D. 地上附着物（如大棚等）；E. 种植物，如林地、果园；F. 养殖物，如牛羊；G. 车辆；H. 其他_____）；2. 担保（A. 担保公司；B. 其他人担保；C. 企业担保）；3. 信用贷款；4. 联保贷款；5. 其他（请注明_____）；

［G106.1］借款利率_____

〔G107.1〕用途：_____

1. 购物消费；2. 农业生产投资；3. 农业流动资金；4. 非农投资；5. 非农流动资金；6. 买房建房；7. 健康；8. 小孩教育；9. 结婚；10. 其他（请注明_____）

〔G108.1〕得到的贷款是否能够满足需求？_____

1. 能（跳至 G110）；2. 不能

〔G109.1〕不能满足需求的原因是什么？_____

1. 额度不够；2. 周期过短；3. 利率过高；4. 其他（请注明）

其他金融机构及民间借款问卷（节选）

〔H101〕2016 年有几笔借款？_____

〔H102.1〕第一笔借款借了多少钱？_____

〔H103.1〕从哪里借的？_____

1. 近亲；2. 远亲；3. 朋友；4. 信托公司；5. 典当行；6. 小额贷款公司；7. 消费金融公司；8. 财务公司；9. 民间金融组织；10. 村内资金互助组织；11. NGO 信贷组织；12. 其他（请注明）_____

→选择 4~13，（跳至 H105）

〔H104.1〕您家以前曾经借钱或物给他人吗？_____

1. 有；2. 没有（跳至 H109）

〔H110.1〕借款日期？_____

〔H111.1〕有没有明确约定还款期限？1. 有；2. 没有（跳至 H113）

〔H112.1〕还款日期？_____

〔H113.1〕贷款保障的方式是什么？_____

1. 抵押（A. 城镇房地产；B. 农村宅基地；C. 土地经营权；D. 地上附着物（如大棚等）；E. 种植物，如林地、果园；F. 养殖物，如牛羊；G. 其他_____）；2. 担保（A. 担保公司；B. 其他人担保；C. 企业担保）；3. 信用贷款；4. 通过合作社贷款；5. 其他_____

〔H114.1〕借款之初，年利率是_____%（若不收取利息，记录 0；1 厘为年利率 1.2%，1 分为年利率 12%）

股票资产问卷（节选）

〔I101〕这些股票账户里的现金余额有多少？_____元

［I102］目前，您家持有多少只股票？_____只

其他金融投资问卷（节选）

［J101］您家持有的该资产总市值是多少？_____元

［J102］您家投资该资产多长时间了？_____年

［J108］去年，您家该资产上获得多少收入？_____元

互联网融资和投资问卷（节选）

［K104.1］2016 年您获得的最大一笔金额的借款平台名称_____

［K105.1］2016 年您获得的最大一笔金额的贷款金额_____

［K207］2016 年底，您在各类互联网投资平台上总体投资金额是_____元。其中，宝宝类产品投资金额_____元；理财类（P2P）投资金额_____元；众筹类投资金额_____元；其他类（如刷单平台等）投资金额_____元。

信用卡问卷（节选）

［M101］您从哪一年开始使用信用卡？_____年

［M102］您现在使用信用卡是出于什么目的？（可多选）_____

1. 缓解目前（或办卡时）的资金紧张；2. 先备着，以后如果遇到资金紧张的时候可以用；3. 方便日常生活；4. 方便旅游、出差、出国使用；5. 享用信用卡免息期；6. 开卡时有礼物；7. 在有些商户消费时可获得折扣；8. 可以提取现金；9. 比其他支付方式安全；10. 其他（请注明）_____

［M104.1］信用卡 1 的信用额度为多少？_____万元

［M104.2］信用卡 2 的信用额度为多少？_____万元